Der Jüngste Tag
Die Bücherei einer Epoche

Band 7
Büchergilde Gutenberg

Herausgegeben
und mit einem dokumentarischen Anhang versehen von
Heinz Schöffler

Frankfurt am Main 1982

Faksimile-Ausgabe

Nach den Erstausgaben wiedergegeben mit Erlaubnis
der Deutschen Bücherei Leipzig

Nachdruck der 1970 im Verlag Heinrich Scheffler
erschienenen Ausgabe

Alle Rechte vorbehalten · Societäts-Verlag
© 1981 Frankfurter Societäts-Druckerei GmbH
Druck: Paul Robert Wilk, Friedrichsdorf-Seulberg
Printed in Germany 1982
ISBN 3 7632 2639 7

Vom jüngsten Tag
Ein Almanach neuer Dichtung

1916

Kurt Wolff Verlag Leipzig

Der Verlagsalmanach ›Vom Jüngsten Tag‹, 1916, mit Einbandzeichnung von Walter Tiemann.

HEINZ SCHÖFFLER

Der Jüngste Tag –
Daten, Deutung, Dokumentation

Bemerkungen zur Neuausgabe

Die folgende Dokumentation will Daten vermitteln und Deutungsmöglichkeiten geben. Sie stellt darüberhinaus den Versuch dar, etwas von der Atmosphäre wiederzuerwecken, in der die Autoren des Jüngsten Tags arbeiteten, und die Umrisse des literarischen Terrains nachzuzeichnen, auf dem sie sich begegneten.
Da es sich bei dem Hauptteil der vorliegenden Bände um eine faksimilierte Ausgabe handelt, gab es, was die Textgestalt betrifft, keine editorischen Probleme. Die Texte erscheinen in der Schönheit und Eigenart ihres ersten Drucks. Nur die Anzeigen und Inhaltsverzeichnisse, die einigen Nummern des Jüngsten Tags beigegeben waren, wurden nicht mitreproduziert; dafür wurde jeder Band unserer Neuausgabe mit einem Gesamtverzeichnis ausgestattet.
Was die Schreibweise der Namen innerhalb der Dokumentation angeht, so fiel dem Herausgeber die Entscheidung leicht: Namen erscheinen in seinem Text so, wie sie im Jüngsten Tag stehen; also Iwan Goll und nicht »Yvan«, wie er sich später schrieb. Über die Schreibweise der Schriftenreihe »Der Jüngste Tag« herrschte im Kurt Wolff Verlag keine einheitliche Regel; teils schrieb man (klein) »Der jüngste Tag«, teils (groß) »Der Jüngste Tag«; wir entschieden uns in den eigenen Texten für die große Schreibweise. In den Zitaten gilt natürlich die Schreibweise des Autors; sie wurde – wenn es sein mußte: mit allen Skurrilitäten – übernommen. Die Zitate wurden genau verglichen. Eckige Klammern bedeuten, wie üblich, Streichungen oder Hinzufügungen des Herausgebers.
Die Dokumentation ist alphabetisch nach den zweiundsechzig Autoren gegliedert, die am Jüngsten Tag mitwirkten. Informationen über die Übersetzer und Illustratoren finden sich jeweils unter einem Hauptstichwort: Franz Blei beispielsweise unter dem von ihm übersetzten Claudel, Ludwig Meidner unter dem von ihm illustrierten Mynona.
Der Umfang des einzelnen Autorenkommentars gibt keinen Hinweis auf die Bedeutung des Autors. Auf vergessene oder verschollene Autoren soll neues Licht fallen. Daher wird das vergleichsweise Wenige, das wir über sie wissen, möglichst lückenlos mitgeteilt, wohingegen bei bekannten Autoren vergleichsweise knapper verfahren werden konnte. So wird in unserer Dokumentation dem Unbekanntesten der Unbekannten, Otfried Krzyzanowski, unge-

fähr ebensoviel Raum gewährt wie dem weltberühmten Kafka. Der Umfang eines Stichworts richtet sich zudem nach der Quellenlage; über Oskar Kokoschkas Dramen gibt es zahllose Urteile und Meinungsäußerungen, über seines Bruders Bohuslav »Adelina« oder über Paul Krafts Gedichte fast nichts.
Der Autorenkommentar gliedert sich in vier Abschnitte:
a) Biographie
b) Bibliographie
c) Kurzinterpretation
d) Zitate.
Zur Biographie. Sie ist vergleichsweise knapp bei berühmten, vergleichsweise ausführlich bei weniger berühmten Autoren. Ein Hauptaugenmerk richtet sich auf die Beziehungen innerhalb der expressionistischen Generation, auf wechselseitige Beeinflussung, auf Mitarbeit an den Publikationsorganen der Epoche; hinsichtlich dieser Mitarbeit wurde wiederum größere Ausführlichkeit bei den weniger vertrauten Autoren angestrebt, bei Autoren wie Werfel hingegen konnte man sich auch hier aufs Unumgängliche beschränken. Deutlich sollte auch die schicksalhafte Belastung vieler Autoren durch die politischen oder ideologischen Verhältnisse zum Ausdruck kommen. Verfolgung durch die Diktatur und Emigration bewirkten oftmals jenen gerade für die »expressionistische Generation« symptomatischen Knick in der Lebenskurve des Einzelnen.
Zur Bibliographie. Bei weniger bekannten Autoren oder Autoren mit einem an Umfang geringen Werk wird sie recht ausführlich oder gar lückenlos gegeben, bei bekannten Autoren oder Autoren mit einem besonders umfangreichen Werk wurde der Akzent auf die (im großzügigsten Sinne) expressionistische Epoche gelegt. In möglichst allen Fällen ist sowohl auf die Erstlingswerke als auch besonders auf Gesamtausgaben, Auswahlbände, Autobiographien oder sonstwie charakteristische Werke verwiesen. Die Bände des Jüngsten Tags wurden in die Bibliographie ebensowenig aufgenommen wie Werke, die bereits mit Erscheinungsjahr in der Biographie genannt sind. Bei fremdsprachigen Autoren genießen die in deutscher Übersetzung erschienenen Werke den Vorzug. Sekundärliteratur blieb im bibliographischen Teil unberücksichtigt, zumal das allgemeine Literaturverzeichnis sowie die ungezählten Quellenangaben im Zitatenteil fürs erste genügend (und manchmal anderswo schwer auffindbare) Hinweise geben. Wird aus einem in der Bibliographie genannten Werk später zitiert, so erscheint es in der Bibliographie mit genauer Verlagsangabe, später in Kurzform (Beispiel: die Hasenclever-Ausgabe von Kurt Pinthus); es ist also keine Nach-

lässigkeit, wenn in der Bibliographie die Verlagsangabe meist fehlt: sie wird nur dann geliefert, wenn aus einem Werk zitiert wird.
Jeder, der sich auf dem Felde der Bio-Bibliographie betätigt hat, weiß, wieviel ungesicherte Daten, wieviel Abweichungen in der Überlieferung sich selbst bei »gesicherten« Autoren, über die relativ viel Literatur vorliegt, finden. Es gibt beispielsweise Autoren, bei denen einem drei Geburtsorte angeboten werden, zu schweigen vom Erscheinungsjahr der Bücher. Dabei ist es in diesem Punkt, was die Verläßlichkeit betrifft, oft völlig gleichgültig, ob die Angaben in einem allgemeinen Literaturlexikon oder einer speziellen Werkausgabe stehen, ob sie von Außenstehenden oder dem Autor selber stammen: nicht selten irren auch Autoren, was die Bibliographie ihrer Werke anlangt. Viele Irrtümer schleppen sich fort; glücklicherweise sind sie meist von untergeordneter Bedeutung. In Zweifelsfällen, etwa bei Otfried Krzyzanowski, haben wir die bestehende Ungewißheit als Ungewißheit markiert; der Forscher, der sich einem einzelnen Autor widmet, mag hier ansetzen und vielleicht klärend wirken.

Zur Kurzinterpretation. Der Leser wird merken, daß es sich bei den Beiträgen zum Jüngsten Tag – wie könnte es anders sein? – nicht nur um Meisterwerke handelt. Mancher Text ist zu unergiebig, als daß eine eigene Interpretation sich lohnte, oder die zeitgenössischen Interpretationen sprechen für sich; überhaupt wurde die Kurzinterpretation unsystematisch, aperçuhaft gehandhabt. Die Sicht des Herausgebers, der Blickpunkt des Jahres 1969 liegt ihr zugrunde, kritische Stellungnahme wurde nicht gescheut. Diese unterscheidet sich manchmal von den zitierten Meinungsäußerungen der Zeitgenossen. Auf nachträgliche Retusche oder den Versuch einer Übereinstimmung mit dem zeitgenössischen Urteil hat der Herausgeber verzichtet. Die Kurzinterpretationen, die lediglich ein paar Stichworte liefern wollen, wurden unterm frischen Eindruck der Lektüre formuliert, die Äußerungen dritter Personen oder Selbstäußerungen der Autoren erst später gesammelt. Seitenzahlen bei Zitaten aus dem Jüngsten Tag beziehen sich stets auf die (mitfaksimilierten) Seitenzahlen des (faksimilierten) Originals, nicht auf die durchlaufende Paginierung unserer Neuausgabe.

Zu den Zitaten. Zeitgenössische Zitate und auf das einzelne Werk bezügliche wurden bevorzugt, ferner Stimmen aus der »Werkstatt« des Jüngsten Tags und zur Bewußtseinslage der expressionistischen Generation, deren einzelne Vertreter keineswegs immer konform gehen mit »expressionistischen« Tendenzen. Besonders reizvoll war für den Herausgeber die Verknüpfung von Einzelfäden zu einem

Geflecht von Wechselbeziehungen, das sich fast zwangsläufig ergab; zog man an einem Faden, hatte man plötzlich ein Netz in der Hand. Für die Literatursoziologie jener Tage ist sicher nicht ganz uninteressant, wie der fest im Prager Kulturkreis verwurzelte Oskar Baum über den kosmopolitischen Darmstädter Edschmid urteilte, wie Else Lasker-Schüler sich über Max Herrmann-Neiße, dieser wiederum sich über Max Brod äußerte. Wobei sich erweist, daß der Expressionismus, wie schon die Protagonisten behaupteten, eher eine Frage der Gesinnung als des Stils (oder: zuerst eine Frage der Gesinnung und dann erst eine Frage des Stils) war. Ferner wird, was man bereits wußte, eindringlich bewiesen: daß die Buchreihe Der Jüngste Tag in der Tat ein Ausdruck ihrer Epoche, ein Spiegel der deutschen Literatur in den Jahren zwischen 1910 und 1920 war, in dem auch viele (durch Seitenblicke mindestens, wie Rilke) sich spiegelten, die nicht zum Kreis der Kurt Wolff-Autoren gehörten. Bewiesen wird, wie umgekehrt mancher recht zufällig in diesen Kreis geriet, der ja nie ein geschlossenes Ensemble repräsentierte und ausdrücklich nicht repräsentieren sollte. Ein Versuch zur Glättung oder gar Tilgung widersprüchlicher Meinungen wurde nicht unternommen, er hätte sonst das farbige Spektrum getrübt. Soweit es anging und eng angewiesen auf den Quellenstand bleiben die Zitate werkbezogen. Bei manchen Autoren fehlen Anmerkungen aus eigner oder fremder Feder zum Werk: hier (und anderswo) wurde an allgemeinen, weiterführenden Äußerungen über den Autor nicht gespart, die ihren eigenen Informationswert haben und die, wie die Gesamtheit der zeitgenössischen Urteile und Berichte, beitragen sollen zum literarischen Gesamtbild einer immer noch nicht ganz durchleuchteten Epoche.

Der Dank des Herausgebers, eine freudig zu erfüllende Pflicht, gilt zunächst all jenen (meist im Literaturverzeichnis genannten) Autoren, Lexikographen, Bibliographen und Anthologisten, die zur Erforschung und Bestandsaufnahme der expressionistischen Literatur die Grundlagen schufen. Er gilt den noch lebenden Mitarbeitern am Jüngsten Tag, soweit sie zu unserer Neuausgabe ihre persönlichen Erinnerungen beigesteuert haben. Er gilt meinem Kollegen Dr. Erich Kaiser, der geduldig die Mühe auf sich genommen hat, den Text des Herausgebers kritisch zu lesen; andere sachkundige Freunde haben Teile des Manuskriptes geprüft. Die Deutsche Bücherei in Leipzig sei herzlich bedankt, sie stellte – wie schon in der Vorbemerkung erwähnt – die kostbaren Erstausgaben des Jüngsten Tags zur Verfügung. Die Hessische Landes- und Hochschulbibliothek in Darmstadt hat aus ihren reichen eigenen Beständen und über Fernleihe viele Bücher für Monate zur Benutzung freigegeben. Ohne das Deutsche Literaturarchiv im Marbacher Schiller-Nationalmuseum, unter der vorzüglichen Leitung von Dr. Bernhard Zeller, hätte der dokumentarische Anhang nicht zusammengestellt werden können; Ingrid Bode, Gisela Fliedner und vor allem Hildegard Nielsen – prompt und unermüdlich um die vielen Xerografien besorgt – boten kollegiale Hilfe. Manfred Darmstadt vom Heinrich Scheffler Verlag, der viel technische Kleinarbeit zu erledigen hatte, sei bedankt und nicht zuletzt der Verleger Heinrich Scheffler selbst, auf dessen Initiative die vorliegende Neuausgabe, mit der er seinerseits seinem Lehrmeister und Freunde Kurt Wolff eine Dankesschuld abträgt, überhaupt zurückgeht.

Wir danken für die Erlaubnisse zum Nachdruck und verweisen auf die folgende (c):
Emmy [Ball]-Hennings (Verlags AG »Die Arche«, Zürich); Oskar Baum (Nora Tavor, Jerusalem); Johannes R. Becher (Aufbau-Verlag, Berlin); Julius Maria Becker (Battert-Verlag, Baden-Baden); Gottfried Benn (Verlagsgemeinschaft Klett-Cotta, Stuttgart); Ludwig Berger (Gebrüder Weiss Verlag, Berlin); Ernst Blass (Thomas B. Schumann, Hürth-Efferen); Paul Boldt (Walter-Verlag AG, Olten); Max Brod (Ilse Ester Hoffe, Tel Aviv); Alfred Brust (Wilhelm Fink GmbH & Co. Verlags K.G., München); Karel Capek (Dilia, Prag); Paul Claudel (Verlag F. H. Kerle GmbH, Freiburg); Kasimir Edschmid (Elisabeth Edschmid, Darmstadt); Albert Ehrenstein und Carl Ehrenstein (The Jewish National & University Library, Jerusalem); Hans von Flesch-Brunningen; Iwan Goll (Fonds Goll, Saint-Dié); Martin Gumpert (Martin-Gumpert-Archiv der Akademie der Künste, Berlin); Ferdinand Hardekopf (Peter Schifferli, Verlags AG »Die Arche«, Zürich); Walther Georg Hartmann (Marianne Hartmann, Freiburg); Walter Hasenclever (Edith Hasenclever, Vence); Max Hermann-[Neisse] (Albert Langen-Georg Müller Verlag, München und Carl Hanser Verlag, München); Francis Jammes (Verlags AG »Die Arche«, Zürich, und Hyperion-Verlag, Freiburg); Franz Kafka (S. Fischer Verlag GmbH, Frankfurt); Rudolf Kayser (Eva A. Kayser, New York); Gottfried Kölwel (Albert Langen-Georg Müller Verlag, München); Bohuslav Kokoschka und Oskar Kokoschka (Cosmopress, Genf); Paul Kraft (Werner Kraft, Jerusalem); Rudolf Leonhard (Wolfgang Leonhard, Köln); Mechthilde

Lichnowsky (Dr. Leonore Gräfin Lichnowsky, Rom); Leo Matthias (Rolf Hochhuth, Basel); Mynona (Verlags AG »Die Arche«, Zürich); Karl Otten (Ellen Otten); Hans Reimann (Wilma Reimann, Hamburg); Alexej Remisow (Wilhelm Fink GmbH & Co. Verlags K.G.); Bela Révész (Artisjus, Budapest); Eugen Roth (Dr. Eugen Roth Erben, München); Ruth Schaumann (Andreas Fuchs, München); René Schickele (Rainer Schickele, Berkeley); Oskar Schürer (Dr. Elisabeth Schürer-von Witzleben, Gmünd); Carl Sternheim (Hermann Luchterhand Verlag, Darmstadt und Neuwied); Theodor Tagger (Dr. Renée Gloor-Tagger, Basel); Ernst Toller (Sidney Kaufman/Carl Hanser Verlag, München); Johannes Urzidil (Albert Langen-Georg Müller Verlag, München); Berthold Viertel (Elisabeth Neumann-Viertel, München); Franz Werfel (S. Fischer Verlag GmbH, Frankfurt); Alfred Wolfenstein (Frank Wolfenstein, London).

Sollten – ohne unsere Absicht – Urheberrechte nicht beachtet worden sein, bitten wir die Inhaber um entsprechende Mitteilung.

Literaturhinweis

Die hier angeführten Werke werden, wenn in den Kommentaren zitiert, nur in Kurzform genannt. Zahlreiche weitere Literaturangaben finden sich jeweils am Ort ihres Zitats in den Kommentaren.

Ludwig Dietz, *Kurt Wolffs Bücherei »Der jüngste Tag«*. Seine Geschichte und Bibliographie. Philobiblon 7, 1963. S. 96–118

Almanache des Kurt Wolff Verlags. Besonders: *Vom jüngsten Tag. Ein Almanach neuer Dichtung*. Leipzig 1916. Zweite veränderte Auflage [1916, erschienen mit Jahresangabe 1917]
Kurt Wolff 1887–1963. Herausgegeben von den Verlagen Heinrich Scheffler, Frankfurt am Main und Günther Neske, Pfullingen. 1963
Kurt Wolff, *Autoren, Bücher, Abenteuer*. Betrachtungen und Erinnerungen eines Verlegers. Verlag Klaus Wagenbach, Berlin o. J.
– *Briefwechsel eines Verlegers 1911–1963*. Herausgegeben von Bernhard Zeller und Ellen Otten. Verlag Heinrich Scheffler, Frankfurt am Main 1966

Kasimir Edschmid, *Die doppelköpfige Nymphe*. Aufsätze über die Literatur und die Gegenwart. Verlag Paul Cassirer, Berlin 1920
– *Das Bücher-Dekameron*. Eine Zehn-Nächte-Tour durch die europäische Gesellschaft und Literatur. Zweite Auflage. Erich Reiss Verlag, Berlin 1923
– *Frühe Manifeste*. Epochen des Expressionismus. Herausgegeben von der Akademie der Wissenschaften und der Literatur. Die Mainzer Reihe, Band 9. Christian Wegner Verlag, Hamburg 1957
– *Tagebuch 1958–1960*. 1960
– *Lebendiger Expressionismus*. Auseinandersetzungen, Gestalten, Erinnerungen. 1961.
Verlag Kurt Desch, München

Briefe der Expressionisten. Herausgegeben von Kasimir Edschmid. Verlag Ullstein, Frankfurt am Main – Berlin 1964

Ahnung und Aufbruch. Expressionistische Prosa. Herausgegeben und eingeleitet von Karl Otten. 1957

Schrei und Bekenntnis. Expressionistisches Theater. Herausgegeben und eingeleitet von Karl Otten. 1959

Hermann Luchterhand Verlag, Neuwied am Rhein

Das leere Haus. Prosa jüdischer Dichter. Herausgegeben von Karl Otten. Cotta-Verlag, Stuttgart 1959

Karl Otten, *Expressionismus – grotesk.* Verlag der Arche, Zürich 1962

Ego und Eros. Meistererzählungen des Expressionismus. Herausgegeben von Karl Otten. Mit einem Nachwort von Heinz Schöffler. Henry Goverts Verlag, Stuttgart 1963

Menschheitsdämmerung. Ein Dokument des Expressionismus. Mit Biographien und Bibliographien neu herausgegeben von Kurt Pinthus. Rowohlt Taschenbuch Verlag, Hamburg 1959

Paul Pörtner, *Literatur-Revolution 1910–1925.* Dokumente, Manifeste, Programme.

I: Zur Ästhetik und Poetik. 1960

II: Zur Begriffsbestimmung der Ismen. 1961

Herausgegeben von der Akademie der Wissenschaften und der Literatur. Die Mainzer Reihe, Band 13 und 13/II. Hermann Luchterhand Verlag, Neuwied am Rhein

Expressionismus. Literatur und Kunst 1910–1923. Im Auftrag der Deutschen Schillergesellschaft herausgegeben von Bernhard Zeller. Ausstellung und Katalog von Paul Raabe und H. L. Greve unter Mitarbeit von Ingrid Grüninger. Marbach a. N. 1960

Die Aktion. Herausgegeben von Franz Pfemfert. 1. Jahrgang 1911 – 8. Jahrgang 1918. Mit Einführung und Kommentaren von Paul Raabe. Photomechanischer Nachdruck. 1961–1967. Verlag Cotta, Stuttgart (1.–4. Jg.) und Kösel-Verlag, München (5.–8. Jg.)

Paul Raabe, *Die Zeitschriften und Sammlungen des literarischen Expressionismus.* Repertorium der Zeitschriften, Jahrbücher, Anthologien, Sammelwerke, Schriftenreihen und Almanache 1910–1921. J. B. Metzlersche Verlagsbuchhandlung, Stuttgart 1964

Ich schneide die Zeit aus. Expressionismus und Politik in Franz Pfemferts »Aktion« 1911–1918. Herausgegeben von Paul Raabe. 1964

Expressionismus. Der Kampf um eine literarische Bewegung. Herausgegeben von Paul Raabe. 1965
Deutscher Taschenbuch Verlag, München
Expressionismus. Aufzeichnungen und Erinnerungen der Zeitgenossen. Herausgegeben und mit Anmerkungen versehen von Paul Raabe. Walter-Verlag, Olten und Freiburg im Breisgau 1965
Deutsche Literaturkritik im zwanzigsten Jahrhundert. Herausgegeben von Hans Mayer. Henry Goverts Verlag, Stuttgart 1965
Ingrid Bode, *Die Autobiographien zur deutschen Literatur, Kunst und Musik 1900–1965.* Bibliographie und Nachweise der persönlichen Begegnungen und Charakteristiken. J. B. Metzlersche Verlagsbuchhandlung, Stuttgart 1966
Günther Rühle, *Theater für die Republik 1917–1933.* Im Spiegel der Kritik. S. Fischer Verlag, Frankfurt am Main 1967

Weltliteratur der Gegenwart. Band: Deutschland. I. Teil. 1924. Literaturgeschichte der Gegenwart. II. Band. 1925 [Zwei zusammengehörige Bände in gleicher Ausstattung, jedoch mit verschiedenen Titeln]
In Verbindung mit Ernst Blass, Ernst Drahn, Guido K. Brand, Paul Fechter, Fritz Gottfurcht, Adolf Knoblauch, Max Krell, Johannes Nohl, Arno Schirokauer und Lutz Weltmann herausgegeben von Ludwig Marcuse. Franz Schneider Verlag, Berlin
Albert Soergel, *Dichtung und Dichter der Zeit.* Im Banne des Expressionismus. R. Voigtländers Verlag, Leipzig 1925
Karl August Kutzbach, *Autorenlexikon der Gegenwart.* H. Bouvier u. Co. Verlag, Bonn 1950
Lexikon der Weltliteratur im 20. Jahrhundert. 2 Bände. Verlag Herder, Freiburg im Breisgau 1960
Wilhelm Sternfeld – Eva Tiedemann, *Deutsche Exil-Literatur 1933–1945.* Eine Bio-Bibliographie. Mit einem Vorwort von Hanns W. Eppelsheimer. Veröffentlichung der Deutschen Akademie für Sprache und Dichtung. Verlag Lambert Schneider, Heidelberg/Darmstadt 1962
Lexikon der Weltliteratur. Biographisch-bibliographisches Handwörterbuch nach Autoren und anonymen Werken. Unter Mitarbeit zahlreicher Fachgelehrter herausgegeben von Gero von Wilpert. Alfred Kröner Verlag, Stuttgart 1963
Gero von Wilpert und Adolf Gühring, *Erstausgaben deutscher Dichtung.* Eine Bibliographie zur deutschen Literatur 1600 bis 1960. Adolf Kröner Verlag, Stuttgart 1967

Exil-Literatur 1933–1945. Sonderveröffentlichungen der Deutschen Bibliothek. Herausgegeben von Kurt Köster. Ausstellung und Katalog: Werner Berthold. Dritte, erweiterte und verbesserte Auflage. Frankfurt am Main 1967

Franz Lennartz, *Deutsche Dichter und Schriftsteller unserer Zeit,* Neunte, erweiterte Auflage. Alfred Kröner Verlag, Stuttgart 1963

Deutsches Schriftstellerlexikon von den Anfängen bis zur Gegenwart. Von Günther Albrecht, Kurt Böttcher, Herbert Greiner-Mai, Paul Günter Krohn. Fünfte Auflage. VEB Bibliographisches Institut, Leipzig 1964

Handbuch der deutschen Gegenwartsliteratur. Unter Mitwirkung von Hans Hennecke herausgegeben von Hermann Kunisch. Nymphenburger Verlagshandlung, München 1965

Gustav Janouch, *Gespräche mit Kafka.* Erinnerungen und Aufzeichnungen. 1951

Franz Kafka, *Briefe 1902–1924.* Herausgegeben von Max Brod. 1958

– *Briefe an Felice und andere Korrespondenz aus der Verlobungszeit.* Herausgegeben von Erich Heller und Jürgen Born. 1967

– *Tagebücher 1910–1923.* Herausgegeben von Max Brod. 1967
S. Fischer Verlag, Frankfurt am Main

Robert Musil, *Tagebücher, Aphorismen, Essays und Reden.* Herausgegeben von Adolf Frisé. Rowohlt Verlag, Hamburg 1955

Oskar Loerke, *Tagebücher 1903–1939.* Herausgegeben von Hermann Kasack. 1955

– *Der Bücherkarren.* Besprechungen im Berliner Börsen-Courier 1920–1928. Unter Mitarbeit von Reinhard Tgahrt herausgegeben von Hermann Kasack. 1965

– *Literarische Aufsätze aus der »Neuen Rundschau« 1904–1941.* Herausgegeben von Reinhard Tgahrt. 1967
Veröffentlichungen der Deutschen Akademie für Sprache und Dichtung. Verlag Lambert Schneider, Heidelberg/Darmstadt

MAURICE BARRÈS

Der Mord an der Jungfrau

Maurice Barrès, französischer Romancier, Kulturkritiker und Politiker. Geboren am 22. September 1862 in Charmes-sur-Moselle (Lothringen), gestorben am 4. Dezember 1923 in Neuilly-sur-Seine bei Paris. Sohn einer bürgerlichen, aus der Auvergne nach Lothringen eingewanderten Familie. Gymnasium in Nancy. Seit 1883 meist in Paris. Vielgebildet, vielgereist; nahm bereitwillig Einflüsse verschiedener Richtung auf und war selber sehr einflußreich auf die zeitgenössische französische Literatur von Gide (dessen Gegner er nach 1900 wurde) bis zu Montherlant, Mauriac und Malraux. Wandelte sich vom dekadenten Egotisten zum politischen Aktivisten, der anfangs auch mit dem Sozialismus kokettierte, vom Individualisten zum Anhänger des Absolutismus, vom Ästhetizisten zum – wie Edschmid es im *Lebendigen Expressionismus* formulierte – »Kettenhund des Nationalismus«. 1889 bis 1893 Abgeordneter, bald im Fahrwasser des chauvinistischen Generals Boulanger. Im Dreyfus-Prozeß stand Barrès aufseiten der antisemitischen Rechtsparteien. Feind der parlamentarischen Demokratie, der in Katholizismus und Monarchie das Heil sah.

WERKE: *Le Culte du moi* (Romantrilogie), 1889–91; *Du sang, de la volupté et de la mort*, 1894 (deutsch: *Vom Blute, von der Wollust und vom Tode*, 1907); *Le roman de l'énergie nationale* (Romantrilogie), 1897–1902; *Les bastions de l'est*, I: *Au service de l'Allemagne*, 1905 (deutsch: *In deutschen Heeresdiensten*, 1907), II: *Colette Baudoche*, 1909; *La colline inspirée*, 1913; *Le voyage de Sparte*, 1916; *Le génie du Rhin*, 1921 (deutsch: *Der Genius des Rheins*, 1921; dazu als Gegenschrift des Nationalisten von der anderen Rheinseite: Ernst Bertrams *Rheingenius und Génie du Rhin*, 1922); *Pour la haute intelligence française*, 1925; *Le mystère en pleine lumière*, 1926.

Der Mord an der Jungfrau gibt ein mythisch überhöhtes Genrebild aus der Spätantike, in kalkuliert prunkenden symbolistischen Farben. In Alexandrien, wo sich Griechisches, Römisches und Barbarisches (Christliches) mischt, stirbt »die letzte der Hellenen«, die Tempeljungfrau des Serapis, unterm Ansturm der Barbaren; ihr Tod wird allein geehrt von einer zärtlichen Dirne (Amaryllis, Tochter eines Freigelassenen) und einem »Wüstling« (dem kultivierten Römer Lucius). Bemerkenswert die köstlich unglatte, vollmundige Übersetzung Lautensacks; expressionistisch (Seite 13): »Und dann verschwand das alles, ein paar gekrümmte Straßen hin, Metzeleien entgegen«.

Zu Barrès notierte sich Paul Léautaud, jahrzehntelang ein gescheiter, kauziger Chroniqueur des literarischen Lebens in Frankreich, unterm 26. Januar in sein *Journal littéraire (Literarisches Tagebuch 1893–1956*. Eine Auswahl. Herausgegeben und übersetzt von Hanns Grössel. Rowohlt Verlag, Reinbek bei Hamburg 1966, S. 35 f.):
»Gestern ist Maurice Barrès in die Akademie aufgenommen worden. Mich läßt das völlig kalt. Barrès interessiert mich schon lange nicht mehr. Wenn ich mir vorstelle, daß ich gegen 1894 voller Andacht ›Le Jardin de Bérénice‹ gelesen habe und daß ich, als ich das Buch eben noch einmal zur Hand nehme, um meinen Eindruck zu überprüfen, die Sätze, die mich so sehr angerührt haben, albern finde! Noch ein schlechter Lehrmeister für alle, die Lehrmeister nötig haben. [...] Himmelschreiend lächerlich und anmaßend. Ich habe es oft gedacht und ausgesprochen: Lehrmeister sind nur für Unbedarfte da. Wie auch nur Unbedarfte von Büchern beeinflußt werden können. Die anderen lassen früher oder später alles fahren, um nur sich selbst zu gehorchen, auf sich selbst zu hören. Zudem gibt es keine Lehrmeister hinsichtlich der Gedanken, nur hinsichtlich der Form, und Barrès ist mit seinen abgehackten, nebelhaften Sätzen in Formfragen ein erbärmlicher Lehrmeister gewesen. Seine Gedanken – kein einziger davon war sein Eigentum! Man kann ihn schwerlich lieben, wenn man das Eindeutige, wenn man den leichtfüßigen Stil liebt.«
1923, am 5. und 7. Dezember (S. 87) schrieb Léautaud: »Der Tod von Maurice Barrès wird gemeldet. Literarisch berührt mich das nicht im geringsten. [...] Der Barrès der Dreyfus-Affäre, der Barrès des Krieges läßt nur Verachtung aufkommen. Hübsche Sätze zu schreiben ist ja sehr schön, aber es gibt menschliche Gefühle und eine geistige Würde, die mindestens ebensosehr zählen: Barrès hat seine patriotischen Eseleien, seine ›Vorwärts‹-Rufe hinterm Ofen geschrieben wie der letzte Flachkopf.«
Der wandlungs- und einfallsreiche Hermann Bahr hingegen, literarischer Commis voyageur aus Österreich, der auf seine Weise eine ähnliche Entwicklung durchgemacht hat wie Barrès, bekennt sich in seiner Autobiographie *Selbstbildnis* (S. Fischer Verlag, Berlin

1923, S. 237 ff.) zu diesem als einem Lehrmeister: »Noch näher als Huysmans aber ging mir Maurice Barrès, kein Dichter meiner Generation hat so tief auf mich gewirkt; und immer wieder, zwanzig Jahre lang. Zunächst befremdete mich fast, wie deutsch dieser Lothringer war, goethedeutsch. Er ist es im Grunde geblieben. Noch in *Le Voyage de Sparte* bekennt er selbst: La destinée qui oppose mon pays à l'Allemagne n'a pourtant pas permis que je demeurasse insensible à l'horizon d'outre-Rhin: j'aime la Grecque germanisée. [...] 1883 gab er, eben zwanzig vorbei, frisch aus seiner Provinz eingeschifft, die ›Taches d'encre‹ heraus, eine kleine Revue, deren lässiger Hochmut, schulmeisterlich und weltmännisch zugleich, [...] den Leser neugierig fragen ließ, wer und was denn in diesem aus einem Anarchisten und einem Dekadenten wunderlich zusammengebrauten dandy des lettres eigentlich stäke. Sous l'œil des barbares [der erste Teil von *Culte de moi*] gab Antwort darauf, aus der man aber noch weniger klug wurde, da doch zur selben Zeit, der eben noch von einer existence comme un rêve leger geträumt hatte, inzwischen Boulangist und in Nancy zum Abgeordneten gewählt worden war. Mir freilich war das alles so selbstverständlich, ich fühlte den inneren Zusammenhang so stark, mir war Barrès, noch bevor ich ihn in Person kennenlernte, gleich so vertraut, wirklich fast als wär's ein Zwillingsgeist von mir. [...] nach Jahren hat Barrès noch ein zweites Mal auf mich entscheidend eingewirkt: durch seine Wendung zum Regionalismus. Sie half auch mir, mich auf Österreich besinnen, auf mein Vaterland, à l'arbre dont je suis une des feuilles.«

HEINRICH LAUTENSACK: deutscher Dramatiker, Lyriker, Erzähler, Kabarettist, Filmdramaturg, Übersetzer (aus dem Französischen und Englischen). Geboren am 15. Juli 1881 in Vilshofen (Niederbayern), gestorben am 10. Januar 1919 in Eberswalde bei Berlin. Sohn eines Textilienhändlers. Kindheit und Realschulzeit in Passau. Studium an der Industrieschule und (1899) der Technischen Hochschule in München mit der Absicht, Geometer zu werden. Gab das Studium auf, da er sich ganz der Literatur widmete, zunächst im Kreise des berühmten Kabaretts »Die Elf Scharfrichter«. Im Almanach *Die Elf Scharfrichter* (1902) karikierte er sich so: »Ich bin Sekretär, Souffleur, Requisiteur, Sündenbock der [Diseuse Marya] Delvard, Telephonfräulein in Anwesenheit des Direktors, Schriftsteller und Dichter. – In Vertretung: Direktor, Kassier, Conférencier, zweiter Sekretär, Regisseur, Inspizient, Schauspieler, Friseur, Theater-

meister, Vorhangzieher und Laufbursche. Das Schließen der Türen, die andere offen lassen, ist bei mir automatisch geworden. ›Automat. Schließt sich von selbst. Nicht drücken!‹ Ich vertrete mit Hingabe und Überzeugung. Ich gehe in jeder Vertretung auf. – Es gab Zeiten, da ich noch Technik studierte und für einen großen Dichter gehalten wurde – was mich später bewog, die Technik ganz aufzugeben. Warum? Ich hätte bei meiner Vielseitigkeit leicht auch noch die Technik behalten können. Bei einer *solchen* Vielseitigkeit! Und man hätte mich – wie jetzt – auch fernerhin für ein großes Licht gehalten.« 1907 nach Berlin. Zwei Ehen. Gab 1912 bis 1914 (zusammen mit Anselm Ruest und seinem Gönner, dem Schriftsteller und Verleger Alfred Richard Meyer) die *Bücherei Maiandros*, eine »Zeitschrift von 60 zu 60 Tagen« heraus, an der nebst anderen Gottfried Benn, Albert Ehrenstein, Herrmann-Neisse, Arno Holz, Jammes, Rudolf Leonhard und Ludwig Meidner mitwirkten. In Kurt Pinthus' *Kinobuch* (Kurt Wolff Verlag, 1914; Neuauflage im Verlag der Arche, Zürich 1963) vertreten. Arbeit als Filmdramaturg und Übersetzer (Musset, Claudel, Chesterton). 1915 Landsturmmann in Ostpreußen. Dann wieder Berlin. Am 12. März 1918 auf dem Münchner Waldfriedhof brach, am offnen Grabe Wedekinds, der Wahnsinn des Paralytikers aus – die Szene wurde in vielen Autobiographien, mit unterschiedlichen Versionen, geschildert. Lautensack starb in der Heilanstalt Eberswalde.
Obgleich von Wedekind (den er als seinen Lehrer betrachtete), von Brod (der ihn mit Kafka, Baum, Pick, Werfel, Wolfenstein in sein Jahrbuch *Arkadia* aufnahm), von Blei (der ihn später beredt würdigte), von Kurt Wolff (der das Drama *Ein Gelübde*, 1916, in Verlag nahm), von Carossa, Kubin, Alfred Richard Meyer geschätzt und gefördert, kam Lautensack aus materieller Not nicht heraus. Seine Stücke (*Hahnenkampf* 1908, *Die Pfarrhauskomödie* 1911) und Gedichtbände (*Documente der Liebesraserei* 1910, *Via crucis* 1912) wurden gedruckt, teils in kostspieligen Privatausgaben, sein Ruf als Erotiker schuf ihm eine Gemeinde, aber die wilhelminische Zensur verhinderte einen breiteren Erfolg. Nach seinem Tod und dem Fall der Zensur kamen noch mehrere Bücher heraus (*Erotische Votivtafeln* 1919, *Altbayerische Bilderbogen* 1920), und die *Pfarrhauskomödie*, beispielshalber, wurde allein in Berlin zweihundertmal im gleichen Theater gespielt – Heimatrecht hat er auf den deutschen Bühnen nicht gefunden. Die Tournee-Aufführung der *Pfarrhauskomödie*, Ende der sechziger Jahre mit Maria Schell, war eine oberflächlich auf den Schwank hin inszenierte Fehlinterpretation und gerade in Niederbayern dem immer noch wirksamen

Mißverständnis klerikaler Kreise ausgesetzt. Dabei hat Lautensack, auch wo er etwa das Zölibat angriff, nie den Bannkreis der Katholizität verlassen. Heinrich Lautensack wiederzuentdecken, ist eine bisher versäumte Aufgabe des deutschen Theaters. Im übrigen sehen wir ihn heute nicht mehr nur als einen Vorläufer des Expressionismus, sondern als eigenständigen Gestalter, dessen Linie etwa Marieluise Fleißer und Martin Sperr fortsetzen.

Lautensacks Nachlaß ist 1943 – was einen zu Meditationen über die Sorgfaltspflicht von Nachlaßverwaltern veranlassen könnte – in der (damals Berliner) Galerie Gurlitt einem Bombenangriff zum Opfer gefallen. Wilhelm Lukas Kristl hat das Verdienst, endlich, im Jahr 1966, unterm Titel *Das verstörte Fest* die gesammelten Werke von Lautensack herausgebracht zu haben.

OSKAR BAUM

Zwei Erzählungen

Oskar Baum, Prager Erzähler, Dramatiker, Musiklehrer, Musikreferent. Geboren am 21. Januar 1883 in Pilsen, gestorben 1940 (1941?) in Prag. Seit der Geburt auf einem Auge blind, verlor er bei einer Prügelei unter Schülern – nach Kafka (*Briefe an Felice*) als Siebenjähriger, nach Brod (*Streitbares Leben*) als Elfjähriger – das andere Auge. Ausbildung im Blindeninstitut »Hohe Warte« in Wien, wo er 1902 die staatliche Lehramtsprüfung für Musik ablegte. Dann in Prag zunächst als Organist und Klavierlehrer tätig. Freundschaft mit Max Brod, Felix Weltsch, Franz Kafka, den er im Herbst 1904 durch Brod kennenlernte. Die Freunde kamen an vielen Wochenenden zusammen und lasen einander aus ihren Arbeiten vor. Hans Reimann erwähnt in seiner Autobiographie »Mein blaues Wunder« Baums Eigenart, auch im persönlichen Gespräch besonders gerne Augeneindrücke wiederzugeben. Das ist auch in den »Zwei Erzählungen«, vor allem dem »Unwahrscheinlichen Gerücht vom Ende eines Volksmanns", intensiv spürbar. Baums Romane kreisen oft um sein besonderes Schicksal. Ehe man ihn ins Ghetto Theresienstadt, wo seine Frau umkam, abtransportieren konnte, starb er in dem von den Nazis besetzten Prag.

WERKE: Die Romane *Uferdasein. Abenteuer und Tägliches aus dem Blindendasein von heute*, 1908; *Das Leben im Dunkeln*, 1909; *Die Memoiren der Frau Marianne Rollberg*, 1912; *Die böse Unschuld*, 1913; *Die verwandelte Welt*, 1918; *Die Tür ins Unmögliche*, 1919; *Das Wunder* (Drama), 1920; *Die neue Wirklichkeit* (Roman), 1921; *Der Feind* (Einakter), 1926; *Der pünktliche Eros* (Tragigroteske), 1927; *Drei Frauen und ich* (Roman), 1928; *Nacht ist umher* (Novelle), 1929; *Die Schrift, die nicht log* (Roman), 1931; *Zwei Deutsche: Ein Kommunist und ein Nationalsozialist*, 1934; *Das Volk des harten Schlafs* (Roman), 1937.

Kafka erwähnt Baum häufig in seinen Tagebüchern und Briefen, manchmal kritisch, meist übereinstimmend – zum Beispiel in seinem Brief vom 28. November 1912 »an Felice« (S. 139): »Von Baum hast Du also noch nichts gelesen? Da muß ich Dir aber bald etwas schicken. Er ist völlig blind seit seinem 7ten Jahr, er ist jetzt beiläufig so alt wie ich, verheiratet und hat einen prachtvollen Jungen. Baum hat doch – es ist gar nicht lange her – in Berlin eine Vorlesung gehabt und in Berliner Zeitungen war viel über ihn zu lesen.«
Oder Kafka zeichnet in den *Tagebüchern* (S. 321) ein stimmunghaftes Genrebild: »Bei Baum am Nachmittag. Er gibt einem kleinen bleichen Mädchen mit Brille Klavierstunde. Der Junge sitzt still im Halbdunkel der Küche und spielt nachlässig mit irgendeinem unkenntlichen Gegenstand. Eindruck großen Behagens. Besonders gegenüber der Hantierung des großen Stubenmädchens, das in einem Kübel Geschirr wäscht.«
Darüber hinaus bewegte Kafka das Symbolhafte an Baums Existenz, wovon Gustav Janouch in seinen *Gesprächen mit Kafka* (S. 66 f.) Kunde gibt: »Franz Kafka erzählte mir: Der Prager jüdische Dichter Oskar Baum hat als kleiner Junge die deutsche Volksschule besucht. Auf dem Heimwege kam es gewöhnlich zu Schlägereien zwischen deutschen und tschechischen Schülern. Bei einer solchen Rauferei wurde Oskar Baum mit einer hölzernen Federbüchse so über die Augen geschlagen, daß sich die Netzhaut vom Hintergrunde des Augapfels loslöste und Oskar Baum das Augenlicht verlor.
›Der Jude Oskar Baum verlor sein Sehvermögen als Deutscher‹, sagte Franz Kafka. ›Als etwas, was er eigentlich nie war und was ihm nie zuerkannt wurde. Vielleicht ist Oskar nur ein trauriges Symbol der sogenannten deutschen Juden in Prag.‹«

JOHANNES R. BECHER

Verbrüderung
Zion

Johannes R[obert] Becher, Lyriker, Erzähler, Essayist, Kulturpolitiker. Geboren am 22. Mai 1891 in München, gestorben am 11. Oktober 1958 in Berlin. Sohn eines späteren Oberlandesgerichtspräsidenten. 1911 bis 1919 Studium der Medizin, Philosophie und Philologie in München, Berlin und Jena. 1917 Mitglied der Unabhängigen Sozialdemokratischen Partei Deutschlands (USPD), des Spartakusbundes und kurz darauf der Kommunistischen Partei Deutschlands. Leidenschaftlicher Pazifist und Anhänger des Sowjetsystems. Einer der führenden, am meisten beachteten und am meisten befehdeten Expressionisten, der an zahllosen expressionistischen Zeitschriften, Jahrbüchern, Almanachen und Anthologien mitarbeitete. Jugendfreundschaft mit Ludwig Meidner, der das gültige Bild des jungen Becher überlieferte. Zu Beginn der zwanziger Jahre merkliche Beruhigung der Formensprache, Hinwendung zu einem sozialistischen Realismus, deren deutscher Hauptvertreter er später wurde. 1927 Erster Besuch der Sowjetunion. 1933 emigrierte Becher, dem 1934 die deutsche Staatsangehörigkeit aberkannt wurde, über die Tschechoslowakei, Österreich und Frankreich in die Sowjetunion. Dort von 1935 bis 1945 Chefredakteur der Zeitschrift *Internationale Literatur. Deutsche Blätter.* 1945 Rückkehr nach Berlin. Präsident des Kulturbundes zur demokratischen Erneuerung Deutschlands, maßgeblich am Aufbau der DDR beteiligt. 1949 mit Paul Wiegler Gründung der Literaturzeitschrift *Sinn und Form*; Nationalhymne der DDR. Stalinhymnen. Seit 1954 Minister für Kultur, Inhaber zahlreicher Auszeichnungen und Ämter in der DDR.

WERKE: *Der Ringende* (Gedichte), 1911; *Erde* (Roman), 1912; *Verfall und Triumph* (Dichtungen. Zwei Bände), 1914; *An Europa* (Gedichte), 1916; *Päan gegen die Zeit* (Gedichte), 1918; *An Alle!* (Gedichte), 1919; *Ewig im Aufruhr* (Gedichte), 1920; *Um Gott* (Gedichte, Prosa, Spiel), 1921. – *Walter Ulbricht. Ein deutscher Arbeitersohn*, 1958; *Werkauswahl in vier Bänden*, 1949; *Werkauswahl in sechs Bänden*, 1952. Eine zwanzigbändige Werkausgabe ist im Erscheinen begriffen.

Verbrüderung zitierend, widmete Bertolt Brecht, sehr viel später, »Dem Dichter des Friedens Johannes R. Becher« (Zum 60. Geburtstag. Berlin 1951, S. 170 f.) unter der Überschrift »Wandelbar und stetig« folgenden Gruß:
»Lieber Becher!
In dem einzigen Antiquariat einer thüringischen Stadt fand ich kürzlich ein schmales Büchlein, schwarz gebunden, Gedichte. Es hieß *Verbrüderung*, es waren Gedichte von Dir und das Erscheinungsjahr war 1916. Das Büchlein hatte also die letzten beiden Jahre des Weltkriegs und die ganze Nazizeit, einschließlich eines zweiten Weltkriegs, überlebt – einen so zählebigen Veteranen entdeckt unsereiner immer mit einem kleinen Triumphgefühl. Denn Bücher wie die Deinen hatten mächtigere Feinde als die Vergeßlichkeit des Publikums und den Zahn der Zeit. Blätternd fand ich den Vers
> Haben Mütter euch zum Mord geboren?

und die danteske Strophe
> Ihr –: laßt uns gern vom ewigen Frieden reden!
> Ja, wissend sehr, daß er Gestalt gewinnt,
> Noch süßester Traum nur. Unsere Hände jäten
> Das Unkraut aus, das jenen Weg bespinnt.
> Ertön, o Wort, das gleich zur Tat gerinnt!
> Das Wort muß wirken! Also laßt uns reden!

Noch im Ohr hatte ich den schönen, erst jüngst erschienenen Vers
> Wenn Arbeiter und Bauern
> Kommen überein –
> Wird es nicht lang mehr dauern,
> Und es wird Friede sein.

Dein Werk bis in die Gegenwart überdenkend, wurde ich von tiefem und genußvollem Respekt erfaßt. Wie wandelbar und stetig drückt es ein volles Leben aus, und eines, das der größten Sache dient!

Dein Brecht«

Becher über Becher (aus *Um Gott*, 1921. Zitiert nach Pörtner, *Literatur-Revolution I*, S. 202 f.):
»Aus meiner Sprache. Ein Gedicht über meine Sprache. Dies hieß: euch aus der Geschichte einer meiner wunderbarsten Revolutionen berichten. Berlin. Mitten im Krieg. Tief in mir verwildert. In schwärmerischer Blut-Sommer-Nacht. Plötzlich: in Zungen redete ich. Fühlte, schrieb, schrie mich und schmiß: Silben, Silben, nie gekannte Worte. Ende zugleich und Anfang der deutschen Sprache. O mehr noch! O das war schon nicht mehr ich! Ein Aufstand! Ein Ausspruch! Die Sendung! . . . Verbrauchte Perioden platzten. Es be-

freite maßlos sich. Alle Elemente jubelten. Eine fanatische Vernichtung. Überschwemmung Brand Lawinen. Ein Mosaik aus Wahn Verruchtheit Krampf und Glauben. Die Sintflut. Paradiese. O Kaleidoskop! Unterirdische Rhythmen ... weiter: mich flüchtend in den durchseuchten Absteige-Quartieren der längst verfallenen Vorstädte plötzlich das braune Geläut aus manchem der Vokale entdeckte ich. O Ereignis! O Vermischung! O Zeugung! [...] Vom Hügel zu Jena aus aber erfaßte ich dich bitter-süße Welt-Musik: Hühner Lokomotiven Klavier und die verworrene Menschen-Beute. Die weiße Straße unerhört gestrafft in Dur. Das karge Rinnsal jedes Einzel-Schrittes. Die Fuge jedes Einzel-Atems enger Frist. Die dumpfen unsichtbaren unbewußten Massen-Chöre. Wander-Lieder Märsche Symphonien Kampf-Hymnen Manifeste Triumph-Gesänge. Der Kontrapunkt war plötzlich aufgehoben. O Landschaft: tönendes Gesicht! Aus welchen Gründen schöpf ich meine Instrumente?! Wer aber, wer spielt mich?!«

Zeitgenossen über Becher (1913 bis 1924). – Alfred Günther (»Das Gedicht Johannes R. Bechers.« Aus: *Die Neue Kunst* 1, 1913/14. Zitiert nach dem Marbacher *Expressionismus*-Katalog, S. 206): »Johannes R. Becher ist von der Art jener Inkommensurablen, jener von der Idee Besessenen. Alle echten Schöpfernaturen sind von seinem Blute. Er wäre für Schiller – an Stelle Klopstocks – das vollkommenste Beispiel eines sentimentalischen, elegischen Dichters, eines wahrhaft ringenden Menschen. Vom Künstlertum eines so jungen Dichters ist Wesentliches ohne Prophetie nicht auszusagen. Aber dies sind seine Anlagen, seine Ansprüche, dies ist sein Charakter. Aus dem edlen Stoff einer leidenschaftlichen und ernsten Seele bildet sich sein Dichtertum – aber ob die Gebärde der Jugend es ist, die diese Dichtung trägt oder wahrhaft innerliches Künstlertum, das wird erst in neuen Kämpfen und Taten zu erweisen sein.«
Kurt Pinthus »Zur jüngsten Dichtung« (*Die weißen Blätter* 2, 1915. Zitiert nach: *Vom jüngsten Tag* – Almanach, 1917. S. 237): »Übertönt werden alle von den ungeheuerlichen Ausbrüchen der wüststrotzenden Begabung Bechers, den Verfall und Triumph der auf ihn schamlos eindringenden Umwelt zu den zerhackten, hinausgeschrienen, schwebenden, dröhnenden Versen eines fäkalischen Barock, zum anklagenden Taumeltanz auf dem verwüsteten Leib der Gegenwart aufreizt, – bis er, aufgerafft, neuestens das junge Europa zum Kampf gegen das alte aufruft.«
Kasimir Edschmid »Expressionismus in der Dichtung« (Rede gehalten am 13. Dezember 1917. Mehrfach, teils verändert, abgedruckt.

Zitiert nach: Hans Mayer, *Deutsche Literaturkritik im zwanzigsten Jahrhundert*, S. 279): »Bei Johannes R. Becher verströmt die große Explosion. Im Herauswurf gerät ihm das Gedicht in Fetzen. So ungeheuer ist das Gefühl aufgestanden in ihm. Ihm geraten Klänge manchmal wie keinem anderen, weniger oft durch allzugroße Zerstörung ein ganzes Gedicht.«
Franz Werfel an den Kurt Wolff Verlag am 2. September 1919 (Kurt Wolff, *Briefwechsel*, S. 332): »Becher ist ein *aufgeplusterter Dilettant*, mit unangenehm *verlogenen* Manieren! Das moderne Verlagswesen ist leider überrumpelt durch eine Meute mit Jugend, Menschlichkeit und verhurten Phrasen auftrumpfender Halb- und Nichtskönner, schwachsinniger Nachläufer und Bravorufer.«
Oskar Loerke in der *Neuen Rundschau* XXX, 12 von 1919 (*Literarische Aufsätze*, Seite 136): »Denke man über ihn, wie man wolle: seine Verse ergänzen sich nicht aus einer belebenden Kraft unserer Zeit, sondern sie sind ein Teil dieser Kraft. Raffen sie manchmal trotz ihres Gepolters etwas nicht fest zuhauf, so nicht infolge einer Schwäche, sondern als Schwäche unseres gegenwärtigen Daseins.«
Heinrich Eduard Jacob in *Verse der Lebenden* (Deutsche Lyrik seit 1910. Propyläen-Verlag, Berlin o. J. [1924]. S. 20 f.): »Die neue Syntax, die Becher sich schafft, ist durchaus die Katastrophen-Syntax dieses Krieges [...] und seines dämonisch Neuen: der Artillerie. Die ungeheuerliche Brisanz der neuen Geschosse, der neuen Mittel (in Frankreich haben die Engländer einmal eine Erdlinie von vierzig Kilometern Länge in acht Minuten aufspringen lassen!) ist in der Kunst auf Bechers Gedicht niedergeschlagen. Eine Zeitlang wollte es scheinen, als hätten diese Strophen keine Syntax. Das ist ganz falsch: ihr grammatisches Bild ist, fast realistisch treu, das Bild einer Sprengung. Am weitesten vorn oder hinten liegen kleine, einwortige Brocken, zwischen Punkte eingeklemmt: Klötze, die geschleudert wurden, kantig, kurz, fähig, den Luftwiderstand schnell zu brechen. Dann, näher an das Zentrum heran, liegt die verbogene Wortmasse, Widersprechendes nebeneinander. Gestänge, Tragpfeiler sind da, man erkennt das früher Verbundene, das nun neue Berührungen einging, neue Bedeutungen, neue Organik. Alles ist schartig und klein geschlagen, die zusammengesetzten Worte sind durch die Gewalt des Schlags zwar noch nicht endgültig zerrissen – aber sie sind im Scharnier gelockert, klappern, sitzen an Fadenstrichen: Abend-Angst, Wasser-Schlucht, Auf-Gesang. [...] Längst ist übrigens Becher aus der explosiv-dynamischen Form wieder herausgetreten.«
Oskar Loerke am 12. Juli 1924 (*Tagebücher*, S. 106): »Johannes

R. Becher gelesen. Hymnen. Urlandschaften. Merkwürdig die Christgläubigkeit. Aber durch Bilderstärke eine Stätte für Seelenweichheit und Flucht, die nicht tragen will.«
Kafka schließlich dürfte vermutlich recht behalten – mit seiner Meinung, die er in den frühen zwanziger Jahren Gustav Janouch (*Gespräche mit Kafka*, S. 53) gegenüber äußerte, als er bei diesem ein Gedichtbuch Bechers liegen sah: »Ich verstehe diese Gedichte nicht. Es herrscht hier so ein Lärm und Wortgewimmel, daß man von sich selbst nicht loskommen kann. Die Worte werden nicht zur Brücke, sondern zur hohen, unübersteigbaren Mauer. Man stößt sich fortwährend an der Form, so daß man überhaupt nicht zum Inhalt vordringen kann. Die Worte verdichten sich hier nicht zur Sprache. Es ist ein Schreien. Das ist alles.«

JULIUS MARIA BECKER

Gedichte

Julius Maria Becker, Lyriker, Dramatiker, Erzähler und Essayist. Geboren am 29. März 1887 in Aschaffenburg, gestorben am 26. Juli 1949 ebendort. Lebte als freier Schriftsteller meist in Aschaffenburg. Mitarbeiter an Zeitschriften der expressionistischen Epoche: *Neue Blätter für Kunst und Dichtung, Die Flöte, Die neue Schaubühne, Der Revolutionär, Das Dreieck, Die Neue Rundschau*. Herausgeber der Zeitschrift *Das Gegenspiel* (1925). Schrieb, nach einigen Gedichtbänden und neben wenigen Erzählungen, bis in die vierziger Jahre vor allem Dramen, oft mit religiöser Thematik. »Mit [Gustav] Hartung, der im August 1920 zum Intendanten des [Darmstädter] Landestheaters berufen wurde, kam ein Teil des Frankfurter Expressionismus nach Darmstadt. Kurz zuvor hatte der Expressionismus mit Hasenclevers *Antigone* (9. 9. 1919), Julius Maria Beckers *Das letzte Gericht* (10. 1. 1920) und Kaisers *Gas* (16. 6. 1920) dort schon Einzug gehalten« (Rühle, *Theater für die Republik*, S. 284). In der Buchreihe *Der dramatische Wille* erschien (neben Rubiner, Toller, Goll) auch sein Schauspiel *Der Schächer zur Linken*, 1923. Becker stand auch dem »Haus Nyland« nahe und war in Martin Rockenbachs rheinisch-katholisch akzentuierter Anthologie *Junge Mannschaft* vertreten.

WERKE: *Julfest* (Gedichte), 1908; *Prinzregent-Luitpold-Hymne*, 1911; *Von dir zu mir* (Gedichte) 1913; *Die Blendung* (Drama), 1913; *Syrinx* (Roman), 1914; *Das letzte Gericht* (Drama), 1919; *Ewige Zeit* (Gedichte), 1923; *Der Wundermann* (Komödie), 1924; *Ecce Homo* (Drama), 1929; *Der Brückengeist* (Mysterienspiel), 1929; *Mata Hari* (Drama), 1931; *Deutsche Notwende* (Spiel), 1933; *Achill vor Troja* (Drama), 1941; *Gedichte*, 1950.

Hymnisch-rhetorische Lyrik, deren Bilderfülle zwar von den Freisetzungen des Expressionismus profitiert, zu Eigenem aber nicht vordringt. Vielmehr scheinen durch das zeitgenössische Gewand – wie bei Carl Maria Weber, Urzidil und anderen – immer wieder die herkömmlichen Apostrophierungen, Beschwörungsformeln der Romantik, die – fast bis zum heutigen Tag – offenbar das Grundmuster jeglicher Lyrik, soweit sie nicht original ist, gewoben hat. Der »neue Mensch« (Gedicht S. 42), wie er der Nachkriegsjugend 1919 vorschwebt, »schreitet in banger Zuversicht« der Zukunft entgegen, hört manchmal »das Echo verworrenen Brudermords, verjährten Totschlags«, will vom Gestern nichts wissen, denn »Gestern: Das ist ja gesammelter Fluch«, und in Nietzschetönen setzt er sich selbst zum obersten Prinzip. Die Verse sind eher geistesgeschichtlich, als Zeugnis neu erwachenden Lebenswillens, denn künstlerisch bedeutsam.
In *Die Literatur* (Jg. 29, 1926/27, S. 144 f.) schrieb Walther Eckart über Julius Maria Becker unter anderem: »Zu Kriegsende erschien (bei K. Wolff [...]) ein dünnes Bändlein *Gedichte*, in hymnischer Verzückung des Allfluges hingestammelte Verse; oft schuf die Verzauberung hier noch Verwirrung, aber ein Atem ging durch diese Strophen, der nicht nur Stundenmacht besitzt, so daß Richard Dehmel ihn als einen echten Psalmisten begrüßte. Das Jahr 1923 brachte dann zweimal zwölf Lieder *Ewige Zeit* (bei Elena Gottschalk, Berlin). Die Verzauberung war vollendet; sie war zu kosmischem Gleichnis geworden. Der Psalmist erscheint als Evangelist. Seine Kraft, die sich anfangs wildstürmend verbrauchen wollte, sie ward gestaut, wie die Kraft seines Heimatstroms, sie raffte sich selbst zusammen vor der Größe des Allwunders, das ihm erschienen war. Sie fand Macht genug, dieses Wunder in sich aufzunehmen, um es im Gleichnis zu erzählen und damit zu bewahren. Und Evangelist ward der Dichter auch damit, daß er das Wunder der Welt nicht

nur trunken besang, sondern im tiefen, ergreifend schönen Gleichnis auch den Weg fand und künden konnte, der das Weltleid zur Erlösung führt.

Der Zug ins Kosmische scheint J. M. Becker mit den sogenannten Expressionisten zu verbinden. Wohl kommt er noch aus dieser Generation, aber als ein Spätling und als ihr bester Erbe, der sie überwinden sollte, in dem Idee wieder Bild und Geist wieder Herz wurden. Aber er ging nicht alte, längst beschrittene Wege. Weder Hölderlin noch Novalis ist er in seinen Hymnen verpflichtet, so nah er ihrem inneren Wesen steht. Aber auch nicht Goethe oder Mörike standen Pate bei diesen Liedern, wenn er auch ruhig mit dem kleinen Heft vor sie hintreten dürfte; denn nicht mehr das kleine zeitbedingte Ich ist ihm Erlebnis, sondern seine tiefste Menschheit, die ihn mit allen verbindet. Und auch diese Menschheit ist ihm stets nur ein Zeichen für den verborgenen Gott und sein Leben im All. Ein kindliches Staunen durchbebt all diese Gedichte, eine siegfriedhafte Gläubigkeit schaut in die Welt, um sie zu verwandeln, aber nicht zu verflüchtigen.«

Fürs gleiche Heft der *Literatur* (S. 147) schrieb Julius Maria Becker eine »Autobiographische Skizze«: »Mit jener Generation bin ich geboren, die 1914 der Krieg überfiel, als eben sie Lust verspürte, die Wurzeln ins Erdreich zu senken, heimisch zu werden, ans Werk zu gehen. Man hatte in maßloser Verehrung zu Göttern emporgesehen, zu Dehmel, zu Mombert, zu George. Karl Henckells soziale Lyrik, Liliencrons chevalereske Melodie mit Lenauschem Unterton: das war die Musik, aus der man gekommen war und ausgegriffen hatte zu eigenem Schreiten.

In Würzburg, mitten im Sommer, hatte ich 1908 einen Nachmittag mit Maximilian Dauthendey zusammengesessen, der eben mit Koffern voll bunter expressionistischer Zeichnungen von jahrelanger Reise (ringsherum um die Erdkugel) nach Hause gekommen war. Ich habe ihn später, obwohl er mein Landsmann, ein Franke ist, nicht wiedergesehen. Damals, 1908, war er ein Fremdling, ein Unbekannter bei uns, in seiner Stadt.

Es kam dann der Krieg – und dann, vom Schlachtfelde ausgespien, ein Werk (ein Anlauf zum Werk, ein hurtiges, hastiges, skizzenhaftes Werk), das dennoch mir Dehmels Zustimmung brachte: ein erstes kräftiges, aufmunterndes, zusprechendes Wort. Ich lernte Carl Hauptmann kennen. Wir wechselten Briefe. Ich war dann, noch mitten im Wirr der Spartakuskämpfe zwei mühsame Tage auf Eisenbahnen zu ihm unterwegs. Ich habe sein Antlitz gesehen, sein Lotsengesicht, sein Sehergesicht. Das Antlitz von Dehmel erblickte

ich nicht. Und beide, sehr merkwürdig, gingen fast gleichzeitig von dieser Erde hinweg.
Nun war ich allein.
Es ging nur sehr langsam voran. Ging es überhaupt voran? Ein endloser Dornenweg! Täglich aufs neu vor dem Nichts! Bis heute! Bis jetzt! Willy Loehr (ich muß seinen Namen nennen) hatte 1920 den Mut und führte mich auf. Mut, dieweil ich ja ganz als Einzelner stand, von keinerlei Clique, Gruppe, Partei exponiert. Die Volksbühne Berlin, das Schauspielhaus Düsseldorf, das Schauspielhaus Frankfurt folgten dann nach. Ich muß ihnen dankbar sein; denn wahrlich, dankbar war es, mich aufzuführen, nicht.
Ich wohne, wo ich geboren bin: in Aschaffenburg. Hier liegt Brentano begraben, hier lebte der freieste Geist, den Deutschland vor Friedrich Nietzsche besaß: Wilhelm Heinse, der Dichter des Ardinghello-Romans. Hier ist auch das Schloß, das mitten im Viereck der machtvollen Türme, mitten im Karree gigantischer Wächter mit schuppigen Helmen, mitten in Wucht und Barock den gotischen Bergfried aus frühem Jahrhundert bewahrt, das Sinnbild der Seele im Zwinger der neueren Zeit, das Sinnbild, an das ich mich halten will, worin ich mein Vorbild sehe und das mich nun magisch verbindet – mit dieser Stadt, mit diesem Schloß, mit dem Gebirge der Türme, der Mauern, Terrassen, vom Maine bespült.«

GOTTFRIED BENN

Gehirne

Gottfried Benn, Lyriker, Prosaschriftsteller, Arzt. Geboren am 2. Mai 1886 in Mansfeld (Westprignitz), gestorben am 7. Juli 1956 in Berlin. Pfarrerssohn. Kindheit in Sellin in der Neumark. Gymnasium in Frankfurt an der Oder. Auf seines Vaters Wunsch zuerst Theologie- und Philosophiestudium in Marburg, dann Medizinstudium an der Kaiser-Wilhelm-Akademie für Militärärzte in Berlin. 1912 Promotion zum Dr. med. und Approbation. Schiffsarzt. Den ertsen Weltkrieg verbrachte er als Militärarzt erst an der Westfront, dann in Brüssel (Freundschaft mit Sternheim, Flake, Hausenstein,

Carl Einstein). Nach Kriegsende Facharzt für Haut- und Geschlechtskrankheiten in Berlin. Vom Nationalsozialismus, den er 1933 öffentlich begrüßt hatte, wandte er sich schnell wieder ab. Er wurde aus der Akademie der Künste und aus der Reichsschrifttumskammer ausgeschlossen. 1935 bis 1945 (in Hannover, Berlin, Landsberg an der Warthe) militärärztlicher Beamter (Oberstarzt). Dann wieder Privatpraxis in Berlin. Nach langem Schweigen seit 1948 reiche und weithin wirkende Altersproduktion. 1951 Georg-Büchner-Preis.

WERKE: *Morgue und andere Gedichte*, 1912; *Söhne. Neue Gedichte*, 1913; *Diesterweg* (Novelle), 1918; *Der Vermessungsdirigent. Erkenntnistheoretisches Drama*, 1919; *Das moderne Ich* (Essays), 1920; *Die gesammelten Schriften*, 1922 (darin, im Epilog: »Fünfunddreißig Jahre und total erledigt, ich schreibe nichts mehr«). – *Gesammelte Werke*. Vier Bände. Herausgegeben von Dieter Wellershoff. Wiesbaden 1958–61.

Benn bezeichnet seine Prosastücke als »Novellen«. Vom klassischen Begriff der Novelle ist nur der Name übrig geblieben. Benn, dies wohl wissend, gebrauchte ihn herausfordernd, wie um zu sagen: dies sind die wahren Novellen, die »Neuigkeiten«, die mir widerfahren, alles andre ist mir gleichgültig. Als Neuigkeit präsentiert er seinen Sprachstil, den in individuelle Erinnerungsbilder, Sensationen (im Wortsinn), Denkbewegungen und mythische Visionen aufgelösten (S. 31 f.): »Rönnes Studien galten der Schaffung einer neuen Syntax. Die Weltanschauung, die die Arbeit des vergangenen Jahrhunderts erschaffen hatte, sie galt es zu vollenden. Den Du-Charakter des Grammatischen auszuschalten, schien ihm ehrlicherweise notwendig, denn die Anrede war mythisch geworden.«

Carl Sternheim schrieb, als er die *Gehirne* (und die Verse *Fleisch*, 1917) gelesen hatte, in *Prosa* (1918, S. 10, bei Luchterhand): »Benn ist der wahrhaft Aufständische. Aus den Atomen heraus, nicht an der Oberfläche revoltiert er; erschüttert Begriffe von innen her, daß Sprache wankt und Bürger platt auf Bauch und Nase liegen.
Deutsche Welt, die in Worten lebt, von denen jedes, falsch gebildet, an allem Heutigen in phantastischer Weise vorbeigreift, gilt es, vom Keller aus neu aufzubauen. Das heißt: nicht mit des Zeitgenossen Sprache macht er sich über dessen Unarten und Allzumenschliches lustig, sondern gibt aus der Stunde Notwendigkeit allem Wort neuen heutigen Sinn, daß der Mensch, Kaufmann, Journalist und

Soldat, der es noch in alter Weise weiterspricht, auf einmal unerhört altmodisch und komisch ist, man ihn überholt und im Bratenrock von anno dazumal sieht. Daß er und seine Moral, Ideale, Urteile und hehrsten Ziele wie in Anführungsstrichen daherkommen.«

Benn selber bezieht sich ein Jahr später, 1919, in einem Brief an den Herausgeber der *Tribüne der Kunst und Zeit*, also Edschmid, auf die *Gehirne* (zitiert nach: Edschmid, *Briefe der Expressionisten*. S. 88 f.): »Ich finde nämlich in mir selber keine Kunst, sondern nur in der gleichen biologisch-gebundenen Gegenständlichkeit wie Schlaf oder Ekel die Auseinandersetzung mit dem einzigen Problem, vor dem ich stehe, es ist das Problem des südlichen Worts.

Wie ich es einmal versucht habe darzustellen in der Novelle *Der Geburtstag* (*Gehirne*); da schrieb ich: ›da geschah ihm die Olive‹, nicht: da stand vor ihm die Olive, nicht: da fiel sein Blick auf eine Olive, sondern: da geschah sie ihm, wobei allerdings der Artikel noch besser unterbliebe. Also, da geschah ihm ›Olive‹ und hinströmt die in Frage stehende Struktur über der Früchte Silber, ihre leisen Wälder, ihre Ernte und ihr Kelterfest.

Oder an einer anderen Stelle derselben Novelle: ›groß glühte heran der Hafenkomplex‹, nicht: da schritt er an den Hafen, nicht: da dachte er an einen Hafen, sondern: groß glühte er als Motiv heran, mit den Kuttern, mit den Strandbordellen, der Meere uferlos, der Wüste Glanz. [...]

Mich sensationiert eben das Wort ohne jede Rücksicht auf seinen beschreibenden Charakter rein als assoziatives Motiv und dann empfinde ich ganz gegenständlich seine Eigenschaft des logischen Begriffs als den Querschnitt durch kondensierte Katastrophen.

Und da ich nie Personen sehe sondern immer nur das Ich, und nie Geschehnisse, sondern immer nur das Dasein (Da-sein), da ich keine Kunst kenne und keinen Glauben, keine Wissenschaft und keine Mythe, sondern immer nur die *Bewußtheit*, ewig sinnlos, ewig qualbestürmt – so ist es im Grunde diese, gegen die ich mich wehre, mit der südlichen Zermalmung und sie, die ich abzuleiten trachte in ligurische Komplexe bis zur Überhöhung oder bis zum Verlöschen im Außersich des Rausches oder des Vergehens.«

LUDWIG BERGER

Spielgeist

Ludwig Berger (eigentlich Ludwig Bamberger), Regisseur, Theaterschriftsteller, Film-, Funk- und Fernseh-Autor, Erzähler, Biograph, Autobiograph, Übersetzer (aus dem Englischen). Geboren am 6. Januar 1892 in Mainz, gestorben am 18. Mai 1969 in Schlangenbad. Sohn eines Handelskammerpräsidenten. Wuchs in einem kultivierten Hause auf, in dem berühmte Musiker verkehrten. Gymnasium in Mainz. Studium in München und Heidelberg, 1914 Promotion zum Dr. phil. Regisseur in Berlin: Deutsches Theater (1919), Staatstheater (1920–21), Schillertheater, Ufa, Paramount. In der expressionistischen Epoche Mitarbeit am *Jungen Deutschland*, dem zweiten Jahrbuch *Die Erhebung*, am Sammelwerk *Die neue Bühne*. 1928 bis 1929 in Hollywood. Im Dritten Reich Emigration nach den USA. Seit 1947 wieder in Deutschland. Lebte seit 1952 in Schlangenbad (Taunus). Ludwig Berger hat einen neuen Shakespearestil begründet, bedeutende zeitgenössische Stücke aus der Taufe gehoben, mit den Großen der internationalen Schauspielkunst zusammengearbeitet, zur Weltgeltung des deutschen Films in den zwanziger Jahren beigetragen und im Alter beispielhafte Fernseh-Inszenierungen geschaffen.

WERKE: *Copernicus*. Hymnen und Mythen, 1921; *Wir sind vom gleichen Stoff, aus dem die Träume sind* (Autobiographie), 1953; *Wenn die Musik der Liebe Nahrung ist* (Novellen), 1957; *Theatermenschen. So sah ich sie*, 1962; *Ottilie* (Fernsehspiel), 1963. Filme: *Das Glas Wasser*, 1921; *Der verlorene Schuh*, 1923; *Walzertraum*, 1925.

Rudolf Forster faßte in seinem Erinnerungsband *Das Spiel mein Leben* (S. 224 ff.) zusammen, was seine Generation für Ludwig Berger empfand: »Ludwig Berger, der Musikant Shakespeares. [...] Seine tiefe Bildung, seine blitzgescheiten Augen, er war der Musischste von allen. Er instrumentierte und musizierte seine Szenenfolgen in den Lustspielen, zum Träumen schön. Er ließ Shakespeare ablaufen ohne Zwischenvorhänge wie eine ›Symphonie‹. Er begnügte sich mit einer einzigen Architektur und ließ darin weiß Gott wie viele Szenen spielen. Das alles bereits im ersten Krieg. Max Reinhardt holte ihn darauf sofort in sein Theater. Ihm konnte

nichts Besseres geschehen. Er öffnete dem Anti-Reinhardtstil sein eigenes Haus. Beweis, was er für ein Könner und Seher war. Berger war man menschlich am meisten zugetan. Sein Frohsinn, seine Unverdrossenheit, seine Arbeitsleidenschaft, Hingabe und Demut und sein persönlicher Charme. Seine herrlichen Filme brauche ich nicht zu erwähnen, sie waren die Glanzstücke ihrer Zeit. Leider spielte ich nur eine einzige Rolle unter ihm. Mit ihm zu arbeiten war reines Entzücken. Seine unbeirrbare Leidenschaft für das Theater, eine ganze Generation konnte von ihm lernen.«
Ludwig Berger hat wenige Tage vor seinem Tod, unter der Überschrift »Zum *Spielgeist*«, im Mai 1969 für dieses Buch den folgenden Beitrag verfaßt:
»›Wir alle waren nur notwendig und nützlich, solange wir in der Opposition standen‹, sagte einmal Rudolf Rittner, der erste »Fuhrmann Henschel« der deutschen Bühne, zu mir, als ich ihn zu meinem »Glas-Wasser«-Film nach Berlin gerufen hatte: ›solange sie im Hoftheater pathetisch waren und die Jugend sich darin ausdrückte, daß sie lächelte und deklamierte, half unser Realismus der Erneuerung der Bühne und der Dichtung. Als dann, nach wenig Jahren schon, unser schwer erkämpfter Stil dazu überging, daß sich die Frauen, um ihre Natürlichkeit zu beweisen, mit den Stricknadeln auf dem Kopf kratzten, war im Grunde schon unsere Mission vorbei und Max Reinhardt hatte mit dem Zauber seiner Märchenphantasie einen leichten Sieg über unser »schlesisches Grau«!‹
Uns Jungen aber aus der nächsten Generation, die voll Bewunderung zu Reinhardt nach Berlin kamen, war auch seine illusionistische Shakespeare-Bühne noch zu voll und kompakt. Wir wollten ein Theater aus Luft und Musik, ohne Wände und Verwandlung, wahrscheinlich weil wir schon, ohne es zu wissen, den ›Surrealismus‹ in uns herum trugen, der ja dann wenige Jahre später in Paris proklamiert wurde.
Die großen Eindrücke des Theaters empfingen wir damals, wenn die Bühne stumm wurde und über das Wort hinausging: wenn Agnes Straub als Klytämnestra mit dem Beil in der Hand quer über die riesige Dimension des Zirkus Schumann ging, um Ägisth im Bade zu suchen, oder wenn auf der Kammerspielbühne Helene Thimig als Stella wortlos niedersank. Aus solchen Eindrücken und aus einer großen Liebe zu Rilke heraus mag die Phantasmagorie aus der Rübezahlwelt entstanden sein. Mir war jeder Griff recht, der mir erlaubte, die Fenster unserer Theaterhäuser aufzureißen, auch der Griff in die Lyrik.«

ERNST BLASS

Die Gedichte von Sommer und Tod

Ernst Blass, Lyriker, Essayist, Literatur- und Filmkritiker, Übersetzer (aus dem Englischen). Geboren am 17. Oktober 1890 in Berlin, gestorben am 23. Januar 1939 ebendort. Fabrikantensohn. 1908 Beginn des Jurastudiums in Berlin. Gehörte dort, mit Georg Heym, Jakob van Hoddis und anderen frühexpressionistischen Lyrikern, dem 1909 von seinem Freunde Kurt Hiller gegründeten »Neuen Club« an und las in Hillers literarischem Kabarett »Gnu«. Seit 1911 mit Gedichten, Glossen und Kritiken an der *Aktion* mitwirkend, bis er sich 1914 von dieser Zeitschrift abkehrte. 1912 erschien bei Richard Weißbach in Heidelberg die erste expressionistische Anthologie, Kurt Hillers *Kondor*, mit Gedichten von Blass, und im gleichen Jahr dessen weithin wirkender Gedichtband *Die Straßen komme ich entlang geweht* mit seinem programmatischen Vorwort. 1913 Übersiedlung nach Heidelberg. Beziehungen zum dortigen George-Kreis; Wandlung seines lyrischen Stils und seiner Kunstauffassung. 1914 (bis 1921) Herausgabe der stark philosophisch orientierten Monatsschrift *Die Argonauten*; (zu den Mitarbeitern zählten Benjamin, Musil, Borchardt, Brod, Sternheim, Werfel.) Blass wirkte an vielen Zeitschriften der expressionistischen und nachexpressionistischen Jahre mit wie *Sturm, Saturn, Die weißen Blätter, Zeit-Echo, Die Dichtung*, sowie an Sammelwerken wie dem zweiten von Hillers *Ziel*-Jahrbüchern, an Anthologien wie Kaysers *Verkündigung*. Er setzte sein Studium in Freiburg im Breisgau und Heidelberg fort. 1915 Promotion zum Dr. jur. 1915 bis 1920 Archivar an der Dresdner Bank in Berlin. In den zwanziger Jahren journalistische Mitarbeit am *Berliner Börsen-Courier* und dem *Berliner Tageblatt*. 1922 in dem Band *Juden in der deutschen Literatur* Beiträge über Kerr und Döblin. 1924 Lektor des Verlages Paul Cassirer. 1926 begann ein Augenleiden, das zeitweise zur Erblindung führte. Während des Dritten Reiches erschien, im Schokken Verlag, nur noch eine Übersetzung von Byrons *Kain*. Karl Otten veröffentlichte in seiner Anthologie *Das leere Haus. Prosa jüdischer Dichter* 1959 eine nachgelassene Erzählung von Ernst Blass: *Der Blinde*. Blass starb im Jüdischen Krankenhaus in Berlin und entging so dem Vernichtungslager.

WERKE: *Die Gedichte von Trennung und Licht*, 1915; *Über den Stil Stefan Georges* (Dialog), 1920; *Der offene Strom* (Gedichte), 1921; *Das Wesen der neuen Tanzkunst*, 1921.

Vom Ernst Blass des Gedichtbandes *Die Straßen komme ich entlang geweht*, diesem Genieprodukt aus Ironie und Weltschmerz, Esprit und Zärtlichkeit, Berliner Großstadtluft und Morbidezza, ist in den *Gedichten von Sommer und Tod* nichts mehr zu spüren. Stattdessen: gleichmäßiger Rhythmus, schöne Reime, erhabne Stimmung, des »Dichters schmerz-bewegte Leier«, stilisiertes Epigonentum unter der mächtigen, dörrenden Sonne Georges.
Dies alles mußte, wenn auch mit gewissen Einwänden, einem bürgerlich-konservativen Rezensenten wie Ferdinand Gregori (im *Literarischen Echo*, Jg. 21, 1918/19, Sp. 1492) gefallen: »Ernst Blass steht noch in einem Mißverhältnis zwischen innerer und äußerer Form. Nur wenige seiner Mitstrebenden verfügen über die nahezu klassische Reinheit des Verses und über den Wohlklang der Wortfolgen, wie beides in den ›Gedichten von Sommer und Tod‹ spürbar ist; ja, die Distichen des Eingangs haben die Schwingen Schillers und bei den Strophen ›Auf einen Gefallenen‹ tritt Goethes Euphorion ins Gedächtnis! Innen aber sieht's nicht so schön gebunden aus: da huschen halbtote Worte durch, und die edle Notwendigkeit setzt oft aus.«
In etwas vorsichtigen Wendungen kommt Loerke in der *Neuen Rundschau* 1918 (*Literarische Aufsätze*, S. 109) - nachdem er seine Kritik über Max Herrmanns *Empörung, Andacht, Ewigkeit* (vergleiche unterm Stichwort Herrmann) mit dem Satze beschlossen hat »Perioden und Strophen brauchten darum nicht hölzern abgezählt zu sein« - zu der hier wiedergegebenen Würdigung:
»Dafür gibt *Ernst Blass* mit seinem Bändchen *Gedichte von Sommer und Tod* Beispiele. In strengen Formen blieb alles frei. Die klingende Seele ist dort mit keiner List greifbar und gegriffen. Ihre einzige Bestimmung ist ihre Gegenwart. Hascht man sie, so behält man Dinge und Gedanken, hascht man die Dinge, so behält man Seele zurück. Die Worte sind nicht wärmendes Kleid über dem Herzen, sondern atmende Haut. Blass sucht nicht einen Text *und* eine Melodie, sondern der Text ist die Melodie. Seine Vergleiche haben keinen anderen Grad der Wirklichkeit als seine gerade Rede. Er beginnt erst dann zu sprechen, wenn er weiß, daß er die poetische Wahrheit durch übertreibenden oder unzulänglichen Ausdruck nicht tiefer zerstören wird als durch Verschweigen, denn vor seinem Gewissen kennt Wahrheit keine Zwitterstufe zwischen Nichtsein und

Dasein. Erst in dem Augenblick, in dem die Dinge ganz materiell dastehen, sind sie ganz unmateriell geworden, Symbol, Gesang. Daher bändigt der Dichter sein Bedürfnis zu spekulieren und urteilen im Gedicht und hebt ihm andere Formen auf. Er fürchtet nicht, danach gefragt zu werden, die Schönheit liegt ihm jenseits davon. Dies besteht, und es täte wenig, wenn jemand eine Abhängigkeit von Stefan George bis in den Satzbau hinein, eine Ähnlichkeit mit dem Gefäll und Tempo der Verse um 1800 herum heraushörte: mag man dies so schwer oder leicht anrechnen, wie man will, ein Ganzes bleibt dennoch übrig.«
Ernst Blass stellte sich bereits 1915, in einem Brief an den Kurt Wolff Verlag vom 13. Mai (*Briefwechsel*, S. 220), der Kritik entgegen, die seine neueren Gedichte erfuhren: »Anbei sende ich Ihnen das versprochene Manuscript [*Die Gedichte von Trennung und Licht*]. Das ›Jüngste Tag‹-Manuskript [*Die Gedichte von Sommer und Tod*] kann spätestens nach ein paar Wochen folgen. Ich schicke Ihnen gleichzeitig eine Rezension aus dem B. T. [*Berliner Tageblatt*] über vorgelesene Teile des ersten Buches. Die Besprechung wird Sie hoffentlich nicht beirren, sowenig sie mich irgendwie berührt. Daß man mir George-Schülerschaft nachredet, ist teils sachlich unzutreffend, teils kunstkritisch unwichtig – in der Renaissance gab es viel stärker und bedeutender den Begriff ›Schule‹. George und ich schließen sich an die hohe deutsche Überlieferung gemeinsam an, das unterscheidet uns von den anderen deutschen Undichtern, aber auch von den Dichtern des ›siechen Österreich‹, Hofmannsthal, Rilke, Werfel.«
Der Freund Blass'scher Lyrik dürfte – ob er Blass nun für einen »deutschen Verlaine« hält oder nicht – mit der Meinung des Blass-Freundes Kurt Hiller (*Köpfe und Tröpfe*. Rowohlt Verlag. Hamburg 1950. S. 288 f.) übereinstimmen: »Blass' am meisten eigentönender und am stärksten beglückender Gedichtband ist sein Erstling: *Die Straßen komme ich entlang geweht* [...]; unter den toten Sieben unsrer letzten lyrischen Glanzzeit gehört er zu den bedeutenderen, und ich glaube, daß er – nicht wegen der zu absichtlich an George gelehnten Produkte seiner spätern, wohl wegen der Verse seiner Frühzeit mit manchem hold-unvergeßbaren Goethe/Eichendorff-Silberklang *und* ihrem Zuge von hardeköpfisch-asphaltener ›décadence‹ – als eine Art deutscher Verlaine gebucht werden darf und wird«.

PAUL BOLDT

Junge Pferde! Junge Pferde!

Paul Boldt, Lyriker, Prosaist. Geboren am 31. Dezember 1885 in Christfelde bei Preußisch-Friedland (Westpreußen), gestorben Ende 1918 oder Anfang 1919 an einer Blinddarmentzündung (sein letzter Beitrag in der *Aktion* erschien am 10. August 1918). 1906 Reifeprüfung am Gymnasium in Schwetz. 1906 bis 1907 zwei Semester Germanistik und Kunstgeschichte in München. Nach einem Sommersemester in Marburg setzte Boldt 1907 sein Studium in Berlin fort. Dort wurde er noch 1912 als Studierender in den Akten der Universität geführt. Am 24. März 1914 las er – zusammen mit Gottfried Benn, Leo Matthias, Egmont Seyerlen und Alfred Wolfenstein – in Wolfensteins Kabarett »Die feindlichen Brüder«, das im Salon Cassirer in Berlin stattfand. »Ein paar Postkarten, zufällig überliefert (an Kurt Hiller und Egmont Seyerlen) belegen seinen Vorkriegsaufenthalt in Berlin. Mehr aber wissen wir nicht über diesen Lyriker, dessen Werk fast ganz in der *Aktion* gedruckt wurde.« Die vorliegenden Angaben gehen auf Paul Raabe, der sich seinerseits auf Wulf Kirsten (Weimar) stützt, und seine Kommentare zum *Aktions*-Nachdruck zurück. Zu ergänzen wäre noch, daß Boldt vermutlich Bauernsohn war – wenn man Hugo Kersten (als Rezensenten) glauben darf, der einer der Hauptmitarbeiter der *Aktion* war und den Autor vielleicht persönlich gekannt hat. Laut Raabes Repertorium *Die Zeitschriften und Sammlungen des literarischen Expressionismus* ist Boldt noch in den *Weißen Blättern*, dem Kurt Wolff-Almanach *Vom jüngsten Tag* (jedoch nur in der ersten Auflage, 1916), Pfemferts *Aktionsbuch* und der Anthologie *Verse der Lebenden* (Heinrich Eduard Jacob erwähnt Boldt auch in der Einleitung) vertreten. Gottfried Benn nahm ihn in seine Anthologie *Lyrik des expressionistischen Jahrzehnts* (1955) auf, weiß aber nichts über ihn zu berichten. Außer Gedichten ist nur noch das kurze Prosastück *Der Versuch zu lieben* aus dem *Aktionsbuch* (1917) bekannt, das Karl Otten in seiner Anthologie expressionistischer Prosa *Ahnung und Aufbruch* (1962) nachgedruckt hat.

WERKE: *Junge Pferde! Junge Pferde!* sind die einzige Buchveröffentlichung Boldts. Ein Nachlaß ist nicht bekannt.

Wer ist Paul Boldt? Einer, der wilde Landschaft (meist östlich oder nördlich, »Weichsel«) und Berliner Großstadtasphalt gleich unmittelbar erlebt; der Laszives und Inniges, Geilheit und Träumerei, Melancholie und Wollust in eins bannen kann; der die anatomischen Verführungszonen des weiblichen Körpers detailfreudig markiert und im gleichen Atem das Archaische, Mythische, Zeitlose des Sexus heraufruft; der Zivilisation und Ursprung zusammenbringen kann, Quellfrische und Verderbnis, Glamour und die Intensität des Intimen, Sachlichkeit und Sentiment; der die kühnsten erotischen Gedichte des Expressionismus geschrieben hat und Leidenschaftlichstes, waghalsige Bilder in geschlossene Formblöcke (sogar des sonst abgebrauchten Sonetts) zwingt: – wenn Unverwechselbarkeit ein Hauptkriterium origtinaler und dauerhafter Lyrik ist, dann hat Boldt mit einigen seiner Gedichte ein für allemal zum lyrischen Bestand beigetragen und die Grenzpflöcke der Tradition, wie jeder große Lyriker, um ein Weniges – auf zunächst nur ihm eignes Terrain – weitergerückt.

Kurt Hiller schreibt in seinem 1960 abgefaßten Vortrag »Begegnungen mit ›Expressionisten‹« (Raabe, *Expressionismus. Aufzeichnungen und Erinnerungen der Zeitgenossen*, S. 31 f.): »Paul Boldt ist eine Legende. Er war lang und etwas plump, sah wie ein Pferd aus, stammte aus einem Nest in Westpreußen, war scheu und liebenswürdig, schuf nur Formvollendetes, übrigens rein sensuale Sachen, hatte kaum enge Freunde, aber bestimmt keinen Feind, eines Tages (wohl noch im Ersten Weltkrieg) verschwand er, man hörte nie von seinem Tode etwas, theoretisch möglich wäre, daß er noch lebt. Es ist nicht wahrscheinlich. Wessen Herz Vollendetem schlägt, weiß sich verpflichtet, dafür zu sorgen, daß Boldts Name und Werk nicht vergessen werde.«

Von dem Eindruck, den Boldts Gedichte auf seine jungen Kollegen machte, gibt Alfred Richard Meyer in der »maer von der musa expressionistica" (zitiert nach dem Marbacher *Expressionismus*-Katalog, S. 29 f.) ein anschauliches Zeugnis: »Eines Tages, mittags, war der Ruf da, über Jahrzehnte hinaus hell geblieben, zuerst in mein Ohr scharf durch Wolfgang Goetz gestoßen, bislang für uns lediglich durch seine zwei Einakter *Kreuzerhöhung* und *Der böse Herzog* bekannt geworden – vor der kleinen Gerold-Stube an der Gedächtniskirche war's, daß der Schrei auf mich lospreschte: *Junge Pferde! Junge Pferde!*

Was war geschehen? Lediglich das eine, fast alltägliche: daß ein Gedicht erschien, betitelt ›Junge Pferde‹, von einem neuen Mann, der

sich *Paul Boldt* nannte. Er hatte uns einen herrlichen Morgen- und Abendgruß geschenkt, den wir leidenschaftlich propagierten: [Alfred Richard Meyer druckt nun das Gedicht ›Junge Pferde‹, S. 32, ab].
Erst viel später erschienen Boldts Gedichte unter dem Titel *Junge Pferde! Junge Pferde!* als des *Jüngsten Tages* Band 11 bei Kurt Wolff, Leipzig. Am nächsten Sonntag aber kam uns die Lust an, zu den Pferderennen nach Hoppegarten hinauszufahren; und da ein Pferd just genau so wie die reizende Braut unseres Freundes Balduin Möllhausen jun., nämlich Winnie, hieß, so setzten wir mittelbescheiden und – gewannen haushoch, nämlich so viel, daß wir uns alle ein solennes Souper bei Kempi leisten konnten und restlos bis auf den letzten Groschen leisteten.«
Von zahlreichen Rezensionen über *Junge Pferde! Junge Pferde!* (Hugo Kersten in *Die Aktion*, 1914, oder Hermann Plagge in *Wiecker Bote*, 1913/14) zitieren wir nur Alfred Wolfenstein, der unter der Überschrift »Lyrischer Landschafter« in *Die Neue Rundschau* (Jahrgang 26, 1915, S. 1439) schrieb:
»Ganz zahlreich sind in der Gegenwart die Feinde der Lyrik geworden ..., Grund zu dieser Feindschaft – der allerdings häufig die eigene Notwendigkeit fehlt – gibt ihnen das häufige Fehlen der Notwendigkeit in der Lyrik. Die Gedichte von heutzutage sind unerhört oft vom Leser her gemacht, aus Ehrgeiz oder aus sonst einer Vorwegnahme des nützlichen Effektes, und gewissermaßen von keinem anderen Erlebnis gedrängt ... als von der Erkenntnis der Tatsache, daß es eine lyrische Technik gibt, daß es eine lyrische Wirkung gibt und ferner einige Gestalten, die scheinbar wirklich aus bloßer, dem Erlebnis ähnlicher Liebe zum Worte volle Künstler geworden sind.
Aber Gedichte kann jeder machen, darauf kommt es nicht an, sondern darauf, ein Dichter zu sein; und dies spüren zu lassen. Man bemerkt gerade bei den Großstädtern unter den Jüngeren, also den angeblich Subjektivsten, mehr die Worte als die Gestalten in den Versen, weil sie den Reiz vom Außensein statt vom Außersichsein empfangen. Da man in der großen Stadt so ungeniert und so eilig bei einander verweilt, ist man auf alle wirkenden Mittel des Augenblickes scharf, geht immer berechnender vom Anderen und vom Nachher aus; denn Macht – die man will – ist eine vorübergehende Sache. Bluff, ungeformte Schweinerei, Talminihilismus reimen sich empor; ebenso unabsolut ist die technische Gesinnung, die statt metaphysischer lieber die Wirkungen des körperlichen Schlagens, Kitzelns und (konventionellstes Wort –) Kotzens erreichen will.

Das wertvolle Gedichtbuch von Paul Boldt zeigt eine landhafte, vollyrische Ursprünglichkeit, deren intellektuelles Zubehör sie aber scharf genug in die Stadt zieht und dann mit fremden Bewußtheiten verschlackt. Sonderbare Mischungen von Kraft und Abstraktheit. Dem rührend gestimmten Klang einer Eingebung folgen Verse im Ton einer unausgefüllten Überlegenheit. Eine Natur, von deren unspielerischem, nicht kompliziertem Grundwesen man rasch überzeugt ist, gestaltet manche Strophen erhoben, ja kunstgewerblich dekorativ oder verwickelt dekadent, grammatikalisch distanziert; Rutine scheint bisweilen den Ton des Erlebnisses zu verdrängen, so daß die Verse kaum zu Gedichten zusammengehn können und dann nur ein packend sichtbares Bild die Ganzheit und Lebendigkeit rettet.

Aber ein viel größerer Teil der Gedichte enthält und gibt ungemischte Freude. Paul Boldt ist ein handfester, zugleich feinfingriger Landschafter; verwandt, nicht kongruent mit Georg Heym (lebte dieser Echte doch noch –!). Er formt nicht die Stimmungen der Natur, sondern ihr Wirken auf Nerven und Seele; aus Sinnlichkeit, nicht aus Sentimentalität. Den Geruch der Pflanzen, das Spülen der Säfte, fiebrige Schwüle, Gestalten der Wolken, der Blitze, des Mondes, Lebendigkeit der Tiere: solche Dinge verlandschaftlicht er in Versen, deren Bestes eigentlich weniger im dichten, schlagenden, schärfenden Klang liegt: noch sicherer wirkt ihr Gehalt an starken Bildern und deren Zusammenhang, den seine Begabung für famos verkürzende Aphoristik, für groteske Ausrufe nur noch lückenloser herstellt.

Es ist eine Erotik der Landschaft, – während Boldts Liebesdichtung im allgemeinen kleine, über den Stoff nicht hinausgezwungene Sexualität bleibt. Gelingt es ihm freilich, wie in der »Liebesfrau«, auch die Landschaft des Körpers zum erotischen Gedicht werden zu lassen, so gewährt er das makelloseste Bild seines Könnens und einer durchgefühlten Notwendigkeit.«

OTOKAR BŘEZINA

Hymnen

Otokar Březina, tschechischer Lyriker und Essayist. Geboren am 13. September 1868 in Počátky bei Tabor in Südböhmen, gestorben am 25. März 1929 in Jarmeritz (Jaroměřice) in Mähren. Sohn armer Handwerksleute (Schuhmacher). Seit 1901 in Jarmeritz. Bis 1925 Volksschullehrer. Dr. h. c. der Universität Prag. In vielen expressionistischen Zeitschriften (darunter *Die Aktion* und *Die weißen Blätter*) und Sammelbänden vertreten. Auch Rilke zeigte sich, in einem Brief an Kurt Wolff vom 10. Februar 1914, an Březina interessiert. Ein Hauptvertreter des europäischen literarischen Symbolismus. Der erste Gedichtband (1895) geht von Schopenhauerschem Pessimismus aus. »Březinas Mystik weist auf antike und christliche Quellen sowie den modernen naturwissenschaftlichen Monismus hin. An Dostojewskij erinnert sein Gefühl einer geheimnisvollen Erbschuld [...] Březina ist der erste tschechische Dichter, dem es gelang, die Grenzen der überwiegend auf nationale Interessen bedachten Gedankenwelt der tschechischen Poesie formal und gehaltlich erheblich zu erweitern. Trotz verschiedenster, auch pantheistischer Einflüsse blieb er stets dem Katholizismus treu« (Otto Turecek in: *Lexikon der Weltliteratur im 20. Jahrhundert*. Erster Band. Spalte 261).

WERKE (in deutscher Übertragung): die Gedichtbände *Hände*, 1908; *Winde von Mittag nach Mitternacht*, 1920; *Baumeister am Tempel*, 1920; der Essayband *Musik der Quellen*, 1923.

Der hymnische Mystiker Otokar Březina übte auch persönlich einen starken Einfluß aus, so auf seinen Landsmann, den katholischen Dichter Jakub Deml, dessen Tagebuchblatt vom 15. Juni 1912 Otto Pick in der Zeitschrift *Die schöne Rarität* (Jahrgang 2, 1918, S. 122) veröffentlichte: »Von Herrn Březina kehrte ich um 10 Uhr abends heim. Jetzt ist bereits Mitternacht, aber ich kann keinen Schlaf finden [...] Ach Herr Březina weiß vielleicht gar nicht, wie er mich läutert und gesunden läßt. Ich gehe stets an Seele und Leib wiedergeboren von ihm, ich möchte sagen, wie von der Beichte. Wodurch beseelt er mich so? Dadurch, daß er mit mir redet wie Mensch zu Mensch und wie Bruder mit dem Bruder spricht: ich brauche nicht zu befürchten, daß er mich täusche.«

In seinen *Erinnerungen an das literarische Berlin* (Winkler-Verlag, München 1965. S. 276) bezeugt der seinerzeit hochberühmte polnische Dichter Stanislaw Przybyszewski, der im Berlin der Jahrhundertwende unter den Naturalisten und Symbolisten eine bedeutende Gastrolle spielte, dem tschechischen Dichter seine Reverenz: »Ich lernte damals [wahrscheinlich nach seinem 1898 beendeten Norwegen-Aufenthalt] das riesige [?] Werk von Otokar Březina kennen, des einzigen, den man im ganzen slawischen Bereich neben Kasprowicz stellen kann [...] Wenn die Tschechen mir viel zu verdanken haben, wie sie mir unablässig versichern, so fühle umgekehrt auch ich mich ihnen gegenüber zu tiefer Dankbarkeit verpflichtet [...] Mit tiefster Verehrung beuge ich mich vor Otokar Březina.«
Gelegentlich seiner Rezension des von Franz Pfemfert herausgegebenen Bandes *Jüngste tschechische Lyrik* (in der *Neuen Rundschau*, Heft 9, 1917; zitiert nach *Literarische Aufsätze*, S. 72) hebt Oskar Loerke Březina hervor, deutet aber immerhin einen kritischen Aspekt in dessen Lyrik an – die »Wortfülle«: »Das vollströmend Hymnische in Otokar Březina findet uns willig, tschechische und deutsche Erde nicht zu unterscheiden oder doch nur mit dem Danke feststellender Erkenntnis, sein kosmisches Gefühl erläutert nicht erst, daß der Himmel über uns unzerschnitten sei. Gedanken, die wir fühlen, gehören allen oder niemand. Und wenn wir mitunter nach der Notwendigkeit der Wortfülle Březinas fragen, so geschieht es nur darum, weil wir schon gewonnen sind."
Der andere, allgemein gesehen, wichtigere Aspekt: der unzerschnittne Himmel über tschechischer und deutscher Erde kommt als »Affinität zwischen deutschem und tschechischem Geistesschaffen« bewegend zur Geltung in dem Aufsatz von Otto Pick und A. St. Magr »Ein Gespräch mit dem Dichter kurz vor seinem Tode«, den *Die literarische Welt* (Jahrgang 5, Nr. 15, 1929, S. 3) als Hauptartikel eines Gedenkblatts zum Tode des »großen Mystikers in unserer Zeit«, Otokar Březina, herausbrachte: »Im Sinne der gnostischen Lehre ist er ein Pneumatiker; es ist die Haltung des Erkennenden, eine Lebensform, die sich der ›Abgeschiedenheit‹ Meister Eckeharts, dem Nirvana der Lehre Buddhas nähern mag, eine Verwirklichung des Geistigen auf hoher Stufe ohne die Tonwerte der Weltflucht und Entsagung [...]
Deutsche Lyrik und Prosa sind dem Dichter nicht minder vertraut wie deutsche Geistesgeschichte und Philosophie. Mit besonderer Teilnahme verfolgte er die Entwicklung der aus der Tschechoslowakei stammenden Dichter, Werfels und Rilkes lyrisches Schaffen, Franz Kafkas klare, gleichsam gläsern durchsichtige und doch so fest ge-

hämmerte Prosa. Das fruchtbare Einsamsein dieses Pragers, von Březina aus dem Werke sicher herausgefühlt, erkennt er in seiner ganzen schicksalhaften Abhängigkeit von der Existenz des deutschen Geistigen auf Prager Boden. Der deutsche Prosastil, dessen Entwicklung im Laufe der Jahrhunderte wiederholte Hemmungen erfahren mußte – ähnlich wie die tschechische Sprache – scheint (der Name des in Prag weilenden Heinrich Mann wurde erwähnt) durch die an Flauberts epischer Kunst orientierte Sprachverdichtung in Heinrich Manns Romanen einen wesentlichen Schritt zur Luzidität hin getan zu haben. Die größten deutschen Sprachwerke des 19. Jahrhunderts haben Schopenhauer und Nietzsche geschaffen. Allerdings beeinträchtigten bei Jenem polemische Direktheit und ermüdende Wiederkehr von Invektiven, bei Nietzsche, dem Bekämpfer der Dekadenz, unleugbare Anzeichen stilistischen Dekadentismus die reine Auswirkung ihrer schöpferischen Sprachgewalt. Als Vorbilder deutscher Prosa können noch immer die mittelalterlichen Schriftsteller Eckehart, Suso dienen. [...].
Březina glaubt an die geistige Gemeinschaft der slawischen Völker, aber er begreift sie polyphon, nicht so, daß eines von ihnen sich, wie die russischen Slavjanofilen, eine messianische Rolle zuschreibt, sondern daß jedes nach seinen Anlagen an der Erfüllung der Sendung der slawischen Idee im Dienste der Menschheitsgedanken mitarbeitet: erst die Verschiedenheit der Stimmen des Chores führt zur Harmonie.
Das polyphone Prinzip gilt auch für die Menschheit überhaupt, innerhalb welcher die einzelnen Völker wesenhafte Glieder einer Einheit, schöpferische Gedanken des Ewigen sind.
Jede große Dichtung ist national und dieser reine Nationalismus, der die geistigen Gipfelschöpfungen aller Völker erfüllt, ist durch die Atmosphäre des Entstehungslandes bedingt. Wir lesen romanische, skandinavische, russische Werke: immer verspüren wir einen undefinierbaren Hauch von nationaler Besonderheit. Im Sinne dieses Nationalismus, der nichts mit dem tagespolitischen Begriff gemein hat, wird die zwischen deutschem und tschechischem Geistesschaffen in der Tschechoslowakei waltende Affinität verständlich. Es ist kein Zufall, daß Geistige, welche die gleiche Atmosphäre atmen, einander in allen ihren Äußerungen besser verstehen als etwa der Preuße den Tschechen.«
Ferner wird (nebst einigen Zeilen Hofmannsthals) eine frühere Äußerung des 1920 gestorbenen Richard Dehmel (ohne näheren Nachweis) zur Ehrung Březinas herangezogen:

»Diese Psalmen sind jenen Whitmans durchaus ebenbürtig und überragen sie sogar an kosmischen Perspektiven.«
Während Franz Werfel, der Březina mehrmals übersetzt hat, sich am 2. September 1919 Kurt Wolff (*Briefwechsel*, Seite 332) gegenüber ausläßt: »Březina Buch [*Winde von Mittag nach Mitternacht.* In deutscher Nachdichtung von Emil Saudek und Franz Werfel. Kurt Wolff Verlag] ist nächster Tage fertig. Sie werden hoffentlich fühlen, wie sehr ich durch mein eigenes Wort den allzu sehr spekulativen und allzuwenig plastischen Dichter verdaulich gemacht habe« – stellt *Die literarische Welt* ihrem mehrfach zitierten Gedenkblatt auf Otokar Březina Werfels Worte (ohne näheren Nachweis) voran: »Der große Dichter Otokar Březina ist die reine Manifestation der schöpferischen Substanz des tschechischen Volkes. In ihm lebt der mystische Humanismus der taboritischen Republiken, jene Mildigkeit im Pathos, die über das volle Maß der Polyphonie hinschwingend herzensreine Melodienlinie der Smetana- Musik. Seine Verse, von gewaltiger Strombreite, sind ohne Dynamik, ohne Steigerung, am Beginn nicht schmäler als an der Mündung. Sie sind wie ein Herbeiströmen von Menschen an einen heiligen Ort, wie eine tiefe Wallfahrt, die sich zu formen beginnt.«

MAX BROD

Die erste Stunde nach dem Tode
Die Höhe des Gefühls

Max Brod, Prager Erzähler, Lyriker, Philosoph, Dramatiker, Kulturhistoriker, Essayist, Theater- und Musikkritiker, Komponist, Übersetzer (aus dem Tschechischen, Hebräischen und Lateinischen). Geboren am 27. Mai 1884 in Prag, gestorben am 20. Dezember 1968 in Tel Aviv. Jurastudium in Prag mit Promotion zum Dr. jur. Anfangs Finanz-, Post- und Justizbeamter. Zeitweise am tschechoslowakischen Ministerratspräsidium. Dann Angehöriger der Redaktion des *Prager Tagblatts* und freier Schriftsteller in Prag. Seit 1902 mit Kafka befreundet. Aktiver Mentor des Prager Dichterkreises. Setzte sich – außer für Kafka – zum Beispiel für Robert Walser,

Werfel, Franz Janowitz und Wolfenstein ein (vergleiche unterm Stichwort Wolfenstein). 1913 Herausgeber des wichtigen Jahrbuchs für Dichtkunst *Arkadia*. Mitarbeit an zahlreichen Publikationen der Epoche. Früh ein kämpferischer Anhänger des Zionismus; darüber Bruch mit Werfel. Gegner von Karl Kraus. Sagte sich mit einem programmatischen Gedicht »Ihr plakatiert euer Güte-Plakat« auch vom »schreienden« Expressionismus los (*Streitbares Leben*, S. 81 f). Machte Jaroslav Hašek mit seinem *Schwejk* und die Komponisten Leoš Janáček und Jaromir Weinberger, von denen er auch Opernlibretti übersetzte, international bekannt. 1925 tschechoslowakischer Staatspreis für seinen Roman *Rëubeni, Fürst der Juden*. 1939 Emigration nach Palästina. Wirkte als Dramaturg des Habimah-Theaters in Tel Aviv. Für diese Bühne verfaßte er 1944 die einzige von ihm hebräisch geschriebene Dichtung, das Bibeldrama *Schaul*. Den Bialik-Preis der Stadt Tel Aviv 1949 für seinen Roman *Galilei in Gefangenschaft* erhielt er, da er sich zur Abfassung nicht der hebräischen Landessprache bediente, erst nach Schwierigkeiten. Er war ständiger Mitarbeiter hebräischer Tageszeitungen.

WERKE: *Schloß Nornepygge* (Roman), 1908; *Ein tschechisches Dienstmädchen* (Roman), 1909; *Die Erziehung zur Hetäre* (Novellen), 1909; *Jüdinnen* (Roman), 1911; *Tycho Brahes Weg zu Gott* (Roman), 1916; *Heidentum, Christentum, Judentum*, 1921; *Sternenhimmel. Musik- und Theatererlebnisse*, 1923; *Franz Kafka* (Biographie), 1937, erweitert 1954; *Streitbares Leben* (Autobiographie), 1960. – Herausgabe von Werken und Briefen Kafkas.

Das äußerst vielseitige, auch im Niveau uneinheitliche Werk Max Brods umfaßt an die hundert Titel. Brod war ein großer Anreger, Entdecker und Mittler. Am wertvollsten für uns sind seine biographischen und autobiographischen Schriften. Wie auch immer seine philologische Leistung bei der Edition der Kafka-Werke einzuschätzen ist: Max Brods persönlichem Gewissensentscheid, entgegen dem testamentarischen Willen Kafkas, verdankt die Nachwelt, daß Kafkas Romane, die der Weltliteratur gehören, der Weltliteratur gerettet wurden. Als Brod über die Grenze flüchtete, trug er im Handkoffer Kafkas Manuskripte mit sich: die eignen Manuskripte trafen erst Monate später in der neuen Heimat ein. Mit dem Begriff der »Distanzliebe" hat Brod überdies einen Weg gewiesen, auf dem Völker frei und vertrauensvoll miteinander verkehren können.

Max Krell, der als Erzähler, Kritiker, Herausgeber und Theoretiker an der expressionistischen Bewegung teilnahm, widmete 1917 in einer Sammelbesprechung der *Neuen Rundschau* (Jg. 28, Bd. 1, S. 273 f.) zwischen Meyrink, Kafka, Benn und Mynona auch Max Brod eine kurze Analyse:
»Max Brod [...] symbolisiert, in der Gespenstergeschichte *Die erste Stunde nach dem Tode* den Aufstieg in das Metaphysische mit einem landläufigen Gespenst: er läßt den Minister eines kriegführenden Staates Zwiesprache halten mit einem Wesen, das sich auf dem Durchgang vom Diesseits ins Jenseits befindet. Es werden Dinge gesagt, die ein Minister nie hören noch zu Ende denken würde, es sei denn von und mit einem Gespenst. Was für Meyrink das Ausschlaggebende, das Natürliche, schon die Bedingung ist: die große Selbstverständlichkeit im Wechsel der Sphären, diese geistige Equilibristik, der unbekümmerte Sprung vom Parterre in alle Dimensionen – das bereitet Brod die eigentliche Schwierigkeit. Jeder Übergang weckt in ihm: sachliche Überlegung des Hirnmenschen; obwohl er den rassigen Intellekt mitbringt, die unfaßbaren Dinge zu sagen, fehlt es ihm an Mut, die bindende Konstruktion einfach zu überschlagen. Nur Umriß und Anlage geraten überempirisch, die Auseinandersetzung bewegt sich im Rein-Philosophischen und tastet die letzten Dinge mit einer Logik von überaus feiner Reaktionsfähigkeit ab. Das Mißlingen des Wurfes ist bedauerlich; denn das Ausschöpfen eines Gedankens weiß Max Brod stets mit schöner Bewegung durchzuführen, mit kluger Wendung zu betonen und, in der Vermittlung vom Gedanken zum Bild, harmonisch abzuschließen. Entsprechend dem innersten Trieb: an alles Unerklärliche mit absoluter Logik heranzugehen, löst er die Zufälle und Augenscheinlichkeiten des Momentes sofort und subtil. Das aber nimmt seiner metaphysischen Figur die Einheit und reißt sie in ihre Elemente auseinander.«
Die Höhe des Gefühls erschien bereits 1912 erstmals als Titelstück einer Sammlung *Szenen, Verse, Tröstungen* im Rowohlt Verlag, Leipzig. Kafka ließ diese Ausgabe in grünes Leder binden und schenkte sie, mit einer Widmung Brods versehen, seiner Verlobten Felice Bauer. Auf diese Rowohlt-Ausgabe beziehen sich auch die folgenden, auszugsweise wiedergegebenen Rezensionen.
Wolfenstein hatte in einer emphatischen Huldigung auf das Buch (1913 in der *Aktion*) auf die »Bewußtheit« des Gefühls abgestellt – ein Gedanke, der auch in der Besprechung Hermann Meisters in seiner Zeitschrift *Saturn* (Jg. 3, 1913, S. 56) anklingt.
Heinrich Lautensack, der Dichter als Rezensent, dichtet (in der von

ihm mitherausgegebenen *Bücherei Maiandros*, Buch 3, 1913, Beiblatt) sein eignes Gefühl, dichterisch schön, in *Die Höhe des Gefühls*:
»Man hält wieder unter der niedrigen Haustür der Pflegeeltern in seiner Geburtsstadt und schaut die Donaugasse hinab und – siehst du? – ganz weit da drunten ist das Gerhardtingerhaus. Man muß so weit sehen können, wie man nur in der Verliebtheit sieht, in der jugendlichen. Auf so sehr weit so sehr nahe sehen können, heißt das. Denn unterm Balkon der Geliebten, die man vielleicht noch niemals anders als in Gedanken angesprochen hat, unterm Balkon der Geliebten zu stehen, würde einem – vor Bedrückung – das Herz einstürzen machen. Aber fünfhundert Schritte entfernt davon sich unter der Altane stehend *zu denken*: – nur aus dieser Distanz kommt das höchste der Gefühle! – Und dieses auszudrücken, in einer bloß 58 Druckseiten langen Szene mit nur 9 redenden Personen, 3 nichtredenden sowie vielen andern überhaupt rein auf dem Platz draußen vorübergehenden Leuten auszudrücken, dieses ist Max Brod gelungen! So sehr, daß ich eben wieder unter der niedrigen Haustüre der Pflegeeltern in meiner Geburtsstadt halte ... und einfach ein jeder von uns schaut seine besondere Donaugass'n hinab und – da! da! – ganz weit da drunten ist einem jeden von uns sein besonderes umschwärmtes Gerhardtingerhaus ...
Der geistige Schauplatz ist ja auch garnicht in jenem Wirtshaus zum halbgoldenen Stern, sondern überall da, wo du Verliebter eben hältst. Und der Hofmarschall kommt auch nur scheinbar im eleganten Überzieher und Zylinder die Treppe herauf und ist in Wirklichkeit etwas ganz Mystisches aus dir selber, und nur die Trompetenfanfaren hinter Fackeln klingen wahr. Und auch Klügrian und Kunstreich sind Stücke von dir selbst, die aber zuschanden werden müssen vor deiner Höhe des Gefühls, dieser einzigen, alleinigen, dieser seiltänzerischen – nein, viel zu wenig! viel zu wenig! – dieser schlechtweg nachtwandlerischen, mondsüchtigen Höhe des Gefühls über die's höher schon gar nimmer geht –!«

ALFRED BRUST

Der ewige Mensch

Alfred Brust, Dramatiker, Erzähler und Lyriker. Geboren am 15. Juni 1891 in Insterburg (Ostpreußen), gestorben am 18. September 1934 in Cranz an der kurischen Nehrung. Redakteur in Annaberg. Im Krieg an der Ostfront. Lebte zurückgezogen in Heydekrug an der Memel, in Königsberg und Cranz. Nur in wenigen Zeitschriften der expressionistischen Epoche vertreten, so im *Genius* des Kurt Wolff Verlags. Kurt Wolff verlegte mehrere Stücke Brusts, vor allem 1921 den Band *Spiele* (enthaltend: »Südseespiel«, »Das Indische Spiel«, »Das Spiel Jenseits", »Ein Bauspiel«, »Frühlingsspiel«, »Höllenspiel«, »Ostrom«, »Der singende Fisch«). 1929 Kleistpreis. Größerer Erfolg blieb dem oft mit Barlach verglichenen Einzelgänger, Grübler und Gottsucher Alfred Brust versagt – zu Unrecht, wie Lutz Weltmann meint, der (im *Handbuch der deutschen Gegenwartsliteratur*) über das 1932 erschienene Buch *Festliche Ehe* schreibt: ». . . hier behandelt Brust Sexuelles mit dem Freimut eines D. H. Lawrence und überzeugt besser als dieser in der Darstellung von Liebesnächten«. Nach einem Wort Richard Dehmels (zitiert nach dem Marbacher *Expressionismus*-Katalog), wollte Brust mit seinem Werk »eine Brücke von Luther zu Dostojewskij schlagen«.

WERKE: *Die Schlacht der Heilande* (Schauspiel), 1920; *Der Tag des Zorns*. Tragödie für das große Theater, 1921; *Himmelsstraßen* (Erzählungen), 1923; *Tolkening* (Trilogie; enthaltend die Stücke *Die Wölfe, Die Würmer, Der Phönix*), 1921–1924; *Die verlorene Erde* (Roman), 1926; *Ich bin* (Gedichte), 1929; *Eisbrand* (Roman), 1932.

Der ewige Mensch wurde 1927 zu dem Stück *Cordatus* erweitert und in dieser Fassung im gleichen Jahr in Königsberg uraufgeführt. Über diese Premiere schrieb Leo Friedmann in *Die literarische Welt* (Jg. 3, 1927, Nr. 43, S. 7) die wenigen Sätze:
»Auf einer ungemein tiefen Verbundenheit mit der östlichen Landschaft und ihren Menschen, die, wie er glaubt, aus eigenartigen Rassenmischungen eine hohe Mission in ihrer Zeit zu erfüllen haben, formt der ostpreußische Dichter Alfred Brust eine Weltanschauung.

Der Heiland Cordatus ist zwar aus göttlicher Bestimmung, aber nicht als plötzliches Wunder auf die verlorene Erde gekommen, um die Menschen zu erlösen. Nicht die wundertätigen Einflüsse des Himmels sind die Mittel seiner Befreiung, sondern das ›große, reine Wollen‹ des menschlichen Herzens verursacht die Rettung.
Diese Einfachheit und Wahrhaftigkeit, die hier in künstlerischen Dimensionen sich offenbart, findet das allzu sehr belastete, harmlos problematisierende Theaterpublikum nicht gerüstet; denn auch für das Theater fordert dieser Dichter grundsätzlich neue, gesteigerte Formen der szenischen und schauspielerischen Darstellung.«
Das literarische Echo veröffentlichte 1921/22 (Jg. 24, Sp. 1038 f.) eine »autobiographische Skizze« von Alfred Brust unter der Überschrift »Heiligung«, und Guido K. Brand gibt in der gleichen Nummer des *Literarischen Echo* einen größeren »Versuch zur Deutung« Alfred Brusts, in der es heißt:
»Er hat sich einen von Gegenwärtigem, vom Ablauf des Tages völlig losgelösten Raum, eine von der Stunde unabhängige Zeit geschaffen, die den Hintergründen des Seins, den Verwirrungen der Geschlechter, den Kämpfen um Gott, dem Ringen um Gnade und Erlösung Gestalt geben.
Dazu öffnen schon viele seiner Anmerkungen über Menschen, Zeit und Handlungsweise den Blick. Sie sind *Die Wölfe* ein ›sehr langsames und nachdenkliches Spiel‹. *Der Tag des Zorns* wird ›würdevoll und erhaben gespielt. Die Worte werden weniger gesprochen, als langsam und nachdrücklich getragen gerufen‹. Im *Südseespiel*: ›Handlung und Rede gehen ganz langsam schrittweise weiter – mit einer verinnerlichten Pathetik‹. Auch Cordatus-Christus im Spiel von der Erlösung (*Der ewige Mensch*) spricht alles ganz langsam, nur manchmal sind die Worte von Bewegungen unterstützt. Diese aber sind ›so sehr selten, daß sie stets auffallen‹. In allen seinen Stükken ist das Mienenspiel fast bedeutungslos. Sie tragen nichts nach außen, denn ihr Innerlichstes ist zugleich außen. Nicht Geste unterstreicht den Sinn des Gesagten, sondern alles ist auf das Wort eingestellt. [...]
Das Werk ist mannigfaltig, wenn man den Stoff betrachtet, es ist einfach in seiner Sammlung der Menschen, die auf eine Grundlinie zurückgeführt sind, die wiederum vielfältig ist. So ergibt sich eine Fülle, die durch ihre Geschlossenheit und Unbeirrbarkeit klar zu übersehen ist. Drei seiner Stücke sind bisher aufgeführt worden: *Die Schlacht der Heilande, Der ewige Mensch* und zuletzt *Der singende Fisch*. Sie haben, wenn ich recht unterrichtet bin, nirgends die ihrer Seltsamkeit adäquate Aufführung gefunden. Nicht allein

um ihrer menschlichen Anforderungen willen, sondern auch ihrer ›Inhalte‹. Weil nichts, auch das theatergerechtsamste, *Die Wölfe,* an die Äußerlichkeiten des Theaters erinnert, sondern eine Absolutheit an Hingabe und Durchdringung fordert.

KAREL ČAPEK

Kreuzwege

Karel Čapek, tschechischer Erzähler, Dramatiker, Feuilletonist, Biograph, Dramaturg, Redakteur, Übersetzer (aus dem Französischen). Geboren am 9. Januar 1890 in Kleinschwadowitz (Malé Svatoňovice) in Nordostböhmen, gestorben am 25. Dezember 1938 in Prag. Arztsohn. Philosophiestudium in Prag, Berlin, Paris. Promotion mit einer Arbeit über den amerikanischen Pragmatismus. Mitarbeiter führender tschechischer Zeitschriften und Zeitungen, zum Beispiel *Národní listy* und *Lidové noviny* (1932–38 Redakteur). 1921–23 Dramaturg des Theaters auf den Weinbergen. Erhielt mehrmals den tschechischen Staatspreis für seine Romane. Auf seiner Freundschaft zum ersten Präsidenten der Tschechoslowakei, Thomas Masaryk, basiert die dreibändige (1928–35), im Deutschen (1936) einbändige Biographie *Masaryk erzählt sein Leben. Gespräche mit Karel Čapek.* Freundschaft mit Thomas Mann, der (wie sein Bruder Heinrich) Čapeks Prosa hoch schätzte (Brief an Bedrich Fucik vom 15. April 1932) und ihn selber (Brief an die Redaktion des *Freien Deutschland* vom 6. Februar 1946) zu den »Zierden meines Lebens« zählte. Čapek starb wenige Monate nach dem Münchner Abkommen und der Abdankung Beneschs »an gebrochenem Herzen« (Thomas Mann), weil er »sein Land weder verlassen noch bleiben konnte, wo Hitler im Anzuge war. Äußerer Anlaß seines Todes: Grippe« (Erika Mann in: *Thomas Mann, Briefe 1889–1936,* S. 514 f.). Karel Čapek schrieb mehrere Werke, darunter das vielgespielte Stück *Aus dem Leben der Insekten* (1921), mit seinem als Maler, Illustrator, Bühnenbildner und Schriftsteller tätigen Bruder Josef, dem Pfemfert 1917 das Heft 24/25 der *Aktion* als Sondernummer widmete; Josef Čapek ging im April

1945 im KZ Bergen-Belsen zugrunde. Mit Karel Čapeks Zukunftstragikomödie *R. U. R* (*Rossum's Universal Robots*, 1920; deutsch *W. U. R*, 1922), seinem ersten internationalen Bühnenerfolg, bürgerte sich der Name »Roboter« für künstliche Menschen in alle Weltsprachen ein.

WERKE: (in deutscher Übertragung): *Gottesmarter* (Erzählungen), 1918; *Die Sache Makropulos* (Deutsche Bearbeitung von Max Brod), 1926. – *Schriften der Brüder Karel und Josef Čapek*. Drei Bände, 1936–38.

Äußerst fruchtbar und vielseitig, nahm Karel Čapek aus zahlreichen europäischen Ländern, die er auf Reisen besuchte (darunter Italien, England, Holland, Spanien), Anregungen auf und bezog zu vielen Gegenwartsfragen Stellung. Mittelpunkt seines Schaffens war ein demokratischer Humanismus. Čapek hielt von Evolution mehr als von Revolution. So scharf er sich jeglicher Diktatur, etwa in seinem Stück »Die weiße Krankheit«, entgegenstellte, so nachsichtig und humoristisch behandelte er den Alltagsmenschen mit seinen Schwächen. Die Stärke des Autors und die Breite seiner Möglichkeiten, die mehr auf satirischem und reflektierendem, weniger auf rein dichterischem Gebiet lagen, kommen in dem Werk *Kreuzwege* nur ungenügend zur Geltung. Es handelt sich um kafkaske Situationen; doch werden sie hier, im Gegensatz zu Kafka, symbolistisch gehöht, feuilletonartig zerredet; es bleibt – bei guter Detailbeobachtung – zu wenig zwischen den Zeilen. Zwei der wichtigsten Sätze (aus der Geschichte »Die Aufschrift«) lauten: »Die Vergangenheit ist schwindelerregend«, und: »Das ist ein barmherziger Irrtum, daß uns die eigene Vergangenheit bekannt erscheint«. Typisch expressionistische Metaphorik fällt in der gleichen Geschichte auf (». . . breit schüttet sich Wagenrasseln hin«) – oder geht sie aufs Konto des in expressionistischen Dingen bewanderten Übersetzers? Aufs Konto Otto Picks, dem die deutsche Literatur der zwanziger Jahre wesentlich die Kenntnis der tschechischen Literatur in ihren wichtigsten Vertretern verdankt?

OTTO PICK: Prager Lyriker, Erzähler, Feuilletonist, Kritiker, Redakteur, Übersetzer (aus dem Tschechischen, Französischen und Englischen). Geboren am 22. Mai 1887 in Prag, gestorben am 25. Mai 1940 in London. Zuerst Bankbeamter, dann Feuilletonredakteur der *Prager Presse*, Schauspielkritiker, freier Schriftsteller und Übersetzer. 1911/12 Mitherausgeber der *Herder-Blätter* in

Prag. Mitherausgeber der Wochenschrift *Die Welt im Wort*. In zahlreichen expressionistischen Zeitschriften und Sammelbänden vertreten. Gehörte zum Kreis der Prager und österreichischen Dichter um Brod, Werfel, Kafka, der ihn häufig in seinen Tagebüchern und Briefen erwähnt. Eine humoristische Postkarte vom 24. März 1913 an Kurt Wolff (*Briefwechsel*, S. 28) trägt, nebst einer Zeichnung von Else Lasker-Schüler, die Unterschriften von Kafka, Paul Zech, den Brüdern Ehrenstein und Otto Pick. Er emigrierte 1938 nach England. Gab Casanovas *Correspondance avec J. F. Opiz* (1913) heraus. Übersetzte Péguy. Schrieb die Gedichtbände *Freundliches Erleben* (1912), *Wenn wir uns mitten im Leben meinen* (1928), *Das kleine Glück* (1928), *Preisungen* (1937) und die Novellenbände *Die Probe* (1913), *Spielende Kinder* (1929). Folgenreicher als seine eigenen Dichtungen waren seine Übersetzungen tschechischer Autoren (darunter Šrámek, Langer, Machar, Poláček, Bozděch) und seine Vermittlertätigkeit für tschechische und deutsche Literatur: außer dem eignen Essayband *Um das Deutsche Theater in Prag* (1931) gab er heraus: *Tschechische Erzähler* (1920), *Deutsche Erzähler aus der Tschechoslowakei* (1922), *Czechoslovak Tales* (1925), *Symfonie války* (1931), *Deutsche Lyrik aus der Tschechoslowakei* (1931).

PAUL CLAUDEL

Die Musen

Paul Claudel, französischer Dramatiker, Lyriker, Essayist, Kulturphilosoph, Diplomat. Geboren am 6. August 1868 in Villeneuve-sur-Fère (Aisne), gestorben am 23. Februar 1955 in Paris. Sohn eines Verwaltungsjuristen. 1881 nach Paris. Klassische Studien am Lycée Louis-le-Grand; unter den Schulkameraden Romain Rolland. 1886 das entscheidende Jahr seines Lebens: die Lektüre Rimbauds wühlte ihn auf, und am 25. Dezember traf ihn in der Kathedrale Nôtre-Dame in Paris der Blitz des Glaubens und führte ihn zum Katholizismus zurück, dessen bedingungsloser, ja militanter Anhänger er wurde. Lektüre der Kirchenväter, der Katharina

Emmerich, der großen europäischen Dichter und Philosophen. Verkehrte im Kreis um Mallarmé. Durch Marcel Schwob lernte er das elisabethanische Theater kennen. Gleichzeitig Studium der Rechte und Politik. Vorbereitung für den auswärtigen Dienst, in dem er die Jahrzehnte zwischen 1893 und 1934 – meist außerhalb Frankreichs und lange Jahre in China – verbrachte: Boston, New York, Schanghai, Foutschou, Hankou. 1906 Heirat. Als Konsul 1906 bis 1909 in Tientsin, 1910 in Prag, 1911 bis 1913 in Frankfurt am Main, 1913 bis 1914 in Hamburg; 1915 bis 1916 Leiter einer Wirtschaftsdelegation in Rom, als Gesandter 1917 bis 1919 in Rio de Janeiro, 1919 bis 1921 in Kopenhagen; 1921 bis 1925 Botschafter in Tokio; 1926 bis 1933 in den USA, 1933 bis 1935 in Brüssel. Vor allem während dieser langen Epoche entstanden seine Hauptwerke, darunter die Dramen *L'annonce faite à Marie* (1912, deutsch *Verkündigung*) und *Le soulier de satin* (1929, deutsch *Der seidene Schuh*). Nach der Ablehnung seiner Kandidatur für die Académie Française zog er sich 1935 aus dem diplomatischen Dienst zurück. Im übrigen erhielt er hohe internationale Auszeichnungen und gelangte nach dem zweiten Weltkrieg endlich in die Académie Française. Sein Verhältnis zu Deutschland war schwankend. Vor dem ersten Weltkrieg gründete er mit Martin Buber, Emil Strauß und Jakob Hegner (der als Verleger zu seinen deutschen Entdeckern gehörte und einige wichtige Werke von Claudel übersetzte) die Hellerauer Schauspiele; später wandte er sich scharf gegen Kant, Goethe, Nietzsche und das »Wagnersche Gift«, das er selbst begierig eingesogen hatte und das in seinen Werken wirksamer ist, als es ihnen gut tut. Als wichtiger denn seine dichterischen Werke gelten vielen Kritikern seine Korrespondenzen, vor allem der fast dreißigjährige Briefwechsel mit seinem Antipoden Gide, dessen Seele er vergeblich für den Katholizismus zu retten trachtete.

WERKE: (in deutscher Übertragung): *Ausgewählte Prosa*. Herausgegeben von André Blanchet, 1949; *Gesammelte Werke*. 6 Bände 1957 ff.

Les Muses (*Die Musen*) erschienen im Original 1905 und wurden 1910 mit vier anderen Dichtungen als erste der *Cinq grandes Odes* (deutsch und mit Einführung von Hans Urs von Balthasar *Fünf große Oden*, 1939) veröffentlicht. Der Dichter hält Zwiesprache mit den Musen, um sich über den Schöpfungsprozeß des Kunstwerks zu vergewissern, dessen Sinn im Mitvollzug der Weltschöpfung aus Gott liegt. Die fünf großen Oden entstanden zwischen

1900 bis 1908 unter Pindars nachwirkendem Einfluß. »Sie sind in reimlosen Versen verfaßt und spiegeln die Qualen und Freuden der für Claudel ereignisreichen Zeit wider. In ihrem Nebeneinander von Persönlichem und Kosmischem, Zartem und Gewalttätigem, von Aufruhr und Bescheidung stellen die *Cinq grandes Odes* den Höhepunkt von Claudels Lyrik dar« (Marius François Guyard in: *Lexikon der Weltliteratur im 20. Jahrhundert*). Dichterisch reiner hat sich Claudel höchstens noch in der Kantate *Cette heure qui est entre le printemps et l'été* (deutsch: *Das ist die Stunde, die Frühling und Sommer trennt*, 1919) verwirklicht.
Friedrich Sieburgs 1955 geschriebener Nachruf »Mit Claudels Schatten streitend« (*Nur für Leser. Jahre und Bücher.* Deutsche Verlags-Anstalt, Stuttgart 1955. S. 389 ff.) wird der Meinung derjenigen gerecht, die Claudel abgeneigt sind, ihm jedoch – widerwillig! – eine gewisse Bewunderung nicht versagen können: »Ist es möglich, einen großen Dichter nicht zu lieben, ja, eine Abneigung gegen ihn zu empfinden, die, bis in die letzten Konsequenzen durchdacht, zum Haß führen müßte? Mehr noch, kann man mit solchen Empfindungen, die freilich viel mehr als Empfindungen sind, beim Tode dieses Dichters ein Wort der Ehrfurcht sagen, das über die bloße Achtung vor dem Tode einer großen Figur hinausgeht? Nie ist es mir möglich gewesen, mit der Ausstrahlung und dem Werk dieses Mannes im Einklang zu leben. Sein Wunsch, bei den weltlichen Naturen, die zwischen Gut und Böse mühsam ihren Weg suchen, frommes Ärgernis zu erregen, hat sich auch an mir erfüllt. Er hatte sich vorgesetzt, die schwankenden Seelen zu beleidigen und jenen zahlreicheren, aber schwächeren Teil der Menschheit, zu dem wir fast alle gehören, mit Worten aus der Heiligen Schrift zu beschimpfen und bei den Organgen des Jüngsten Gerichtes anzuzeigen. ›Wäre ich Gott, so würde ich mit eigener Hand noch mehr Scheite zum Höllenfeuer tragen‹, hat er gesagt. Wer von uns wäre in seinen Augen nicht ein ›Giftmischer‹ gewesen, gegen den er am liebsten die Polizei herbeigerufen hätte! Mitmenschen ›durch Schläge mit der Monstranz‹ mitten ins Lebensgefühl, dem er jeden Wert absprach, zu treffen, war seine, durch unbeschreibliche Sprachgenialität gesteigerte Gewohnheit geworden. [...]
Auf das Atmen kam es Claudel an, seine Gedanken über den Zusammenhang von Atmen und Dichten [vergleiche dazu den davon unabhängigen Exkurs Elias Canettis in seinen bedeutenden *Aufzeichnungen 1942–1948*, erschienen 1965, darin die Rede auf Broch, S. 195 ff.] gehören zu den wenigen liebevollen Regungen dieses frommen Berserkers. Das lyrische Strömen, das seine Theaterstücke

oft bis zur Unkenntlichkeit überflutet, in seinen Gedichten jedoch einen fast vollkommenen Zustand hervorruft, ist für ihn eine Funktion des Atemrhythmus. [...] In seinem ›Art poétique‹ hat er die Bewegung des Atmens als das Urphänomen der menschlichen Sprache definiert und ist in seinen Gedichten, den *Cinq grandes Odes*, den *Poèmes de Guerre* und den *Feuilles des Saints* mit der Sprache nach dieser Auffassung verfahren. Ohne Reim und Strophe rollen diese freien Rhythmen dahin, ähnlich den Versen der Bibel, nach denen er sie auch ›versets‹ benannt hat. ›Ich erfand diese Versart, die weder Reim noch Metrum aufwies. In meinem tiefsten Innern definierte ich sie als jene doppelte und gegenseitige Funktion, durch die der Mensch das Leben in sich aufnimmt und im höchsten Akt des Atmens als verständliches Wort wiedergibt.‹«

FRANZ BLEI: österreichischer Erzähler, Theaterschriftsteller, Kulturhistoriker, Essayist, Kritiker, Lyriker, Herausgeber, Übersetzer (aus dem Griechischen, Lateinischen, Französischen, Englischen). Geboren am 18. Januar 1871 in Wien, gestorben am 10. Juli 1942 in Westbury, Long Island, nahe New York. Sohn eines aus dem österreichischen Schlesien stammenden Schusters, der sich autodidaktisch zum Baumeister emporarbeitete, und einer Tochter von Tuchscherern aus dem preußischen Schlesien. Volksschule in Wien, Gymnasium in Melk und Wien. Verbindung mit den Sozialdemokraten August Bebel und Viktor Adler. 1887 Austritt aus der katholischen Kirche. Philosophiestudium in Wien, Paris, Bern. 1893 Promotion in Zürich zum Dr. phil. 1898 mit seiner jungen Frau nach Philadelphia; Studienreisen in Amerika. 1900 Rückkehr nach Europa; Begegnung mit Marcel Schwob und Oscar Wilde in Paris. 1901 nach München; seine Frau eröffnete dort eine zahnärztliche Praxis. 1911 nach Berlin. 1914 Kriegsdienst. Nach der Ausbildung wegen Herzinfarkts ins österreichische Kriegspressequartier überstellt (zusammen mit Musil und Hofmannsthal). 1919 Wiedereintritt in die katholische Kirche und Bekenntnis zum Kommunismus (»Es lebe der Kommunismus und die heilige katholische Kirche«); beide Bindungen waren nicht von Dauer; Werfel schildert diese Epoche im »Dritten Lebensfragment« seines Romans *Barbara oder die Frömmigkeit* (1929) mit der dem Doktor Blei nachgezeichneten Gestalt des Doktor Basil. Blei, der 1920 wieder nach München übersiedelte, war mittlerweile selber zu einer Schlüsselfigur der deutschen Literatur geworden, sein Haus in Schwabing ein Treffpunkt der Literaten und Künstler. Freundschaft mit Albert Paris Güters-

loh, Max Scheler, Karl Otten, Carl Sternheim (in dessen Münchner Premiere der *Hose* er mit großem Erfolg den Scarron gespielt hatte). 1923 wieder nach Berlin. 1933 emigrierte Blei, obgleich rassisch nicht gefährdet, nach Mallorca; 1936 nach Wien; 1938 zu Rudolf Borchardt nach Lucca; 1939 nach Cagnes-sur-Mer in Südfrankreich und später nach Marseille, wo André Gide sich für den Erkrankten einsetzte. 1941 kam er nach New York; dort enger Kontakt mit Hermann Broch, Berthold Viertel, Karl Ehrenstein, Ernst Waldinger. Blei war ein äußerst vielseitiger und beweglicher Autor. Sein erstes Buch, *Die rechtschaffene Frau*, erschien 1893 in Berlin; ihm folgten über sechzig weitere Werke (vergleiche dazu die Bibliographie in der Güterslohschen Ausgabe *Schriften in Auswahl*, Biederstein Verlag, München 1960). Die erste der von ihm herausgegebenen Zeitschriften erschien 1903 (bis 1923) und hieß *Roland*; weitere: *Der Amethyst, Opale, Der Zwiebelfisch, Hyperion, Der lose Vogel, Summa, Die Rettung* – teilweise in Zusammenarbeit mit Sternheim, Scheler, Gütersloh. Die Zahl der von ihm herausgegebenen Werkausgaben, Almanache und eigenen Übersetzungen ist Legion. Blei war ein Entdecker und Schatzgräber, auch erotischer Werke. Er war einer der kultiviertesten Erotiker der deutschen Literatur. Er ist unübertroffen in der Kunst der knappen Porträtzeichnung. Außer dem von Gütersloh besorgten Auswahlband des Biederstein Verlags seien genannt: *Vermischte Schriften*, 6 Bände, 1911 f.; *Zwischen Orpheus und Don Juan*. Eingeleitet und ausgewählt von Ernst Schönwiese, 1965. Noch heute am bekanntesten ist Franz Blei durch sein *»Großes Bestiarium der deutschen Literatur«*, 1920 (vermehrte Auflage 1924).
Kasimir Edschmid erinnerte sich am 13. November 1958 in seinem *Tagebuch* (S. 37) des Mannes, der ihm (wie so vielen) »die kleine, glitzernde Pforte, die ins literarische Leben führt, geöffnet« hatte.
Blei war jahrelang eifriger Mitarbeiter der *Aktion*, bis die Verbindung mit Pfemfert, der in Gesinnungsdingen ein rigoroser Mann war, 1917 zu Ende ging wie mit so vielen anderen. Im Jahre 1913 aber gab's eine Franz Blei-Sondernummer der *Aktion*, und René Schickele (Sp. 753 f.) huldigte dem Geehrten, der in Berlin domizilierte.
Gustav Janouch (*Gespräche mit Kafka*, S. 52) befragte Kafka über Franz Blei, dessen *Großes Bestiarium der deutschen Literatur* gerade in mehreren Sonntagsnummern der *Prager Presse* abgedruckt wurde: »Das ist eine alte, langjährige gute Bekanntschaft von Max Brod«, sagte er lächelnd. »Blei ist riesig gescheit und witzig. Es ist

immer so lustig, wenn wir mit ihm zusammenkommen. Die Weltliteratur defiliert in Unterhosen an unserem Tisch vorbei. Franz Blei ist viel gescheiter und größer als das, was er schreibt. Das ist auch ganz natürlich, da es nur eine hingeschriebene Unterhaltung ist. Der Weg vom Kopf zur Feder ist aber viel länger und schwieriger als der Weg vom Kopf zur Zunge. Da geht manches verloren. Franz Blei ist ein nach Deutschland verirrter orientalischer Anekdotenerzähler.«
Die gründlichste Deutung gab Robert Musil (in »Der Wiener Tag« vom 17. Januar 1931; zitiert nach: *Tagebücher, Aphorismen ...*, S. 768 f.) zum sechzigsten Geburtstag des Freundes: »[...] Dieses Licht, das Franz Blei unserer Literatur geschenkt hat, gehört zu ihren Kostbarkeiten. Es enthält Strahlen aus dem Spektrum der Aufklärungszeit, dieser großen Emanzipationsperiode des europäischen Geistes, und hat dem Farbenband des Katholizismus die steinernen Farben abstrakter Gefühlsspekulation entnommen, es hat sich aus nationalökonomischen und biologischen Studien gebildet, aus den klassischen Systemen der Philosophie und den Reizen ihrer gegenwärtigen Auflösung, aus umfassenden Kenntnissen der Geschichte und einer unvergleichlichen Belesenheit, die an Originalen der Literatur beinahe alles umfaßt, was zwischen Homer und Gottfried Benn geschrieben worden ist [...]«

ARTHUR DREY

Der unendliche Mensch

Arthur Drey, Lyriker, Essayist, Dramatiker. Geboren am 9. September 1890 in Würzburg, verstorben am 1. Juli 1965 in New York. Gymnasium in Wiesbaden; Abitur 1909. Jurastudium 1909 bis 1910 in München, 1910 bis 1911 in Berlin. Hier kam er mit Kurt Hiller und seinem Literaturverein *Der neue Club* in Verbindung, wo im *Neopathetischen Cabaret* Jakob van Hoddis, Georg Heym, Ernst Blass, Robert Jentzsch, Else Lasker-Schüler auftraten, Hiller förderte Drey auch, dessen erste Beiträge 1911 in der *Aktion* erschienen waren, indem er ihn 1912 (mit Blass, Brod, Salomo

Friedlaender [Mynona], Herbert Großberger, Hardekopf, Heym, Arthur Kronfeld, Else Lasker-Schüler, Rubiner, Schickele, Werfel, Zech) in seine Anthologie *Der Kondor* – die erste expressionistische Anthologie – aufnahm und später, 1916, in das erste seiner *Ziel*-Jahrbücher *Aufrufe zu tätigem Geist*. Drey ist außerdem vertreten im *Sturm* und im ersten der beiden Jahrbücher *Die Erhebung* (1919) von Wolfenstein. Im Jahrgang 1912 der *Aktion* findet sich eine Ernst Blass darstellende Porträtzeichnung von der Hand Dreys. 1911 setzte Drey sein Studium in Marburg fort; Ende 1913 Promotion zum Dr. jur. 1919 (laut Kürschner: 1920) »Veröffentlichung des aufsehenerregenden Dramas gegen den Krieg *Die Mordweih* [vom Verfasser Volksdrama genannt]. Keine weiteren dichterischen Publikationen [außer noch dem *Jüngsten Tag*-Band]. Im kaufmännischen Beruf tätig« (Paul Raabe, dem der Herausgeber die meisten der obigen Angaben verdankt). Drey lebte viele Jahre in New York.

In seiner *Zeit- und Streitschrift: Die Weisheit der Langenweile*, 1913 (zitiert nach dem Marbacher *Expressionismus-Katalog*, S. 25), erwähnt Kurt Hiller »des Arthur Drey märtyrerische Glut und gepreßte Fülle«. In Arno Schirokauers Untersuchung »Expressionismus der Lyrik« (*Literaturgeschichte der Gegenwart*. Herausgegeben von Ludwig Marcuse. Bd. 2, 1925, S. 111) heißt es: »Die Ekstase, das Außersichsein, der aktive Erguß in die Dinge ist die andere Möglichkeit einer Einheit mit dem Weltrhythmus. ›Bin mir selbst noch zu nah. Ich muß von mir wegschreiten‹ (Drey: Pierrot) ruft der Ekstatiker. Er überwindet den Dual durch die schöpferische Tat, er tritt aus dem Ich ins All, er ist ein Crescendo und Decrescendo, und seiner Maßlosigkeit Maß ist die Intensität seiner Extensität. Gott war Gegenwart, Gott war aktuell, Gottes sein war: tätig sein, in dem Sinne aus sich heraustreten, um zu tun, die Einheit zu fördern, der Verschmelzung zu dienen.«
Oskar Loerke schrieb 1923 im *Berliner Börsen-Courier* (*Der Bücherkarren*, S. 177) unter der Sammel-Überschrift »Inflationslyrik«: »Schwer [...] ist so Reden wie Schweigen, wenn man in das große Grenzgebiet kommt, wo zwar Können und Kraft vorhanden ist, wo aber Überlieferung und Persönlichkeit unentwirrbar an den Gedichten zusammengewirkt haben. Man sieht jemand auf einem Wege. Jeder Weg führt voran, aber er kann dabei hinauf, hinab, im Kreise führen. Grüßt der erste Begegnende den Wanderer kühl, so kann diesem das Fortschreiten erschwert und verleidet werden, grüßt er ihn laut und ehrerbietig, so kann die Erbitterung lähmend

und vernichtend sein, wenn die später Begegnenden keine Miene mehr verziehen. Seit Drucklegung der Sammlung *Der unendliche Mensch* von *Arthur Drey* ist einige Zeit verflossen. Auf diese Verse ließ sich einmal gern horchen, – jetzt sind die meisten von ihnen an der Inflation der nominellen Werte zugrunde gegangen.«

KASIMIR EDSCHMID

Das rasende Leben

Kasimir Edschmid (eigentlich Eduard Schmid; Pseudonym anfangs Ed Schmid, seit 1914 Kasimir Edschmid), Romancier, Novellist, Essayist, Kulturhistoriker, Lyriker, Dramatiker, Herausgeber. Geboren am 5. Oktober 1890 in Darmstadt, gestorben am 31. August 1966 in Vulpera im Engadin. Sohn eines Studienprofessors für Physik. Romanistik Studium in München, Gießen, Paris, Straßburg. Freundschaft mit den jungen elsässischen Dichtern um Stadler und Schickele, später mit Sternheim und vielen Exponenten der zeitgenössischen Literatur. Seit 1913 fester Mitarbeiter der *Frankfurter Zeitung* und Korrespondent französischer, belgischer, italienischer Zeitungen. Beiträge in den wichtigen Zeitschriften und Sammelwerken der Epoche. 1913 erschienen in Schickeles *Weißen Blättern* und dann in Wilhelm Herzogs *Forum* seine ersten expressionistischen Erzählungen, die 1915 in seinen ersten Novellenband *Die sechs Mündungen* aufgenommen wurden. Seit diesem Zeitpunkt war Edschmid einer der bedeutsamsten Anreger und wichtigsten Wortführer der expressionistischen Generation. Er gehörte mit Carlo Mierendorff und Theodor Haubach zum Kreis um den Verlag die Dachstube (*Bücher der Dachstube*, 1917–1923) und um *Das Tribunal. Hessische radikale Blätter* (1919–1921). 1919 bis 1923 gab er im Berliner Erich Reiss Verlag die 29 Nummern der Schriftensammlung *Tribüne der Kunst und Zeit* heraus mit programmatischen und wegweisenden Essays von Hausenstein, Däubler, Groll, Krell, Schickele, Benn, Gustav Friedrich Hartlaub, Wilhelm Michel, Barbusse, Annette Kolb, Sternheim, Wolfenstein und anderen, darunter Masereel mit politischen Zeichnungen. 1921 führte die Uraufführung seines nach einer Vorlage von Dumas père gearbeiteten Schauspiels *Kean* unter Gustav Hartung zu einem denkwürdigen Darmstädter Theaterskandal, wohingegen das gleiche Stück auf vielen Bühnen des In- und Auslands – mit Albert Bassermann an Reinhardts Deutschem Theater in Berlin allein zwei Monate täglich – mit großem Erfolg gespielt wurde. In den folgenden Jahrzehnten bereiste Edschmid viele Länder der Erde und schuf – gemischt aus Erlebnis, Historie und Detailbeschreibung – einen neuen Stil des Reisebuchs. Er schrieb kosmopolitische Romane, den Sport-Roman *Sport um Gagaly* (1928) und behandelte das Schicksal Byrons, Büchners und Bolivars in belletristischer Form. Höhepunkt seiner nachexpressionistischen Schaffensperiode sind die immer wieder erweiterten und umgearbeiteten Italien-Bücher. 1933 erhielt Edschmid, der sich während der Nazijahre oft in Italien aufhielt, Rede- und Rundfunkverbot, 1941 bis zum Ende des Dritten Reichs Schreibverbot. Nach 1945 wurde er erneut – mit öffentlichen Ämtern im PEN-Club, in Akademien und anderen Institutionen – ein international beachteter Repräsentant der deutschen Literatur. Seit dem Büchner-Preis im Jahre 1927 erhielt er zahlreiche Auszeichnungen, darunter (gleich seinem Freunde Theodor Heuss) die Ehrenbürgerschaft der Stadt Darmstadt, seiner Heimatstadt, die sein ständiger Wohnsitz blieb zwischen all den vielen Reisen.

WERKE: *Verse, Hymnen, Gesänge*, 1911; *Bilder, Lyrische Projektionen*, 1913; *Timur* (Novellen), 1916; *Bernhard Hoetger*, 1916; *Die Karlsreis* (Erzählung), 1918; *Die Fürstin*, 1918; *Stehe von Lichtern gestreichelt* (Gedichte), 1919; *Über den Expressionismus in der Literatur und die neue Dichtung*, 1919; *Die achatnen Kugeln* (Roman), 1920; *Die doppelköpfige Nymphe*. Aufätze über die Literatur und die Gegenwart, 1920; *In memoriam Lisl Steinrück*, 1920; *Kean* (Schauspiel), 1921 (Neuausgabe mit Radierungen von Eberhard Schlotter 1965); *Das Puppenbuch* (mit Erna Pinner, Lotte Pritzel, Däubler, Mierendorff, Schickele), 1921; *Frauen* (Novellen), 1922; *Hamsun, Flaubert* (Reden), 1922; *Das Bücher-Dekameron*. Eine Zehn-Nächte-Tour durch die europäische Gesellschaft und Literatur, 1923. – *Frühe Manifeste*. Epochen des Expressionismus, 1957; *Tagebuch 1958–1960*, 1960; *Lebendiger Expressionismus*. Auseinandersetzungen, Gestalten, Erinnerungen, 1961; *Portraits und Denksteine*, 1962; *Briefe der Expressionisten* (Herausgabe), 1964; *Die frühen Erzählungen*, 1965; *Italien*. Landschaft,

Geschichte, Kultur. Herausgegeben von Elisabeth Edschmid und Heinz Schöffler, 1968.

Als Edschmid, dreiundzwanzigjährig, mit seinen expressionistischen Novellen die literarische Arena betrat, war er sogleich ein berühmter Mann. Er hat nicht nur Literatur geschaffen, sondern auch Literatur provoziert. Ein Wegbereiter der expressionistischen Bewegung und einer ihrer streitbaren Programmatiker, hatte er das Glück, alt genug zu werden, um eine Renaissance dessen zu erleben, was den Kampf und den Triumph seiner Jugend ausmachte: seine ersten Erzählungen, seine frühen Manifeste sind in guten Ausgaben erneut zugänglich und bieten authentischen Lesestoff für jeden, der sich für expressionistische Quellenliteratur interessiert.
Guy Stern gab unter dem Titel *Konstellationen* (Deutsche Verlags-Anstalt, Stuttgart 1964) die »besten Erzählungen aus dem *Neuen Merkur* 1914–1925« heraus. In diese Sammlung nahm er auch die Novelle »Das beschämende Zimmer« auf und deutete sie: »Als Kasimir Edschmid die [...] Novelle zusammen mit einer anderen, ›Der tödliche Mai‹, als Buchband herausbrachte, gab er ihm den Titel *Rasendes Leben* (1915) und schuf damit, wie er in dem Vorwort andeutet, das Gegenstück zu seiner vorhergehenden Novellensammlung *Die sechs Mündungen* [...]. Aber nicht nur thematisch ergänzen sich diese beiden Novellensammlungen; zusammen stellen sie die vorweggenommene Durchführung des expressionistischen Manifests dar, das der Dichter, einer der wichtigsten Vorkämpfer und Pioniere dieser Bewegung, erst später, in zwei 1917 und 1918 gehaltenen Reden, theoretisch aufstellte. So vergleiche man einmal das Ende dieser Novelle mit seiner Rede aus dem Jahre 1918, wo es über den expressionistischen Menschen heißt: ›Er klügelt sich nicht durch das Leben. Er geht hindurch. Er denkt nicht über sich, er erlebt sich.‹ Und hier schreibt Edschmid in seiner wuchtigen Prosa: ›Man soll keine Erinnerungen haben. Niemals. Nein!‹ Weiterhin ›Und [man soll] die Erlebnisse abstreifen wie einen Seifenschaum mit nachlässiger Hand von der Brust am Morgen und am Abend und jeden Tag ...‹ Das ›rasende Leben‹ wurde also zunächst gestaltet – in Edschmids ›Buch des größten Lebenswillens‹ (so sein Vorwort) – dann erst gefordert.
In einer Festschrift zu Edschmids 65. Geburtstag [1955] bewundert Lutz Weltmann die lyrische Eigenschaft von Edschmids frühen Novellen, Hermann Kasack die ›hinausgeschleuderte Intensität von Wort und Satzgefüge‹. Beides findet man in dem ›Beschämenden Zimmer‹, vielleicht am überschäumendsten in der Beschreibung des

harpunierten Delphins, dessen Flosse ›mit einer nie empfundenen Ekstase auf meine Seele stieß‹. Das Frappanteste an dieser Erzählung aber ist das Gelingen eines erstaunlichen Experiments; indem er die Reaktion des Protagonisten auf Bilder und Gemälde, also etwas durchaus Statisches, zeigt, gelingt es dem Dichter, das Dynamischste, was es vielleicht gibt, einen komplizierten menschlichen Charakter, überzeugend zu entschlüsseln.

In dieser Aussage der Bilder über ihren Besitzer seziert Edschmid nicht etwa den Menschen, was relativ einfach wäre, sondern beseelt die Bilder – wie Pygmalion Galatea. Bei einem Stierkampf Goyas scheint es: ›eine Welle von Wut und Ekstase sei das Amphitheater in einer Kaskade heruntergestürzt und habe sich in diesem Parkett bäumend gestaut‹; beim Isenheimer Altar Grünewalds steht der Leib eines Leprösen ›als qualvoller Schrei des Fleisches zwischen Sehnsucht und Hiersein und Bestimmung zum Ende‹. Lessing forderte schon 1778, daß der Dichter Handlung an die Stelle von Beschreibung setze; dem Expressionismus Edschmids gelingt es nun sogar, nicht nur die eigentliche Wirklichkeit, sondern auch abstrakte Dinge wie Atmosphäre und Stimmung in Handlung umzuformen. Und indem sich Edschmid, ganz im Sinne Lessings, am weitesten vom ›Malen in Worten‹ entfernt, wird seine Prosa am bildhaftesten. Fast wie eine Bestätigung dieser These klingt es, wenn Hans Purrmann, der Neu- und Wiederentdeckte, erzählt, daß gerade in der Gesellschaft Edschmids die Kunstwerke Italiens eindringlich zu ihm sprachen.«

Übrigens kündigte sich schon im »Beschämenden Zimmer« der künftige Weltreisende, der Literat mit dem Hunger nach Welt, an. Mit unnachahmlichem Snobismus und einer Nonchalance, die schmunzeln macht, kann Edschmid Sätze schreiben wie diesen (S. 7): »Wir hatten Tee getrunken, der – ich glaube – sehr leicht nach dem Haar von Kamelen roch. Er sprach von einer Jagd in Turkestan. Darauf sagte ich einiges und beiläufig von Wintertagen bei Utrecht.«

Wesentlich kritischer als Guy Stern im Jahre 64 und im wesentlichen über die zweite Novelle äußerte sich, kurz nach Erscheinen des *Rasenden Lebens*, 1915/16 H. S. (das ist Hans Siemsen) in: dem von ihm redigierten 2. Jahrgang des *Zeit-Echo* (S. 94 f.):

»Die erste dieser beiden Novellen könnte auch in dem früheren Buche Edschmids stehen. Es ist über sie nichts Neues zu sagen. Die zweite aber bringt Neues wenn auch nicht Unerwartetes. Nicht daß sie etwa hielte, was das erste Buch versprach; aber sie verheißt alles Schöne deutlicher, erregter und näher.

Sie ist, was das Können angeht, wohl sicher die schlechteste unter den bisher bekannt gewordenen 8 Novellen Edschmids. Nirgends

durchschaut man die vielbewunderte Technik so leicht wie hier. Der mordende Perser in der Pariser Spelunke, das kenternde Boot im Starnberger See, der beulige Kopf im Dirnenhaus des genuesischen Hafenviertels (!), der erhängte Konfirmand im Park, der Brasilianer im D- und Schneesturm hinter Kowno. Durch solch eine Aufzählung vieler kleiner Bilder wird einem schnell und angenehm das Bewußtsein des ›rasenden Lebens‹ vermittelt. Auf die Dauer aber (es kommt in jeder Geschichte!) wirkt es doch etwas komisch. Man merkt die Technik: Der boxende Chinese in Westfalen, der am Tripper leidende westfälische Geistliche im Blumenboot unterm Fudji. Seltene Situationen in einfacher Gegend, einfache Situationen in seltner Gegend. Nachfolger Edschmids werden diesen Zweig der Literatur mit Hilfe von Baedeker und Konversationslexikon zu ungeahnter Blüte bringen.
Dieses und mehreres durchschaut man lächelnd und freut sich im übrigen, daß alle Schwächen gerade in dieser besten Geschichte am sichtbarsten werden. Sie werden nämlich deshalb sichtbar, weil hier endlich das Können nicht mehr ausreicht, weil es sich hier um Dinge handelt, bei denen ›Können‹ und Technik nichts mehr helfen. Um Erkenntnis, Bange-sein, Liebe, Demut. Auch hier verbirgt sich die Erschütterung hinter der groß-pathetischen Geste. Aber man durchschaut sie leicht und sieht den Menschen, der sie macht, (wie hinter einem schlechten Akteur), den armen, leidenden, rührenden Menschen.
Was tut es, daß dieser Offizier von seiner Todesangst, die nichts anderes ist als Lebensfreude, die bange geworden ist und nicht zu jubeln wagt, was tut es, daß er in gequälten und nicht eben einfachen Worten von ihr spricht? Die Hauptsache ist, daß hier erlebt wird und daß das Erlebte lebendig wird. Ein unendlich wehes und süßes Gefühl von tiefster Inbrunst erlebt und von der gleichen Inbrunst wieder gerufen. Schmerzlich und beseligend. Erschütternd – ihn und uns. Was tut es, daß das alles nicht ›gekonnt‹ ist, daß es krampfhaft erzählt wird und krampfhaft endigt, was tut das? Da alles so schön ist, so mehr als schön, so menschlich.«
Aus Prag ließ sich, für *Das literarische Echo* (Jg. 18, 1915/16, Sp. 703), zum *Rasenden Leben* Oskar Baum vernehmen:
»Großes will und kann die junge Kraft dieses Dichters auch hier wieder. Mit Epik haben freilich die zwei Novellen des Bändchens ernst genommen, nicht allzuviel zu tun. Sie sind Lyrik, Malerei, Musik: Gefühlsgeschehen, seelische Begebenheit oder auch eigentlich das nicht, denn die ganze Seele braucht er gar nicht zu seinem Schauplatz, nur den Willen und das Temperament. ›Das Leben

furchtbar packen wie eine unendliche Geliebte‹! überall im Rasen der Winde wie in der Wärme des Kuhmists, in Farben der Kleiderstoffe in Schaufenstern und im Erbeben der Andächtigen oder in den Zuckungen der Lüsternen. Eine lodernde heidnische Naturanbetung, an der vielleicht nur der Fanatismus unheidnisch ist.
Die Handlung, die Stoffwahl ist nicht mehr knabenhaft in diesen Erzählungen, aber die Darstellung scheint es dadurch nur um so mehr. Die Natürlichkeit und Einheitlichkeit des explosiven Stils wirkt in der Epik, in der am Gegenstande gefesselten Verkörperung des Lebensgefühls überzeugender als in der Lyrik, ich meine: Wenn dieses Lebensgefühl sich selbst bekennt und schildert und besingt. Das ewig Vergebliche des nie zu stillenden, in Himmel und Hölle einbrechenden Jugendhungers nach Leben, des immer Enttäuschten, immer Scheiternden, das als letzte Sprosse die äußerste Entsagung erklimmt, – wie es das Schicksal seiner früheren Helden erfüllte, – erschien mir tiefer wahr; das ewig Wirkliche.«
Der Weggenosse Max Krell (1887–1962) fällte über den expressionistischen Erzähler Edschmid ein vorläufiges Gesamturteil zu einem Zeitpunkt (1925), als der Expressionismus kaum noch am Leben, die neue Entwicklung Edschmids aber noch nicht deutlich sichtbar war. Die Stelle entstammt einem Essay »Expressionismus der Prosa«, der ursprünglich 1919 als 7. Band in Edschmids *Tribüne der Kunst und Zeit* veröffentlicht und nun – stark geändert und erweitert! – in der von Ludwig Marcuse herausgegebenen *Literaturgeschichte der Gegenwart* (2. Bd., 1925, S. 23 f.) abgedruckt wurde: »Kasimir Edschmid gilt gemeinhin als der Repräsentant des literarischen Expressionismus. Er ist es zweifellos in der unbedingten Zähigkeit, mit der er seine Linie innehielt, ihm Geltung schaffte und an ihm verblutete [diese Bemerkung hätte Krell schon wenige Jahre später nicht mehr machen können]. Er war so ganz Expressionist, so ganz auf seinen Stil und seine Gebärde eingeschworen, daß er in dem Moment versagte, als es darauf ankam, ihn über die Form und die Theorie hinaus wirklich fruchtbar zu machen. Seine Prosa zeigt das ungeschminkte Antlitz eben des theoretisch ausgedeuteten Expressionismus; er zuvörderst hatte die Farbe, die Leidenschaft, die volle Geste und zweifellos auch den großen Willen in politischer und soziologischer Hinsicht, den man der ganzen Periode einmal als Plus zuschreiben wird. Aber er war Alles zu sehr und in diesem à tout prix zu äußerlich. Einer seiner Kritiker hat gesagt: er stehe immer wieder am Anfang, bei jedem Buch sei man versucht zu sagen, dieser Mann berechtige zu den schönsten Hoffnungen, und nun wartete man von Mal zu Mal auf die Steigerung und Blüte. Das

trifft zu, man wird sich mit ihm auseinanderzusetzen haben, solange ein Sarkom der expressionistischen Optik und Temperamente in der Literatur zu spüren ist, aber man wird ihre Höhepunkte und Vollendungen an anderen Erscheinungen suchen müssen.«

ALBERT EHRENSTEIN

Nicht da, nicht dort

Albert Ehrenstein, österreichischer Lyriker, Erzähler, Essayist, Übersetzer (aus dem Griechischen und Chinesischen). Geboren am 23. Dezember 1886 in Wien, gestorben am 8. April 1950 in New York. Bruder von Carl Ehrenstein. Im autobiographischen Teil der Erstausgabe der *Menschheitsdämmerung* schrieb Albert Ehrenstein den einzigen Satz: »Am 23. Dezember 1886 geschah mir die Wiener Erde.« In der Neuausgabe (1959, S. 339 f.) fährt Kurt Pinthus fort: »Geboren als Sohn ungarischer Eltern [und aufgewachsen in kleinbürgerlich-jüdischen Verhältnissen der Vorstadt Ottakring] in Wien, wo er Geschichte und Philologie studierte und 1910 ›sich den Doktortitel zuzog‹ mit einer Arbeit über *Ungarn, im Jahre 1790* ... Schon während seiner Schul- und Studentenzeit begann seine literarische Tätigkeit; Karl Kraus [mit dem er sich später öffentlich überwarf] druckte in der *Fackel* Gedichte Ehrensteins. Nach der Veröffentlichung des selbstanalytischen, von seinem Freund Oskar Kokoschka illustrierten Prosabuchs *Tubutsch* schloß er sich dem expressionistischen *Sturm*-Kreis in Berlin an. In [Wien und vor allem in] Berlin wirkte er dann als freier Schriftsteller und als literarischer Kritiker großer demokratischer Blätter. [Im Krieg kurze Zeit Lektor im Leipziger Kurt Wolff Verlag und im S. Fischer Verlag; 1917 in der Schweiz; pazifistischer Mitstreiter Franz Pfemferts in der *Aktion* und Mitunterzeichner – mit Ludwig Bäumer, Julius Talbot Keller, Otten, Pfemfert, Heinrich Schaefer, Hans Siemsen, Zuckmayer – des Aufrufs der Antinationalen Sozialisten Partei (A. S. P.) Gruppe Deutschland; Herausgeber der Zeitschrift *Die Gefährten*, Wien 1920–1921.] Aber Ehrenstein führte ein unstetes Dasein, war viel auf Reisen, nicht nur in Europa, sondern ebenso in Afrika, Asien, und blieb, wie er angab, eine Zeitlang in China. Ende 1932 siedelte er in die Schweiz über, veröffentlichte nach 1933 kein Buch mehr, ging dann 1941 nach New York. Nach dem Kriege kehrte er noch einmal in die Schweiz zurück, kam aber schließlich wieder nach New York, wo der Dichter der bittersten Gedichte deutscher Sprache, nach einem bitteren Leben in Armut, nach langer Krankheit einen bitteren Tod starb [...].« Er gab, außer seinen vielen »Nachdichtungen« aus dem Chinesischen, eine Übersetzung des Lukian (1926) heraus.

WERKE: *Tubutsch* (Erzählung), 1911 (veränderte Ausgabe 1914); *Der Selbstmord eines Katers* (Erzählung), 1912 (als: *Bericht aus einem Tollhaus*, 1919); *Die weiße Zeit*. Gedichte 1900–1913, 1914; *Der Mensch schreit* (Gedichte), 1916; *Die rote Zeit* (Gedichte), 1917; *Den ermordeten Brüdern* (Aufsätze und Verse), 1919; *Dem ewigen Olymp* (Novellen und Gedichte), 1919; *Die Gedichte* (erste Gesamtausgabe), 1920; *Die Nacht wird* (Novellen und Gedichte), 1920; *Wien* (Gedichte), 1920; *Die Heimkehr des Falken*, 1921; *Briefe an Gott* (Prosagedichte), 1922; *Schi-King* (Nachdichtungen chinesischer Lyrik), 1922; *Herbst* (Gedichte), 1923; *Pe-Lo-Thien* (Nachdichtungen chinesischer Lyrik), 1923; *China klagt* (Nachdichtungen revolutionärer chinesischer Lyrik aus drei Jahrtausenden), 1924; *Ritter des Todes* (Die Erzählungen 1900–1919), 1926; *Menschen und Affen* (Aufsätze 1919–1925), 1926. – *Ausgewählte Aufsätze*. Herausgegeben von M. Y. Ben-gavriêl, 1961; *Gedichte und Prosa*. Herausgegeben und eingeleitet von Karl Otten, 1961.

Nicht da, nicht dort erschien in veränderter Fassung 1919 bei S. Fischer als *Zaubermärchen*.
Ehrenstein, der ohnehin an seinen Büchern viel änderte, war schon bald nach Erscheinen mit *Nicht da, nicht dort* unzufrieden, wie auch aus der Bemerkung Werfels in einem Brief an Kurt Wolff (vor dem 15. April 1918; *Briefwechsel*, S. 119) hervorgeht: »Im übrigen: Seine Novellen ›Nicht da nicht dort‹ machen ihm längst ästhetische Bedenken und er wäre Ihnen verbunden, wenn Sie dieses ihm das Kunst-Gewissen beschwerende Buch, nicht neu auflegen wollten.«
Alfred Richard Meyer zitierte ohne nähere Angabe in *die maer von der musa expressionistica* (Düsseldorf-Kaiserswerth 1948, S. 45) Wilhelm Schmidtbonns Äußerung über Ehrensteins Prosa, die er anläßlich des Reclamheftes *Dem ewigen Olymp* machte: »Die Deutschen haben einen großen Satiriker. Sie werden ihn erkennen. Und sie werden erkennen, wie ganz hier Satiriker und Dichter eins ist.«

In Edschmids berühmter Rede »Expressionismus in der Dichtung« (1917; zitiert nach Mayer *Deutsche Literaturkritik*, S. 277) lautet die Kurzcharakteristik: »Ehrenstein, der kosmische Schlemihl, zerrissen und wütend weinend über die Sinnlosigkeit der realen Welt, gibt eine heroisch depressive Weltanschauung, sich befreiend in Anklage und zornigen Gebeten.«
Friedrich Markus Huebner schrieb unter der lapidaren Überschrift »Von Ehrenstein«, bei Anlaß der Prosa *Nicht da, nicht dort*, 1917 in *Die Schaubühne* (13, I, S. 289 f.): »Auf Grund eines irgendwoher ausgegebenen Stichwortes wird vermutlich das neue Buch Albert Ehrensteins als ein ›humoristisches‹ verstanden werden. Billigerweise steht für Herrn Kurt Wolff, glücklichen Golem-Verleger, abermals ein riesiger Erfolg zu erwarten.
Aber bevor es dahin kommt, wollen wir – Eile tut not! – für Einen und Keinen feststellen, daß Possenreißerei und Verlangen nach dem Unendlichen nicht ein und dasselbe ist. Warum eines Abends Bajazzo so hinreißend spielt, sagt zwar das Textbuch, aber nicht ganz durchschaubar, wild und ein wenig anrüchig bleibt dieser Narr für die Unnärrischen trotz allem.
Wenn schon Ehrenstein gleich der genannten Bühnenfigurine Frauen nicht leidenschaftslos gegenüberstehen dürfte, so hat in diesem Falle ihn das oder ein Weib schwerlich getrieben, daß er Grimassen schneidet. Es sei denn, man wolle, die ihm Bitterkeit eintrug, nämlich die Erkenntnis nach beliebtem Vergleiche sich als Weib denken.
Sie, die Erkenntnis ließ zu viel unerfüllt, sodaß der Dichter an ihr matt ward und überdrüssig. Heraus aus dem Zwang ewig wiederholter Denkordnungen! Fort mit der Ehrbarkeit zu lang anerkannter logischer Imperative, mit der Würde des gepriesenen Ebenmaßes, mit dem ewig vorweg bestimmten Schaltwerk unsres überladenen Gedächtnisses! Was sonst verdiente Rücksicht als die Verwegenheit des Niegewohnten, das so sinnreiche Tollen des Zufalls und der Laune, das Aufeinanderplatzen der Widersprüche? [...]
Ja, hart und zähe ist das Eingewohnte und der Hang zu Güte und Glück. Direkt kann man fast nicht dagegen an. Darum müssen Güte und Glück und ihre so verführerischen Redewendungen nicht widerlegt, sondern aufgezeichnet, illustriert und so oft wiederholt werden, bis sie zu erkennen gaben, was sie in Wahrheit bedeuten: Die Behäbigkeit und das Sichgehenlassen des Bürgers, das feige Kneifen vor dem unbedingten, selbstgetreuen Dasein, die Lächerlichkeit der zu nichts führenden goldenen Mittelstraße. Unendlichkeit! Wie undurchdringlich baut sich vor dir das Gestrüpp der glatten Allge-

meingefühle, der billigen Zufriedenheiten, des geschichtlichen Schemas! Um jeden Preis hindurch! Mit Axt und Dolch!
Die Schilderung dieses Durchbruches liegt in dem Hefte ›Nicht da, nicht dort‹ vor. Doch zeigt Ehrenstein noch nicht seine Folgen. Sonach handelt es sich um eine Durchgangsstation, um einen Augenblick der Höchstspannung, um ein Zerren, Schütteln, Zersprengen der Kette. Man wird annehmen dürfen, daß in den nächsten Arbeiten die Operation vorüber ist und Bajazzo sein unheimliches Harlekinskleid nicht mehr zu tragen braucht. Wäre die Verpflichtung nicht größer zum Aufbau eines neuen Glücks, einer wahren Güte?«
In der *Neuen Rundschau* 1917 (*Literarische Aufsätze*, S. 74) formulierte Oskar Loerke, anschließend an seine Rezension von Rubiners *Das himmlische Licht*, auch sein Urteil über *Nicht da, nicht dort*:
»Auch Albert Ehrenstein ahnt ein Reich des himmlischen Lichtes, nur ist, was die irdische Welt seinen Augen eingesteht, davon so unterschieden, daß er sich einstweilen mit Grotesken und Satiren zu behelfen gezwungen sieht. *Nicht da, nicht dort* heißt eine Sammlung, die 1916 bei Kurt Wolff in Leipzig herausgekommen ist. Gequältheit ist die Bewußtseinsform seines Geistes, in ihr gewinnt die Welt ihren Zusammenhang. Die Sehnsucht steht vor dem Leiden und schafft es, die Bequemlichkeit hinter ihm und beruhigt es, beide halten es fest, so daß es nicht vom Flecke kann. Spott und Hohn leuchten ihm ins Gesicht. Dies scheint dem Dichter ein dauerhafter Zustand. Daher weiß seine Satire selten einem Trost, aber viel von Verzweiflung und Tod. Jeder wahrhaftige Glaube, auch der, in einem unglücklichen Zeitalter unglücklich leben zu müssen, macht einen dichterischen Geist fruchtbar: da er nicht mit seiner Erkenntnis von den Dingen spielen darf, darf er es mit den Dingen. Und weil der Nährgrund bei Ehrenstein giftig ist, so schwellen seine Gewächse burlesk, strecken scharfe Stacheln heraus, nehmen fröhliche, drollige, spukhafte Gestalt an; weil er aber auch kräftig ist, so sind sie stark und wetterhart und repräsentieren sehr eindringlich ihre Gattung. Der Vortrag entspricht dem Vorgetragenen. Der Erzählungsstil ist straff und lässig zugleich. Der Wagen will an kein Ziel, das Ziel ist in den Rädern des Wagens. Der Historiker dieser Geschichten kann wagen, die Maske eines schläfrigen, kurzsichtigen Chronisten aufzusetzen, seine einfältige Ruhe macht das Unerhörte und Fabelhafte um so aufregender, seine Sachlichkeit gestaltet Eifer, Kaprize, Tanz des Geistes um so wirksamer.«

CARL EHRENSTEIN

Klagen eines Knaben

Carl Ehrenstein, österreichischer Prosaschriftsteller, Lyriker, Übersetzer (aus dem Englischen und Dänischen). Geboren am 9. September 1892 in Wien. Lebte in Wien und Berlin. Bankangestellter. Beiträge in Hermann Meisters Monatsschrift *Saturn*, in *Die Schaubühne, Die weißen Blätter, Wieland, Daimon, Vers und Prosa*. Emigration nach England: London und Bromley (Kent). Lebt heute in Whitstable in Kent. Bruder Albert Ehrensteins, dem er die *Klagen eines Knaben* widmete. Carl Ehrenstein übersetzte unter anderem Edgar Allan Poe *Gordon Pym*, Arnold Bennett *Teresa*, Sinclair Gluck *Der goldene Panther*, P. C. Wreu *Blutsbruderschaft* (Beau Geste).

WERKE: *Bitte um Liebe* (Skizzen), 1921.

Die *Klagen eines Knaben* haben 1916 eine zweite Auflage erlebt. Am 29. April 1922 schrieb Albert Ehrenstein an Georg Heinrich Meyer, die »Seele« des Kurt Wolff Verlags (*Briefwechsel*, S. 239): »Wirkt denn meine uralte und wie ich glaubte längst mit der Kriegsaxt begrabene Differenz mit Kurt Wolff noch so sehr nach, daß nicht ein Buch meines Bruders dort erscheinen könnte? Er hat einen sehr originellen Gedichtband und einen – im Gegensatz zu seinem Rowohltbuch [*Bitte um Liebe*] – interessanten Novellenband fertig. Da er aber täglich von 8–4 in der Bank arbeitet und ich ihm noch keine realisierbare Druckchance nachweisen konnte, überwindet er seine Müdigkeit nicht so weit, daß er seine Arbeiten auf der Maschine reinschreiben würde. Und doch käme ein Honorar seinem sonst materiell unausnützbaren Erholungsurlaub sehr zustatten.«
Der erwähnte Gedichtband und der Novellenband sind bibliographisch nicht nachweisbar (und laut Ellen Ottens Anmerkung in Kurt Wolffs *Briefwechsel eines Verlegers* nicht erschienen). Über die *Klagen eines Knaben* brachte *Die Aktion* am 9. August 1913 (Sp. 775 f.) eine Rezension aus der Feder des Lyrikers und von 1919 bis 1936 als Rowohlt-Lektor tätigen Paul Mayer: »Dieses Buch ist herb wie ein verlorener Frühlingstag und süß wie eine Wunde, die man sich selbst zufügt. Des Kindes Urweltschmerz wird hier nicht zum grob-grellen Kampfplakat gegen Schultyrannei und falsche

Sexualerziehung. Die Klagen dieses Knaben richten sich nicht gegen zufällige Wirklichkeiten, über die wir stolpern, solange wir ehrlich, und die wir umgehen, wenn wir ›gereifter‹ sind, d. h. als gebrannte Kinder das Feuer scheuen. Diese Fieberschreie gellen gegen die Instanz der Instanzen, die wir am hellen Tage Weltordnung, in unseren Träumen aber immer noch Gott nennen. Wenn Ehrenstein gelegentlich einen Bibelspruch oder ein Goethezitat zu seinen Zwecken umbiegt oder Menschkörper und Gottgeist konstruiert, so scheint die altkluge Jugendlichkeit eines sensiblen Semiten ihre infantilen Qualen nachträglich auf eindeutige und deshalb unkünstlerische Formeln zu bringen, dann aber überzeugen wieder blutvolle Wertschöpfungen [Wortschöpfungen?], die schon im nächsten Augenblick wie Notwendigkeiten wirken, daß in dieser Dichtung der zeitlose puer dolosus sich am Marterpfahle des Seins windet. Soviel Leid fängt Ehrenstein in das Netz seiner lyrisch empfundenen Sätze, daß man auf Tage hinaus mit Traurigkeit gesättigt ist. ›Ich warte auf Dinge. Und sie ereignen sich nicht ... Kein Ereignis gibt sich mit mir ein Rendez-vous‹. Manchen wird dies Buch wie ein Hammerschlag ins Herz fallen, selbst die Generalpächter ›gesunder Lebenstüchtigkeit‹ werden Carl Ehrensteins Grablied einer aschgrauen Jugend als wehes Echo des eigenen, fast vergessenen Kindergrames in taubgewordenen Ohren zittern fühlen.«

Der Dichter Peter Baum – Landsmann und Freund Else Lasker-Schülers – schrieb über die *Klagen eines Knaben,* ebenfalls im Jahr ihres Erscheinens, in der von Hans Leybold und Franz Jung herausgegebenen Zweiwochenschrift *Revolution* (Nr. 3, S. [20]):

»Er ist der Bruder von Albert Ehrenstein, des Dichters der schon verwesenden Skepsis, wo das verzweifelte Denken wieder Phantasie wird, am Übermaß nicht erfüllter Wünsche reif geworden. Albert Ehrenstein ist hellhörsichtig für alles, was die Stadt an krummen Liniengeräuschen in die Träume wirft. Zwei Bücher schrieb er einer hinreißend verzweifelten Müdigkeit; die Humor wird; seit langem die liebsten Bücher, die ich las. –

In der Literatur tauchen hie und da begabte Brüder auf, als ob das sonst nur spärlich verstreute Talent zeigen will, daß es verschwenden kann. Karl Ehrensteins kürzlich erschienenes Buch *Die Klagen eines Knaben* [...] gleicht den Büchern seines Bruders aus Blutsverwandtschaft, hat einen Rhythmus, der echt ist; kindlicher, schmaler, weicher. Es beginnt, mit der Seelenwanderung. Aus Leibern Angehöriger unterdrückter Völker kommt sie in den eines geknechteten Schülers. Eines begabten Schülers, dessen Empfinden Phantasie und Geist mitschwingt. Bei manchen Menschen widerspricht Geist nicht

der Echtheit des Gefühls, er kann ebenso Lebensäußerung sein, wie das Schnarchen. Ohne ihn wirkten die ewigen Klagen wohl monoton. So aber führen sie uns durch einen zartesten Tanz denkender Schatten und man legt das Buch langsam erwachend aus der Hand.«
Carl Ehrenstein war so liebenswürdig, am 21. Mai 1969 den folgenden Beitrag für die vorliegende Ausgabe zu schreiben:
»Vom Bruder Albert unverdienterweise in die Literatur befördert. Früh in der Schule und im Leben durchgefallen. Von Dr. Alfred Adler als 18jähriger wegen meiner Widerspenstigkeit den allgemein gültigen (unverstandenen) Lebensregeln gegenüber behandelt. Liebte Märchen, Alberts Geschichten und Gedichte. Andere Gedichte las ich nicht. Teils weil ich Beeinflussung befürchtete, teils weil sie in mir unverständlicher Sprache geschrieben waren – wie es nicht nur damals Mode war. (Aber: keinem Hahn gefällt das Gekrähe eines andern.) Sah mich frühzeitig, mangelnder Kenntnisse wegen, zu lebenslänglicher Büro-Haft verurteilt. Nirgends winkte ein Ausweg. War immer unvernünftig, linkisch, stolperte stets über die eigenen Füße. Ein ›Untam‹ – ein naher Verwandter vom uralten Schlemihl. Kein strammer zielbewußter Lebenswanderer, der ›fromm und bieder, wahr und offen, im gleichen Schritt und Tritt‹ folgsam und gefolgsam durch die schmucke Wüste der diversen allein selig und gleichmachenden Religionen energisch zum Ziele zieht. War ein öder Einöden-Einsiedler, der jahrelang sich mit seiner Einsamkeit anödete; und manchmal auch andere. Sich keiner noch so guten und allseits angepriesenen Erdbewegung anschloß; ein Außenseiter aller guten, besten und bessern Gesellschaft und jeder frischfröhlichen Biergeselligkeit der bleiern lastenden Jugendzeit.
Zu meiner Generation stand ich in keinerlei Beziehung. Jeder bessern Spottdrossel geht der Gesang der andern auf die eifersüchtigen Nerven. Mein längst verstorbenes Knabengeklage ist unleidlich. Millionen haben vorher und nachher viel mehr gelitten als ich, sanglos und ohne was zu sagen.
Meine Stellung zu Zeit- und Kunstfragen – darüber muß ich erst nachdenken. Das wurde ich noch nie in meinem Leben gefragt. Sollte ich die 2. Auflage erleben, so will ich es Sie bis dahin gern wissen lassen. Nur noch kurz eine Gegenfrage: wollen Sie meine Meinung über die heutige Zeit und ihre Kunst? Über vieles hat schon vorzeitig ein alter Lateiner sein seherisches Urteil abgegeben: Cacatum non est pictum – was auch leider auf mein totes Büchlein zutrifft. Und ich verwechsle ›abstrakte‹ Kunst immer mit: abstrus – und glaub: Kunst kommt von Können, wie auch jemand einst gesagt hat. Ich aber war ein großer Nichtkönner.

Das wird mich aber nicht davon abhalten, ungeheilt aus dem Leben entlassen zu werden. Gottweißwann. Ich bin gar nicht neugierig darauf. Denn seit ungefähr einem Dutzend Jahren leb ich ganz gern und unbesorgt von meiner Staatsrente.«

HANS VON FLESCH-BRUNNINGEN

Das zerstörte Idyll

Hans von Flesch-Brunningen (auch Hans Flesch; Pseudonym Vincent Brun), österreichischer Novellist, Romancier, Biograph, Essayist, Hörspielautor, Übersetzer (aus dem Englischen). Geboren am 5. Februar 1895 in Brünn (Mähren). Studium an der Universität Wien. Im Ersten Weltkrieg Offizier der k. u. k. Armee. 1919 Promotion zum Dr. jur. Beiträge in den Jahrgängen 1914 (Flesch-Sondernummer mit einem Titelporträt von Egon Schiele), 1915, 1916 und 1919 der *Aktion*, in *Saturn, Literarische Welt, Wiecker Bote*, in den Anthologien *Das Aktionsbuch* (1917), *Der neue Frauenlob* (herausgegeben von Alfred Richard Meyer, 1919), *Die Botschaft. Neue Gedichte aus Österreich* (herausgegeben von Emil Alphons Rheinhardt, 1920), ferner im Kurt Wolff Almanach *Die neue Dichtung* (1918) und mit *Bürger Narr* als Nummer eins in der Schriftenreihe *Die Erzählung* (1920). 1919 bis 1923 Bankbeamter, 1923 bis 1925 Rechtsanwaltsanwärter; dann freier Schriftsteller in Wien. Reisen. 1925 Italien-Aufenthalt. 1928 bis 1934 in Berlin. Mitarbeit an *Wiener Tag, Vossische Zeitung, Berliner Tageblatt, Grüne Post, Die Dame* und anderen Blättern. 1934 Emigration nach London. Mitarbeit an der literarischen Monatsschrift *Das Wort* (Moskau 1936–37), an *Contemporary Review* (1936), *London Mercury* (1937), *Life and letters today* (1938), den Sammelbänden *10 Jahre Kulturbarbarei im Dritten Reich – 10 Jahre freie deutsche Kultur im Exil* (1943), *In Tyrannos. A symposium* ed. by Hans José Rehfisch (1944; Publikation des [Londoner] Clubs 43, dessen Vorstand Flesch angehörte). Übersetzte 1947 Somerset Maughams Roman *Machiavelli in Imola oder Damals und heute*. 1940 bis 1957 Sprecher der BBC London für die österreichische und deutsche Abteilung. 1953 bis 1958 Präsident des PEN-Zentrums deutscher Autoren im Ausland. Vorstandsmitglied des österreichischen PEN-Zentrums. 1958 Rückkehr nach Österreich. Lebt in Wien.

WERKE: *Balthasar Tipho．* Eine Geschichte vom Stern Karina (Roman), 1919; *Gegenspiel* (Novellen), 1920; *Die beiden Wege．* Ein Buch der Jugend, 1928; *Auszug und Wiederkehr*, 1928; *Herz – Weg zur Mitte*, 1929; *Die Amazone* (Roman), 1930; *Vertriebene von Ovid bis Gorguloff*, 1933; *Die Herzogin von Ragusa．* Roman aus dem Baden-Baden der Befreiungskriege, 1935; *Perlen und schwarze Tränen* (Roman), 1948. – In englischer Sprache: *Alcibiades* (Biographie), 1936; *The blond spider*, 1938; *Masquerade*, 1938; *Untimely Ulysses*, 1939. – *Die letzten Habsburger in Augenzeugenberichten* (Herausgabe), 1967; *Die Teile und das Ganze* (Roman), 1969.

In einer der besten Geschichten des Bandes, »Der Junitag«, herrscht Zorn auf Bürgermief und geduckte Beamtenseelen, auf schal gewordene Ehe und rotznäsigen Kinderreichtum, in herrlich exaltierten Wendungen, mit Wiener Tücke, Wiener Diminutiven versetzt und mit souveränem Spaß am eignen Sarkasmus; die Provokation eines heißen Junitags; aus abgelebtem Bürgeridyll schlägt jähe Leidenschaft, Blutdurst und Mord: Expressionismus, wie er im Büchl steht. Die raffinierteste Geschichte des Bandes, »Idyll« – ein Idyll, das natürlich ebenfalls zerstört wird – ist in ihrer kalkulierten Balance hart am Rande des Kitsches ein frühes Beispiel für das, was in unsren Tagen Roald Dahl, Henry Slesar oder Stanley Ellin als »sanften Schrecken« kultiviert haben.

In *Das literarische Echo* (Jg. 20, 1917/18, Sp. 1056) schrieb Paul Nicolaus über *Das zerstörte Idyll*: »Erschütternd in ihrer starren Konsequenz erinnern diese Grotesken im ersten Augenblick an Sternheim. Hier aber ist keine spitze Ironie: Haß trat an deren Stelle, Haß, der nur den Ausgleich des Mordes kennt. Nach Rache schreit zerstörte Harmonie, sturmbebendes Leben ringt sich zu seinem Ziel, das weit über allen Horizonten schwebt. Hier ist Erfüllung all unseren tobenden Gedanken, allen Wünschen, die nach des Dogmas Zerstörung gehen.«
Kasimir Edschmid stellte in der *Doppelköpfigen Nymphe* (S. 191 f.) unter der Kapitelüberschrift »Durchstich durch den vierundzwanzigsten Januar Neunzehnhundertzwanzig der Literatur« die frühen Bücher Hans Fleschs in einen bestimmten regionalen Zu-

sammenhang: »Am kleinen Sprunghügel haben sich die Wiener gesammelt, sie haben die breitest geschnittenen Breeches, schwarzweiß gewürfelte Sweater und öfter ixige Beine. Man macht in dem Kostüm keine Gletscherfahrt, aber elegantestes Handwerk, nicht ohne Kühnheit. [...] Irgendwo ist in der Nähe Kultur. Mit Dichtung hat es nicht viel zu tun. Gepflegtsein ist noch nicht Tiefe, brave Eleganz noch nicht Geist. Doch sie veredeln das Handwerk, in den Bau kommt Erfreuliches. Unterhaltungsliteratur als Bedürfnis wegleugnen zu wollen, ist Sache des weltfremden Dichters oder der Snobin. Hier wird er auf eine Höhe kultiviert, die ihn den Schleimstreichern, der Courths-Mahler und dem Rudolf Herzog abnimmt, deren unverhüllte Roheit der Krebsschaden ist. So etwas kommt sonst nur noch mit dänischem Einschlag oder aus den Ostprovinzen, wo Fundamente da sind. Statt als armselige Dichterepigonen geranienblasse Gefühle das dritte Mal zu pervertieren, tun diese begabten Talente den Schritt ins Handwerkliche, ohne Ambition der Herzenskonflikte. Herr von Flesch Bruningen [sic] schreibt famos phantastische Bücher, die die Deutschen nicht haben, Herr Soyka geht zu Knipslaterne und Revolver und Dietrich und stellt den einzigen deutschen Kriminalromancier hin. Andere Völker, zumal die Skandinaven, haben das dutzendfach.«

In einer der *Aktion* gewidmeten Gedenksendung des Westdeutschen Rundfunks Köln, im Februar 1961 (zusammengestellt von Roland H. Wiegenstein), kam auch Hans von Flesch-Brunningen zu Wort. Paul Raabe (*Expressionismus*, Aufzeichnungen, S. 136) zitierte daraus Fleschs Erinnerungen an seine *Aktion*-Sondernummer; der Schlußabsatz lautet: »Und die ganze Nummer war ICH. Man bedenke. Das war damals eine große Zeit der Manifeste und Aufrufe zu Kampf, Krieg, Leben, Revolution. Mein Beitrag hieß ›An den Tod‹ (Ein Flugblatt für die Weltstadt). Ich begann mit der schlicht-frivolen Feststellung: ›Wir sind zu viele auf dieser Erde, das steht fest.‹ Und ich schloß mit der makaber paranoiden Drohung: ›Es kommt die Generation über den Berg der Kindheit herauf, die meinen Namen auf den Fahnen trägt.‹ Wie man sich irren kann! Aber wir haben es geglaubt. Wir haben geglaubt? An uns, unsere eigene Macht und Herrlichkeit. Ein durchaus heidnisches Geschlecht. Wir haben dafür ja dann auch bezahlen müssen. Vergessen wir aber nie, wer uns den Steigbügel hielt – mochte der Ritt noch so sehr in unbekannte Wüsteneien gehen. Ohne die *Aktion*, ohne Franz Pfemfert wäre ich nicht das, was ich jetzt bin. Das ist kein Werturteil. Kein Bedauern. Kein Jubel und keine Klage. Eine Feststellung.«

IWAN GOLL

Dithyramben

Iwan Goll (später Yvan Goll; Pseudonyme: Iwan Lassang, Tristan Torsi, Tristan Thor), deutsch-französischer Lyriker, Dramatiker, Erzähler, Essayist, Herausgeber, Librettist. Geboren am 29. März 1891 in St. Dié (Lothringen), gestorben am 27. Februar 1950 in Paris. »Vater Elsässer, Mutter Lothringerin. Nach dem Tod des Vaters, 1898, siedelt die Mutter nach Metz über. Goll besucht dort das deutsche Gymnasium. Studiert später in Straßburg und macht 1912 seinen Dr. phil. Befindet sich 1914, bei Kriegsausbruch, in Zürich. Lebt im Kreise von Stefan Zweig, Ludwig Rubiner, Hans Arp etc. Befreundet sich dort mit James Joyce und veranlaßt später die Veröffentlichung von dessen *Ulysses* in deutscher Sprache. Verlobt sich 1916 mit Claire Studer, die er in Genf besucht hat. Lebt mit ihr 1917 in Lausanne und 1918 in Ascona. Debattiert dort mit Viking Eggeling über die Grundlagen des ersten abstrakten Films: *Symphonie Diagonale*. Betätigt sich auch in der Eranos-Gruppe daselbst. 1919 siedeln Claire und Iwan Goll dauernd nach Paris über. 1920 fordert Iwan Goll als erster in Europa – in seinem Vorwort zu seinen *Überdramen: Die Unsterblichen* – den Überrealismus. 1924 lanciert er in seiner Zeitschrift *Surréalisme* diese Bewegung in Frankreich. 1939 emigrieren die Golls nach New York. 1944 erste Symptome seiner tödlichen Krankheit: Leukämie. 1947 Rückkehr nach Paris. Am 27. Februar 1950 stirbt Goll in Paris. 1955 Beisetzung auf dem Friedhof Père Lachaise, Paris, gegenüber von Chopins Grab.« (Diese konzise Biographie stammt von Claire Goll; zitiert nach der Neuausgabe der *Menschheitsdämmerung*, 1955, S. 340 f.) Die »Biographie« aus Iwan Golls Feder, 1919 in der Erstausgabe der *Menschheitsdämmerung*, lautet: »Iwan Goll hat keine Heimat: durch Schicksal Jude, durch Zufall in Frankreich geboren, durch ein Stempelpapier als Deutscher bezeichnet. Iwan Goll hat kein Alter: seine Kindheit wurde von entbluteten Greisen aufgesogen. Den Jüngling meuchelte der Kriegsgott. Aber um ein Mensch zu werden, wie vieler Leben bedarf es. Einsam und gut nach der Weise der schweigenden Bäume und des stummen Gesteins: da wäre er dem Irdischen am fernsten und der Kunst am nächsten.«
Während der dreißiger Jahre verband Iwan Goll eine enge Freundschaft mit der Dichterin Paula Ludwig, eine Freundschaft, die von Einfluß auf ihrer beider Werk war. In Iwan Golls letzten Lebens-

jahren kamen junge Autoren mehrerer Nationen, darunter Paul Celan, dem Kranken Blut zu spenden (vgl. Hans Benders Nachwort zu *Abendgesang*, 1954). Iwan Goll ist in zahlreichen deutschen und ausländischen Zeitschriften und Anthologien vertreten. Er selbst gab internationale Anthologien und Zeitschriften heraus. Er schrieb in deutscher und französischer, auch in englischer Sprache. Er übersetzte aus dem Französischen ins Deutsche, aus dem Deutschen ins Französische. Einen Teil seiner Werke verfaßte er zusammen mit Claire Goll. Bedeutende Musiker haben Texte von ihm vertont: Kurt Weill, Marcel Mihalovici. Hervorragende Maler und Graphiker der Epoche trugen zu seinen Werken bei (in chronologischer Folge): Léger, George Grosz, Foujita, Hans Arp, Jakob Steinhardt, Chagall, Galanis, Eugene Berman, Tanguy, Picasso, Victor Brauner, Baumeister, Matisse, Delaunay, Dali, Mirò, Buffet.

WERKE: *Lothringische Volkslieder*, 1912; *Films* (Gedichte), 1913; *Elégies Internationales*. Pamphlets contre la guerre, 1915; *Requiem für die Gefallenen von Europa*, 1917; *Der Torso*. Stanzen und Dithyramben, 1918; *Die Unterwelt* (Gedichte), 1919; *Die drei guten Geister Frankreichs* (Essays), 1919; *Die Chapliniade*. Eine Kinodichtung, 1920; *Lassalles Tod* (Drama), 1921; *Methusalem*. Satirisches Drama, 1922; *Der Eiffelturm*. Gesammelte Dichtungen, 1924. – *Dichtungen, Lyrik, Prosa, Drama*. Herausgegeben von Claire Goll, 1960.

Goll, der Hymniker, Orphiker, hat die deutsche Lyrik um Farben bereichert, die auch im französischen Surrealismus nicht ohne Wirkung blieben; ebenso haben umgekehrt Dichter wie Apollinaire stark auf Goll eingewirkt. Er war, wie sein Freund Delaunay, Gebender und Nehmender zugleich, stets voller Neugier, Begeisterung, gutem Willen; ein Paradiesvogel, der sich im Glanz seines Gefieders spreitet. Das Herz des Dichters trug er allemal auf der Zunge – falls er es nicht in den Händen Claire Studers ließ, die ihn am Ende ganz beherrschte und sich schon bei Lebzeiten, nach der berühmten Chagall-Zeichnung, vereint mit ihm auf das Grab im Père Lachaise meißeln ließ. Lyriker auch in seiner Prosa, auch in seinem Drama, hat er dem Theater einen Weg ins Poetisch-Absurde gewiesen, allerdings kaum bemerkt von den Zeitgenossen, etwa Ionesco, die diesen Weg selber fanden und ohne seine Mithilfe gingen.

In *Die literarische Gesellschaft* (5, 1919, S. 234 f.) findet sich von W. [Walter?] Heinrich eine Besprechung über die beiden Goll-

Bücher: *Dithyramben* im *Jüngsten Tag* und *Der neue Orpheus. Eine Dithyrambe* im Verlag *Die Aktion*: »Wir kennen diese heißen Gesänge fast alle schon aus der *Aktion*: Klirrender Schrei, der über Asphalt fegt, in Bars spritzt, durch Boulevards jagt, an Warenhäusern emporrankt, allen Kutschern auf den Bock springt, allen Mädchen in die kleine Hand. Die brüderlichen Gesten auf allen Plätzen und Straßen! Die Reden und Manifeste von Tribünen, Denkmälern, Balkons, Dächern. Goll wirft das Lied des Lachens über die schmutzige Stadt: ›Freue dich!‹ Er küßt das Kassenfräulein im Zoo, durch alle Särge, die sich heute füllen, schluchzt sein Gebet, mit allen Kindern geht er spazieren. Kaschemmen, Kinos, Cafés, Straßen, Bordells, frei Feld bewandert die Prozession seiner Liebe. Er trägt die wächserne Mutter Gottes und bläst die Harmonika den kleinen Ladenmädels. Er füttert die Gäule des Karussells und tropft Mondbalsam auf die runden Backen der Kellnerin. Im Park findet er Sterne auf den Wiesen und sammelt sie in seinen Hut. Er ist bei den kleinsten Tieren und ärmsten Häusern und tröstet.
Vor dem Ungeheuerlichen des Hasses bricht er zusammen und schreit sein Herz in die Pest der Millionen Gräber: ›Ich bin ein schlechter Mensch! Ich bin schuldig! Lieben, lieben will ich wieder lernen!‹
Und brausend stürzt er wieder in die keuchenden Straßen, die eiternden Spelunken, die faulenden Bureaus und Fabriken, in die blutigen Schollen der sterbenden Urwälder, der stürzenden Hügel: Millionen Herzen schlagen in seiner Hand. Er küßt und tröstet jede Blume, jeden Stein.
Er ist Orpheus. ›Orpheus war der ewige Dichter der Welt. In seinem Geist lag die Landschaft Doris. Olivenwälder rauschten im Wind seiner Liebe. Um seine Leier kamen die gelben Tiger geschritten. Adlernester wohnten in seinem Haar ... Er war der Dichter der Ewigkeit. Ein Bruder der Wolken, der Hügel, der Wiesen, der Vögel. Die Tiere wurden gut und schluchzten. Die Sterne schmolzen und bluteten. Aber die Menschen hatte er vergessen.‹ Leid war auf der Menschen Erde. Tränen salzten alle Speise. Blut war bittersüßer Trank. Da machte sich Orpheus auf zu den Menschen.
›Er sang seinen alten Gesang von der Güte. Von der einfachen lächelnden Güte der Welt.‹ Und sie hörten ihn nicht. Den alten Leiermann in den Hinterhöfen, die giftigen Straßen entlang. Nur einige Kinder liefen ihm nach. Aus Schenken warfen sie ihn hinaus, wo Pianolas mörderisch lachten. Dirnen bespuckten ihn. Keiner erkannte ihn als Clown, Orgeldreher, Varietéattraktion, Klavierlehrer, Organist. Er sang im Grammophon, der Harmonika, in dem

Weltschlager, im Walzer aus der zweiten Geige im Kino. Er trat im Café auf. Brennendes Wort wurde sein Lied:
›Menschen, ihr könnt ja nicht knien. Brüder, ihr wißt ja nicht zu schluchzen. Ich werde euch niemals befreien. Ich werde euch nicht befreien. Solange eure Schuld in der Welt besteht. Solange noch Schuld in eurem Herzen brennt. Solange einer noch unter euch die Schuld trägt.‹ Da erstarrten sie alle in Scham und Schuld. Jeder erschrak. Jeder war schuld. Aber Orpheus war entflohen. Zurück in seine Wildnis. Zu seinen Tieren und Blumen. Die Menschen schrien weiter in Schuld und Not. Sie waren verlassen. Ihr Weinen fiel auf des Sängers Herz. Qual flog um seine Stirn.
›Er hatte der Menschen Leid nicht verstanden. Er hatte sich zu sehr nach ihrer Liebe umgeblickt. Er hatte ihr schwarzes Antlitz geseh'n und nicht ihr rotes Herz. Er hatte nicht verziehen ... Sein war die Schuld. Sein?‹ Und er kehrte wieder zu den Menschen. ›Sie hatten beten gelernt ... Alle, alle folgten seinem Gesang ... Orpheus der Befreier sang. Er führte die Menschheit hinaus zur Absolution.‹
Das ist Goll. Das ist Iwan Goll.
Keiner hat vielleicht Orpheus tiefer in sich erstanden gefühlt als dieser junge Dichter. Der alte Mythus bricht den innersten Kern von unsern Mund, der ihn berühren *muß* mit den Lippen, ob er will oder nicht, ihn küssen und streicheln. Dieses Herz ...«

MARTIN GUMPERT

Verkettung

Martin Gumpert, Lyriker, Erzähler, Biograph, Medizinhistoriker, Übersetzer (aus dem Französischen), Arzt. Geboren am 13. November 1897 in Berlin, gestorben am 18. April 1955 in New York. Arztsohn. 1914 als Sanitätssoldat in den ersten Weltkrieg. Nach Kriegsende Medizinstudium in Heidelberg und Berlin. Dr. med. Dermatologe in Paris. 1927 bis 1933 Direktor der Städtischen Klinik für Haut- und Geschlechtskrankheiten in Berlin-Wedding. Mitarbeit an der *Aktion, den Weißen Blättern* und anderen expressionistischen Zeitschriften, Jahrbüchern und Anthologien, auch an der

Neuen Rundschau. Gehörte (mit Kasack, Loerke) zum Kreis um Wolf Przygodes »Dichtung«. 1933 seiner jüdischen Abstammung wegen Berufsverbot; seine Biographie *Hahnemann* kurz nach Erscheinen verboten. 1936 Emigration in die USA. Arzt und Schriftsteller (teils in englischer Sprache) in New York. Befreundet mit der Familie Thomas Mann. 1947 für seine *Berichte aus der Fremde* Lyrikpreis der Zeitschrift *Die Erzählung* des Südverlags in Konstanz.

WERKE: *Heimkehr des Herzens* (Gedichte), 1921; *Hahnemann. Die abenteuerlichen Schicksale eines ärztlichen Rebellen und seiner Lehre, der Homöopathie,* 1934 und 1949; *Das Leben für die Idee. Neun Forscherschicksale,* 1935; *Berichte aus der Fremde,* 1937 und 1948; *Henri Dunant,* 1938; *Hölle im Paradies. Selbstdarstellung eines Arztes,* 1939; *Heil Hunger! Health under Hitler,* 1940; *First Papers,* 1941; *You are younger than you think,* 1944; *Der Geburtstag* (Roman), 1948. – Daneben rund siebzig fachwissenschaftliche Publikationen, eine *Geschichte der Medizin,* eine Studie *Soziale Medizin.*

Verkettung entstand unterm Druck der Kriegsgeschehnisse aus sozialem Mitgefühl und reiner Menschlichkeit, macht aber kaum einen eigenen Ton hörbar. Es bietet eine Anthologie von Möglichkeiten, wie die expressionistische Lyrik jener Tage sie anbot: falls Gumperts 1914 bis 1916 entstandene Verse nicht überhaupt noch dem singenden Tonfall herkömmlicher Romantik verhaftet sind, merkt man bereits, wie Rhythmen, Vokabeln, Verknappungen des Expressionismus lyrisches Allgemeingut werden. Was nicht gegen expressionistische Lyrik spricht und nicht gegen junge Autoren, die auf dem Weg zu einem (ihrem?) Stil sind. Hier sind noch mehrere Stile zu finden: Hasenclever, Heym, Werfel und andere. Was schon Loerke bald nach Erscheinen der *Verkettung* empfand, als er 1918 im Anschluß an eine Besprechung von Bruno Franks *Die Schatten der Dinge* und *Requiem* (*Literarische Aufsätze.* S. 374) schrieb: »Leichter hat es eine neuere Konvention des lyrischen Gebildes, uns zu gewinnen, wie etwa der kleine Band *Verkettung* [...] beweist, dessen Verfasser noch kein eigenes Gesicht zeigt, der sich aber durch einige schöne Stücke verpflichtet.«

Klaus Mann gab in seinem *Wendepunkt* (Ein Lebensbericht. S. Fischer Verlag, Frankfurt am Main 1952. S. 403 f.) die warmherzige Charakteristik: »Unser Freund Martin Gumpert, Arzt,

Dichter, Biograph, Erzähler; ein sehr ruhiger Mann mit runder Buddha-Miene, kleinem Mund und dunklen, starken Augen. Im Blick verrät sich eine Leidenschaft, von der die stoische Fassade sonst nichts merken ließe. Eben deshalb wirkt die Ruhe so suggestiv: sie ist beherrschtes Temperament, diszipliniertes Feuer, nicht Apathie oder Kälte. Die charakteristische Gelassenheit des Dichter-Arztes, der nicht erschrecken kann, soll demnächst episch verewigt werden, nicht von Gumpert selbst, sondern vom Autor der ›Joseph‹-Tetralogie, in deren letztem Band eine würdig-wohlwollende Figur namens Mai-Sachme unverkennbar die Züge unseres guten Freundes trägt. Was dessen eigene Produktion betrifft, so mag auch hier das Element wohlwollend-würdiger Vernunft und humaner Mäßigung dominierend erscheinen. Indessen gibt es in diesem Oeuvre Augenblicke des stolzen Fluges, Momente von echter Inspiration und heftiger Bewegtheit. Die versteckte Glut des gar zu ruhigen Mannes darf manchmal Flamme werden, sprachlich gebändigt, künstlerisch gereinigt. In einigen Gedichten und, eindrucksvoller noch, im ersten Roman des Fünfzigjährigen, ›Der Geburtstag‹, ist ein Leuchten.«

FERDINAND HARDEKOPF

Der Abend
Privatgedichte

Ferdinand Hardekopf, Lyriker, Essayist, Übersetzer (aus dem Französischen). Geboren am 15. Dezember 1876 in Varel (Oldenburg), gestorben am 24. März 1954 in Zürich. Gymnasium in Oldenburg. Kaufmännische Ausbildung. Brotberuf als Reichtstagsstenograph in Berlin, wo er – nur kurz unterbrochen von einem Aufenthalt in München – bis 1916 blieb. Stammgast im Café des Westens. Im engsten *Aktions*-Kreis um Pfemfert, für den er 1916 (unter seinem gelegentlich benutzten Pseudonym Stefan Wronski) die »Erste Proklamation des Aeternismus« verfaßte (wiederabgedruckt im Marbacher *Expressionismus-Katalog*). Zu seinem engeren Freundeskreis gehörten Schickele, Rubiner, Kurt Hiller. Stanislaw Przybyszewski, der lange in Deutschland lebende polnische Dichter, wurde für ihn wichtig. 1916 ging Hardekopf als Kriegsgegner in die Schweiz. Lebte in Bern, Zürich und im Thurgau. Befreundet mit den Dadaisten im Café Voltaire: Hugo Ball, Emmy Hennings, Tristan Tzara, Hans Richter. Auch mit Hermann Hesse, Ludwig Finckh, Emanuel von Bodman, Wilhelm Hausenstein, dem Psychiater Ludwig Binswanger, dem elsässischen Politiker Salomon Grumbach, dem späteren republikanischen spanischen Außenminister Del Vayo kam er im Schweizer Exil zusammen. Nach dem Kriege, 1921, gründete er mit Rosa Valetti in Berlin das Kabarett Größenwahn. Seit 1922, zusammen mit seiner Lebensgefährtin, der ehemaligen Reinhardt-Schauspielerin Sita Staub, meist in Frankreich. Befreundet mit André Gide, Schlumberger, Malraux. Durch die Machtübernahme der Nationalsozialisten staatenlos. Schrieb für Emigrantenzeitungen, geriet während der deutschen Besetzung in französische Konzentrationslager. »Bei der Verhaftung und Verschickung ins KZ sind die Koffer mit Hardekopfs sämtlichen Manuskripten und Vorarbeiten, seiner ganzen Lebensarbeit für das Werk ›Die Dekadenz der deutschen Sprache‹, verloren gegangen oder vernichtet worden« (Emmy Moor-Wittenbach in ihrer Ausgabe von Hardekopfs Gesammelten Dichtungen). Seine französischen Schriftstellerfreunde ermöglichten es, daß er nach Ende des zweiten Weltkriegs in die Schweiz zurückkehren konnte. Dort Intensivierung seines großen Übersetzerwerkes, das Balzac, Maupassant, Zola ebenso umfaßt wie Gide, Giono, Cocteau, Ramuz, Charles-Louis Philippe, Colette, Malraux. In seinen jungen Jahren war Hardekopf, trotz des geringen Umfangs seiner eigenen poetischen und kritischen Produktion, von großem Einfluß auf die Literatur des Frühexpressionismus. Er ist eine ihrer Schlüsselfiguren.

WERKE: *Lesestücke* (Aktions-Bücher der Aeternisten), 1916. – *Gesammelte Dichtungen*. Herausgegeben von Emmy Moor-Wittenbach. Verlag Die Arche, Zürich 1963.

Mit der Überschrift *Privatgedichte* sind Hardekopfs Verse sehr genau bezeichnet. Mythenfeindlich, gehen sie nicht von einem All, immer von einem Speziellen, Gelegentlichen, gelegentlich Geschauten, gelegentlich Gedachten (wenngleich jeweils vor einem entschiedenen Bewußtseinshintergrund) aus. Insofern sind es auch Gelegenheitsgedichte, nur nicht »Auf den Geburtstag von Tante Lottchen«, sondern auf sich selber, auf eigene Erfahrungen oder die im Privatesten mit ihm verbundne Geliebte bezogen. Die Gelegenheit zu diesen Gelegenheitsgedichten liefert die zivilisatorische Gegenwart, der Asphalt der Großstädte: »Café-Sonett«; und wo Natur ins Spiel kommt, erblickt man sie, metaphorisch gesteigert, wie durch ein Apéritif-Glas. Von genauester Beobachtung ausgehend, dem sprühenden Detail, verwandelt er dieses mittels intellektueller Wendigkeit am liebsten in ein Abstraktum, erst dann hat er's ganz. Und: wo er aus einer größeren, fremden Seele dichten, also »übersetzen« kann, fühlt er sich am tiefsten, ist er am reinsten und überzeugend da. Beispiel: Baudelaires Gedicht »Besessenheit« in der Übersetzung von Hardekopf. Er war einer der größten Übersetzer der deutschen Literatur, ein Anverwandler, Einverwandler, der die feinsten wie herbsten Köstlichkeiten dem fremden Idiom abschmeckte und die deutsche Sprache um Nuancen, präzis, bereicherte.

Peter Panter alias Kurt Tucholsky bekundete 1922 in der *Weltbühne* (18, II, S. 151 f.) sein ganz privates Vergnügen an den *Privatgedichten* und warf nebenbei ein Streiflicht auf Hardekopfs (und so vieler andrer) »Vater«, Franz Blei: »Unter dieser merkwürdigen, pleonastischen Bezeichnung hat Ferdinand Hardekopf eine kleine Zahl seiner Verse (bei Kurt Wolff in München) erscheinen lassen.
Vor einer langen Reihe von Jahren, als ich noch klein war, Panter noch mit th schrieb und von meinem Klassenlehrer Professor Schneider in etwas unterrichtet wurde, was er Deutsch nannte und wir mit Recht als die Restbrocken eines trüben Philologenwissens empfanden – damals hat Ferdinand Hardekopf regelmäßig an der *Schaubühne* mitgearbeitet. Sie verdankt ihm einige ihrer entzükkendsten Beiträge – mit welcher Leichtigkeit, welcher Anmut, welch fächelnder Ironie waren Literatur, Berlin, Menschen, Reisen und Kunst dargestellt, hingehaucht, zu Pastellen verzaubert! Wer Zeit hat, lese das nach.
Dies Buch beginnt mit den beiden schönsten Liebesgedichten, die mir seit Georg Heyms ›Deine Wimpern, die langen ...‹ zu Gesicht gekommen sind (das Zitat ist nur eine Zeitbezeichnung). ›Zweifel‹ heißt das erste: ›Wie fraglich, ob ich DICH gehalten‹ – nicht in Prosa zu übersetzen ist der Zweifel des Mannes, wen von den tausend Gestalten einer Frau er da geliebt hat. Nicht in Prosa übersetzt werden zu können: das ist das Kennzeichen eines guten Gedichts. Und auf diese Frage des Mannes, die – wenngleich nicht so formuliert, so überlegen, so leise gleitend, Andre wohl auch stellen könnten – folgt die ›Antwort‹, ein Wunder fraulichen Empfindens, ausgedrückt von einem Mann. (Zweifel und wenigstens frauliches Empfinden so.)

In allen meinen Scheingestalten
Bin ich nicht Schein: bin ich enthalten!
Ist starr, was strahlt und weht im Lichte?
Wahr ist nur Wandlung der Gesichte.

Es blieb mein Mund bei deinem Munde,
Zutiefst bewahr ich unsre Stunde,
Und bin geschmiegt in euer Tasten,
O schöne Hände, die mich faßten.

Und hier mag jeder an sein Erlebnis denken, an seinen Zweifel und an ihre Antwort ...
Es sind Übersetzungen in dem Büchlein: *Je suis la femme – on me connaît* von Laforgue und Baudelaires *Paris am Morgen*, dasselbe, das Stefan George übersetzt hat –

Die Frühwache tönt in den Höfen der Kasernen.

Die Morgenwinde blasen auf den Laternen.

und eine Übertragung aus dem Russischen, deren Autor nicht genannt ist:

S i g n a l e m e n t
Organismus: glaubt an Gott.
Schlüsselbein: will himmelwärts.
Um die Lippen: etwas Spott.
Und Revolte schlägt das Herz.

Ohne Heimat. Ohne Ziel.
Auch das Alter weiß man nicht.
Höchst verdächtiges Profil.
Geistig blinzelndes Gesicht.

Erstaunlich, was alles dieser tiefe Bewunderer Franz Bleis aus der deutschen Sprache herausgeholt hat, Elemente, die tief verborgen in ihr liegen, und die man ihr sonst nicht glaubt. (Den gehackten Expressionismus, das Schimpfwort sei hier am Platze, hat er wirklich nicht nötig.) Und weil wir grade von Franz Blei sprechen: dieser Schriftsteller, der sich in so vielen Fällen bescheiden pseudonym und anonym gibt, sollte viel mehr gelesen werden [...]
Der Exkurs vom Sohn zum Vater – so einfach ist die Genealogie in diesem Fall allerdings nicht – soll wieder zu Hardekopf zurückführen. Das Büchlein ist wert, daß man es in bestes Leder binden läßt. Du guter Kriegsgewinnler, es ist keine Brunnerei darin! Hardekopf wird lächeln, dünn und sehr superior. Denn so schließt das Buch:

Der Dinge Gutes: Verläßbarkeit.
Frei – das heißt doch wohl: befreit.«

Kurt Hiller in *Die Aktion* (Jahrgang 1912, Spalte 1484 f.) »Unerträglich wäre die Welt, wenn sie erträglich wäre. Nur ihre Besserungsbedürftigkeit ist es, die uns Müde aufrecht hält. [...] Revolution: das einzige Kriterium mithin, nach welchem Menschenwerk sich werten läßt. [...] Noch das gegenständlichste oder süßeste Gedicht, noch die bewerteste oder scharfsinnigste Erörterung bleibt fade, luftblasenhaft, taub –, sofern nicht, und sei es heimlich, ein Ethos zur Zukunft glühend darinnen wohnet. (Es darf ... zu einer imaginären Zukunft sein.)
Nie hat der deutsche (?) Literat Ferdinand Hardekopf einen Satz geschrieben ohne den Atem dieses Ethos. Ein Lyresker und Zerebraler (der sich mit Erotik und Dialektik hätte aufhalten können), hat er das Tempo der Empörung nie verlassen. Doch nie hat er, demagogal, seine Geistigkeit seinem Hasse geopfert. Unter allen Komplizierten ist er der Feurigste; unter den Kämpfern aber der Prinz. Freunde, *lernet* von F. Hardekopf. Niveau, Edelstruktur, Persönlichkeit vorausgesetzt, ist das *Erlebnis* es *nicht*, was den Künstler vom Dilettanten trennt. Das Erlebnis nicht, sondern die Fähigkeit, es adäquat zu.. (man verzeihe das Wort) zu *gestalten*. ›Technik‹ wird eine quatsche Bezeichnung für diese magische Facultas sein. [...]
Hardekopf schreibt mit Blut; lernet nun von ihm seine Kontrapunktik; wie er Akzente verteilt, wie er dynamische Beziehungen herstellt zwischen Satzteilen, zwischen Sätzen; wie, und wie taktvoll, er zusammendrängt; wie er, bis zur äußersten Eindeutigkeit der Nuance, Affekte mixt; wie er die Essenz eines hundertzelligen Gedankenkomplexes in den Napf eines Wortes zu stürzen, vaste Hintergründe mittelst einer Melodie aufleuchten zu lassen versteht. Lernet bei ihm ... la formule; die Verdichtung psychischer Nebelschwaden zu Kristallkörpern, Fassung des Verfließenden, Klärung des Dumpfen. Lernet bei ihm die Klarheit der Tiefe, die göttliche lucidité. Im Vergleich zu ihm stammt Ihr alle aus Wesselburen (oder Talmudien); er im Vergleich zu Euch.. sehr aus Paris.«
Merklich distanzierter, aus dem Abstand der Jahre und des Temperaments, äußert sich (*Links wo das Herz ist*. Nymphenburger Verlagshandlung, München 1952. Seite 80) Leonhard Frank: »Hardekopf und Höxter [John Höxter; gestorben 1938. Graphiker, Bohemien, Causeur. Erinnerungsband *So lebten wir. 25 Jahre Berliner Bohème*, 1929. – Vergleiche Raabes Kommentar im *Aktions*-Nachdruck Jahrgang 1911] waren, wie ihr Freund Hugo Lück, besessen von der Sehnsucht nach schöpferischer Leistung und hatten nicht die innere Kraft dazu. Sie produzierten wenig. Dennoch erfüllten

sie eine Mission, sie gehörten zu den in Europa verstreuten Wenigen, die mit unfehlbarer Sicherheit das Echte und Große in der modernen Weltliteratur erkannten, die das Werk einer phänomenalen Erscheinung wie Rimbaud durch ihre Begeisterung am Leben erhielten, bis es nach Jahrzehnten auch im Salon und in Amerika entdeckt wurde.«

Hans Richter zieht in seinen *Dada Profilen* (Verlag Die Arche, Zürich 1961, S. 47 f.) die Summe der Existenz Ferdinand Hardekopfs:

»Eine phänomenale Anziehung ging von ihm aus, eine Flut von Nachahmern, seiner Haltung, Sprechweise, seines nervösen Stirnrunzelns, seiner überaus gepflegten Hände. In seiner Persönlichkeit bestand sein uns alle berührender Einfluß, und nicht nur in seinen gefeilten Gedichten, scharfsinnigen Essays und dichterischen Visionen [...] Seine so sparsame Produktion als Poet erschien uns als eine Bestätigung seiner künstlerischen Gewissenhaftigkeit. Selbstdisziplin und noble Gesinnung sich selbst und andern gegenüber, ein Ideal, das er in Stendhals *Rouge et Noir* bei Julien fand, etablierte eine Art moralischer und ästhetischer Wertskala in dieser Bohème, in der ja sonst so ziemlich alles erlaubt schien.

Auch später, in jener streitsüchtigen Veränderungs- und antiromantischen Zeit des Dada blieb er der Romantiker, der mit seinen preziösen Gedichten Seite bei Seite neben den wildesten Herausforderungen Serners, Tzaras oder Bretons erschien. Er bejahte die Zerstörungslust Dadas, einer Zeit gegenüber, die wenig Nobles hervorbrachte, und einer Zukunft, die weniger versprach. Aber er mißtraute doch gleichzeitig dem tolstoianischen Weltverbesserungsglauben, Golls allumfassender Menschenliebe oder der Behauptung, daß der Mensch etwa gut sei. So persiflierte er Leonhard Franks These (und Buch) ›Der Mensch ist gut‹ mit einem beißenden Gedicht, das mit der Strophe endete:

›Und so bleibt im Erdental ...
Bestes business die Moral.‹

Er schüttelte den Kopf über Rubiners drohend vorgetragene Brüderlichkeit. Dabei war er in einem absoluten, nicht in einem sentimentalen Sinn für Frieden, Verständigung und Duldsamkeit. Aber wenn auch romantisch als Dichter, war er doch politisch realistischer als Frank, Rubiner und Goll, aus einem Herzen, das, obgleich verletzt, den Menschen als die schwache Canaille und den noch schwächeren Heiligen sah.

Cartesianisch gebildet, blendete er Voltaires Skeptizismus mit

Stendhals Glauben an das Noble im Menschen und haßte über alles die Vulgarität, der Gesinnung wie der Form.
Gegen jede Gewalt protestierte er bis zum Paradox. Als 1914 der Krieg gegen Frankreich erklärt wurde, jenes Land, mit dem er sich zutiefst verbunden fühlte (selbst noch als Flüchtling und durch Konzentrationslager geschleppt) lief er tief verbittert in Berlin herum: ›Wenn ich in Frankreich wäre, würde ich den Deutschen sagen, bitte ihr wollt uns einnehmen, nehmt uns ein. Wir verteidigen uns nicht, wir benutzen keine Waffen.‹ Er war echter Freundschaft fähig und stets bereit, für sie einzustehen; unwiderstehlich für Frauen: die Emmys, Ollys, Marys, Marie-Louises, Dauras! Mit unvergleichlichem Charme bot er seinen Kopf (und sein Herz) wie ein Jochanaan, selbst auf der Silberschale dar.«

WALTHER GEORG HARTMANN

Wir Menschen

Walther Georg Hartmann, Lyriker, Erzähler, Feuilletonist, Jugendschriftsteller. Geboren am 17. Juli 1892 in Strelitz (Mecklenburg). Arztsohn. In Dresden aufgewachsen. Studium der Philosophie und Germanistik in Freiburg, München und Leipzig. Nach dem ersten Weltkrieg zunächst Redakteur der Zeitschrift *Deutsche Jugend*. Vertreten in den Zeitschriften *Das Forum* (1918), *Neue Blätter für Kunst und Dichtung, Menschen, Rote Erde* (1919), *Horen* (1927), *Die schöne Literatur* (1929), *Europäische Revue* (1940). 1920 bis 1943 in Berlin. 1936 Erzählerpreis der »neuen linie«. Seit 1922 Tätigkeit beim Deutschen Roten Kreuz, zuletzt (1950 bis 1957) als dessen Generalsekretär. Nach dem zweiten Weltkrieg in Ettal, Stuttgart, Bonn. Lebt in Freiburg im Breisgau.

WERKE: *Der begeisterte Weg* (Erzählung), 1920; *Die Erde* (Gedichte), 1921; *Die Tiere der Insel* (Erzählung), 1923; *Schicksal, Andacht, Liebe* (Gedichte), 1924; *Wer ist Herr Philipps?* (Jugenderzählung), 1932; *Die Engelbotschaft* (Erzählung), 1935 und 1951; *Friedrich Brekow. Der Weg ins Wirkliche* (Roman), 1940; *Anderes*

Ich, anderes Du (Erzählungen), 1942; *Winterbuch* (Erzählung), 1948; *Der Bruder des verlorenen Sohnes* (Erzählung), 1949; *Die überschlagenen Seiten* (Erzählung), 1960.

Walther Georg Hartmann war so liebenswürdig, für die vorliegende Neuausgabe des *Jüngsten Tags* folgenden Beitrag zu verfassen:
»Der Anlaß nötigt den Blick zurück, über ein halbes Jahrhundert, auf ein sehr lange nicht mehr angerührtes Buch. Denn die Begegnung ist zugleich erschreckend und betörend. Nicht das Gedruckte betört; sondern – und dies fast zärtlich schwermütig – das Heranwehen gesprochenen Worts, der Erkenntnisse, Bekenntnisse eines jungen Menschen, den ich mit ›Ich‹ herausbenennen und herausheben soll aus jener nicht mehr bedrängenden Zeit des ›Wir‹.
Und erschreckend: Könnte nicht abermals, müßte nicht heute wiederum ein neues Gedichtbuch ›Wir Menschen‹ heißen? Mit Frage, Klage, Anklage, Verzweiflung, Forderung, – und der Anruf käme doch wohl mit einem Anschwung von Hoffnung? Nach 1945 eine gleiche, eine andere als nach 1918?
Die wenigen vor 1915 geschriebenen Gedichte stammen von Ende 1913 bis Juli 14, – einer Zeit aufblühender, hier nicht eigentlich typisch expressionistischer Lyrik, die ich mit einigen aus ihrer Phalanx, vor allem eng mit Werfel und Hasenclever, in Leipzig verbrachte.
1919 aber geht es nach den zerrüttenden und empörerischen Mordjahren und den zertrümmerten, den gegen Welt- und Menschenordnung ›meuternden‹ Menschen, der unrettbaren: ›Es gehen Engel in den Straßen um, / Vergebens.‹ ›Wir werden verzweifeln müssen.‹ Und dies ist die schreckendste Erkenntnis: ›Nicht Haß hat gesiegt, / Aber Verzweiflung.‹
Und doch steht in den letzten Zeilen der abschließenden Folge ›Geschlechter, ihr nach uns!‹ das Wort ›Zukunft‹.
Also ›verlorene Generation‹? Hoffnung bleibt einzig für die – vielmehr durch die nächste Generation?
Nein. Das *Wir Menschen* unterschied sich von der Anrede an das Du, von der ›Oh Mensch!‹-Haltung, mit ihrem (heute fast nur noch bewundernd anzustaunenden) begeisterten Glauben, der hymnischen Zuversicht. Das Wir stand für die Gemeinschaft im Mensch-Sein. Der Ansprechende war einbezogen, auch in Vorwurf und Schicksalsklage. Dem *Wir Menschen* folgte das Gedichtbuch, in dem die Kreatur sich ihrer Einbezogenheit, ihrer Wohnstatt besann: Der Erde. Und der allgegenwärtigen Ordnung. ›Erkenne dich eingefügt

dem leisen Weltgang, / Den stolzen Gesetzen ...‹, den harten auch und den Gnaden auch, dem Zauber der Vergänglichkeiten und der Dauer. (*Die Erde*, 1921, Ernst Rowohlt Verlag.)
Das dritte Gedichtbuch war das letzte. Vielleicht gibt schon sein Titel, der von Anerkennen, Fordern und Hoffen spricht, in dieser Dreiheit ein Zeichen für den Schlüssel zur der Tür ins Leben: *Schicksal, Andacht, Liebe* (1924, Pontos-Verlag, Freiburg). Die 7 Sonette ›Der Dreißigjährige‹ standen am Ende.
Alsdann der Weg in die Prosa. *Der Weg in die Wirklichkeit* als Untertitel zu dem Roman ›Friedrich Brekow‹, aus 10 Jahren schrittweis gewachsen, 1940 erschienen (Carl Schünemann Verlag). Danach mehrere Prosa-Bücher, zuletzt eine kleine Erzählung (1960). Danach: wohlbedachtes Schweigen.
Warum?
Zurück hier zur Lyrik im *Jüngsten Tag*. Ich gehöre zu denen, die die Behauptung, die Lyrik ist tot, für sinnlos halten. (Die Bergsteiger sind tot, weil es Schwebebahnen zu den Gipfeln gibt.) Nicht jedes (auch herrliche) Gedicht ist Lyrik. Ich habe lyrische Gedichte in Niederschrift bewahrt. Nicht Lyrik ist tot; sondern die ihr zugänglichen Verleger, gar Lektoren – sagen wir: leben zur Zeit nicht.
Zudem wehre ich mich entschlossen gegen die Einseitigkeit, im In-uns und Um-uns nur Schwärze, Verderbnis und Schändliches wahrzunehmen. Die Fälschung quält mich. Sie bauen eine Stadt auf, doch nur aus Krankenhäusern, Irrenanstalten, Gefängnissen, Schafotten, Kerkern, Kammern voller böser Lust und Haß – und führen sie dann vor als die Stadt, als die Welt. Kennen sie sie nicht, – oh doch, sie wissen, sie selbst leben davon, daß es Blumen gibt und kühnes Wort und sublime Musik, erschütternde Seligkeiten und in den Kammern scheue Liebe, Flötenstimme und gewaltiger Chor der großen Städte, Zärtlichkeit im Dienst für den Leidenden, Anmut und Geduld, Geduld, die unentbehrliche Tugend des Menschen, um sein Leben zu leben.
Sie fälschen. Sie lügen, wenn sie der verderbten Zeit zu helfen meinen mit dem Auskreischen ihrer Krankheiten. (Kennen sie Trost, – eine Blume ans Bett des Todkranken?) Sie tragen unsere aufgehäufte Schuld nicht ab, die nie zurückzunehmende, mit Schaufeln von Unrat; und Hohn ist keine Buße.
Sie verleugnen das Beiderlei, die Fülle; sie unterschlagen das Dasein aus dem bewahrenden Widerspruch; die Helle neben der Schwärze; neben Verrat die Treue. Und neben den Menschenhaien auch Gütige

und Wahrhaftige; zu diesen gehören sie nicht. Ihr halbes Weltbild betrügt.

Das lyrische Gedicht ist vielleicht in sich selbst einer der vielerlei Ausgleiche, eine Stimme, die, ohne davon zu sprechen, am ewigen Gleichgewicht des Ja-und-Nein teilhat.

Wie damals wäre ›das Wort von der Erde zu sagen, / Von Maß und bewahrendem Ausgleich‹, – ein anderes heute. Den Mitmenschen zuliebe und der bedrängten Wahrheit wegen. In einem Gedicht von heute, – keinem lyrischen freilich – wird es eine ›Anrede an den Nachbarn‹:

> *Das Insgesamt*
> I.
> Verstumme doch nicht vor dem Lärm der Höhner,
> schweige doch nicht vor dem angemaßten Anspruch,
> die Trümmer des Lebens als Schöpfung zu deuten!
> Wehre dich, der du die Wunden heilen willst,
> wenn sie die Schuld, die unvergessene Schuld
> vermehren mit der Lüge, Sünde sei es,
> zu entzünden das Schöne in der verfinsterten Welt.
> Schweige nicht vor dem einäugigen Blick
> auf verderbte Gestalt,
> vor dem einohrigen Horchen
> auf ergrübelten Mißklang.
> Lehne dich auf gegen die fälschenden Hände,
> die den Harfen die summenden, singenden
> Saiten zerschneiden, um scharffingrig
> anzureißen nur die schrillen.
> Sprich wieder von der sammelnden Harmonie
> des Insgesamt.
>
> II.
>
> Sprich wieder von der sammelnden Harmonie
> des Insgesamt.
> Erinnere sie: Wer nicht auch der Schalmei lauscht,
> dem dringen Seufzer und Stöhnen
> nicht mehr ins Herz.
> Laß sie wiedererkennen wie des liebenden
> so des klagenden Orpheus Stimme.
> Wer leugnet vor dir, Lebensgeschwister,
> die Dornenwege?

Scheue dich nicht und schone die blutende Hand nicht,
die die scharfen Ranken zerteilt.
Aber leugne du die blühende Rose nicht,
laß dich entzücken.
Wenn du sie liebst ist sie dein.

Du kannst sie verschenken.

WALTER HASENCLEVER

Das unendliche Gespräch

Walter Hasenclever, Dramatiker, Lyriker, Erzähler, Feuilletonist, Filmautor. Geboren am 8. Juli 1890 in Aachen, gestorben am 21. Juni 1940 im Lager Les Milles, Südfrankreich (durch eigene Hand). Arztsohn; »frühzeitiger Konflikt mit überstrengem, ultrakonservativem Vater« (Pinthus). Gymnasium Aachen. 1908 bis 1909 Jurastudium in Oxford und Lausanne, jedoch Beschäftigung mit Literatur, Philosophie und Geschichte. 1909 bis 1914 in Leipzig. Freundschaft mit Pinthus, Rowohlt, Kurt Wolff, Werfel. 1914 bis 1915 immatrikuliert für Wintersemester in Bonn. 1915 Dolmetscher bei der Postzensur in Gent; Ordonnanz beim Stab der Heeresgruppe Mackensen an der Ostfront, Galizien, Makedonien. 1916 Uraufführung *Der Sohn* in Prag; acht Tage später, am 8. Oktober, geschlossene deutsche Erstaufführung vor geladenen Gästen im Albert-Theater Dresden mit Ernst Deutsch in der Hauptrolle (Hasenclever hatte aus dem 1914 erschienen Stück, einem der folgenreichsten des Expressionismus, bereits 1914 in Kurt Hillers *Gnu* in Berlin vorgelesen). 1916 bis 1917 im Lazarett-Sanatorium des Dr. Teuscher in Dresden-Loschwitz. Verbrachte die folgenden Jahre, bis 1924, meist in Dresden; Freundschaft mit Oskar Kokoschka und Paul Wegener; häufig in Berlin und Oberbärenburg im Erzgebirge; Anfang 1924 Tournee mit Paul Wegener durch Holland als Schauspieler. 1924 bis 1928 meist in Paris als Korrespondent des Berliner *8-Uhr-Abendblatts*; Freundschaft mit Tucholsky, Giraudoux und dem Maler Jean Lurçat. 1928 Komödie *Ehen werden im Himmel geschlossen*, Prozeß wegen Gotteslästerung. 1929 bis 1932 in Berlin; viele Reisen in Europa und nach Marokko; Sommer 1930 in Hollywood. 1933 bis 1940 im Exil; zunächst an der französischen Riviera, dann bei Florenz. April 1938 Verhaftung, Einkerkerung, Flucht aus Italien nach London. 1939 bis 1940 in Cagnes-sur-Mer; mehrmals Lager-Inhaftierung. Nimmt bei Annäherung der deutschen Truppen Veronal. Grab auf dem Friedhof Aix-en-Provence. Hasenclever – von Pfemfert, mit dem es bald zum Bruch kam, als »Schiller-Hasenclever« persifliert – war als einer der erfolgreichsten expressionistischen Dramatiker und Lyriker in zahlreichen Zeitschriften und Anthologien der Epoche vertreten.

WERKE: *Nirwana*. Eine Kritik des Lebens in Dramaform, 1909; *Städte, Nächte, Menschen* (Gedichte), 1910; *Der Jüngling* (Gedichte), 1913; *Der Retter*. Dramatische Dichtung, o. J. [1916]; *Tod und Auferstehung*. Neue Gedichte, 1917; *Antigone* (Tragödie), 1917; *Die Menschen* (Schauspiel), 1918; *Die Entscheidung* (Komödie), 1919; *Der politische Dichter* (Gedichte und Prosa), 1919; *Die Pest*. Ein Film, 1920 [mit dem Schlußvermerk: »Die Pest ist der erste Filmtext, der in Buchform gedruckt wurde.«]; *Jenseits* (Drama), 1920; *Gedichte an Frauen*, 1922; *Gobseck* (Drama), 1922; *Mord* (Drama), 1926; *Ein besserer Herr* (Lustspiel), 1926. – *Gedichte, Dramen, Prosa*. Unter Benutzung des Nachlasses herausgegeben und eingeleitet von Kurt Pinthus. Rowohlt Verlag, Reinbek bei Hamburg 1963; *Irrtum und Leidenschaft*. Mit einem Nachwort von Kurt Pinthus (Roman, aus dem Nachlaß), Berlin 1969.

Das unendliche Gespräch ist ein narzistisch-liebenswürdiges Jugendprodukt; Werfel tritt auf und Hasenclever selbst; naiv-mondäner Ton, der sich an schönen poetischen Vokabeln und der Vorstellung von Abenteuern in einer verklärt-verruchten Freudenhaus-Atmosphäre berauscht.
In der »intimen Bar«, einem beliebten Treffpunkt der Kurt Wolff-Autoren in Leipzig, wurde im Frühjahr 1913 (siehe Seite 5 im ersten Band der vorliegenden Ausgabe!) der Name *Der Jüngste Tag* für die geplante Buchreihe beschlossen. Auf diesen Zusammenhang beziehen sich die im folgenden zitierten Sätze des Briefes von Hasenclever an Kurt Wolff (23. April 1913, *Briefwechsel*, S. 4 f.), den er mit »Lieber ›König‹« anredet: »Daß das Unendliche Gespräch Ihnen gefallen hat, ist wirklich sehr schön. Ich hänge an dieser Szene und glaube, daß sie durch die Stärke des Gefühls und der (so merkwürdig) erlebten Krankheit etwas Einmaliges ist, das ich in

dem Maße nicht wieder schreiben werde. [...] Übrigens bin ich noch immer stark bewegt vom *jüngsten Tag* und halte den Anfang für *etwas außerordentlich Gutes*! Die kleine Bitte hätte ich (weil sie Werfel anregte): dürfte ich als *zweiter* hinter der Versuchung [von Werfel] kommen? Das wäre sehr schön, lieber Kurt Wolff, denn ich empfände damit eine kleine Tatsächlichkeit: Sie selber hatten meine Szene als zweites (nach der Versuchung) damals vorgeschlagen, und auch das Milieu wäre symbolisch da, wo wir gemeinsam Vieles fanden – die ›intime Bar‹!«

Kurt Pinthus schreibt in seiner Hasenclever-Ausgabe (S. 18 f.), der wir auch die biographischen Angaben verdanken, über das *Unendliche Gespräch*: »Etwa zu gleicher Zeit [wie das Gedichtbuch *Der Jüngling*, um 1912] schrieb Hasenclever ein Zwiegespräch ›Der Bankier und der Dichter‹, in dem der Poet von der neuen Dichtung sagt, daß ›die Gemeinsamkeit in ihr wiederkehren‹ werde; ›Diesem Pathos, verehrter Herr, werden Sie sich nicht verschließen.‹ Das weltumfassende Pathos, das Durchrasen der Erlebnisse und Erscheinungen, das Zusammenwerfen von überallher herangerissener Bilder, wie er es nennt, ›die Steigerung seiner selbst in der Welt‹ – all dies ertönt in noch wilderer Entfesselung, inhaltlich wie formal, in der kurzen oratorienartigen Dichtung *Das unendliche Gespräch* (1913), eine Art Fortsetzung des *Jünglings*, in der die Chöre der Kaufleute, der Damen, der Unsichtbaren erschallen und die Einzelgestalten: der Eintretende, Werfel, Hasenclever und Olly (›Du sechzehnjähriges Tanzgesicht vom Brühl‹) in einer Leipziger Bar erscheinen. Das Leitmotiv des *Jünglings*: ›Ihr lebt, um euer Herz zu überwinden, / Geschwister jedem Wesen auf der Welt‹ erklingt im Chor der Unsichtbaren, die in den Schlußzeilen die Existenz des Menschen rechtfertigen: ›Durch vieles Lieben und durch vieles Schmerzen / Habt ihr die Ewigkeit in uns vollbracht.‹

Die Phantastik und Symbolik der ineinanderschwebenden Bilder wurde von einem sonst poetischen Experimenten zugeneigten Kritiker als ›abstrakt unverständlicher Stil‹ bezeichnet und in Sigmund Freuds Zeitschrift *Imago* analysierte ein Psychiater Hasenclevers ›auf Verständnis des Lesers verzichtende‹ Dichtung als ähnlich ›der Ausdrucksweise des Paraphrenikers‹ (etwa: an Paranoia erkrankt). So neuartig wirkte damals auf Ältere, was bald als selbst-verständlich erachtet wurde, sich als lyrische Ausdrucksform einer ganzen Generation entwickelte, die später Expressionismus genannt und bald von mehr als tausend Autoren in etwa hundert neuen Zeitschriften angewandt wurde (Dr. Paul Raabe, Marbach, hat sie gewissenhaft gezählt [...]). Übrigens war Freud selbst später ein

Freund der Werke Hasenclevers, der im Herbst 1938 den schon Schwerkranken, beide im Londoner Exil, zu einer Aussprache besuchte. *Das unendliche Gespräch* hat den Untertitel ›Eine nächtliche Szene‹ und ist in szenischer Form geschrieben. Freilich ist die Szene keineswegs dramatisch, um so dramatischer aber ist Hasenclevers Drama *Der Sohn* (1914), das Themen der Gedichtbücher weiterführt mit dem Ausruf des jungen Helden: ›Man lebt ja nur in der Ekstase, die Wirklichkeit würde einen verlegen machen‹, oder: ›Erst wenn ich die Wirklichkeit ganz erschöpft habe, werden mir alle Wunder des Geistes begegnen.‹«

EMMY HENNINGS

Die letzte Freude

Emmy Hennings (später Emmy Ball-Hennings), Lyrikerin, Kabarettistin, Erzählerin. Geboren am 17. Januar 1885 in Flensburg, gestorben am 10. August 1948 in Sorengo-Lugano (Tessin). Tochter des Taklers Ernst Friedrich Matthias Cordsen. Heiratete siebzehnjährig den Schriftsetzer Hennings, der mit ihr zu einer Wanderbühne ging und sie bald verließ. Mit verschiedenen Theaterunternehmen und Varietés unterwegs (in Berlin, Kattowitz, Budapest), gelangte sie, mittlerweile als Vortragskünstlerin bekannt, ans Münchner Kabarett *Simplicissimus*. Lernte dort die moderne deutsche Literatur kennen. Freundschaft mit Robert Jentzsch, Jakob van Hoddis, Hardekopf (sie widmeten sich gegenseitig Gedichte), Franz Werfel; dieser brachte ihre Gedichte (die sie gern verschenkte) in den *Jüngsten Tag*. Ging mit ihrem Freund Hugo Ball, damals Dramaturg der Münchner Kammerspiele, aus pazifistischer Gesinnung nach Zürich, trat mit ihm im dadaistischen Cabaret »Voltaire« auf und heiratete ihn 1920. In den Jahren zwischen 1912 und 1920 Mitarbeit an den Zeitschriften *Die Aktion* (worin zwei Gedichte aus »Die letzte Freude« vorabgedruckt wurden), *Die neue Kunst, Die weißen Blätter, Revolution, Die schöne Rarität, Der Friede*, und an Alfred Richard Meyers Anthologie *Der Mistral* (1913). Seit

1920 Freundschaft mit Hesse und Max Picard. Lebte nach dem ersten Weltkrieg mit Hugo Ball im Tessin, teilte dessen Hinwendung zum Katholizismus und widmete sich nach dem Tod ihres Mannes (1927) in mehreren Büchern vorzugsweise dessen Andenken und ihren gemeinsamen Erinnerungen.

WERKE: *Gefängnis* (Roman), 1918; *Das Brandmal* (Roman), 1920; *Helle Nacht* (Gedichte), 1922; *Das ewige Lied.* Hymnische Prosa, 1923; *Hugo Balls Weg zu Gott*, 1931; *Der Kranz* (Gedichte), 1939; *Das flüchtige Spiel.* Wege und Umwege einer Frau, 1940. – *Briefe an Hermann Hesse.* Herausgegeben von Annemarie Schütt-Hennings, 1956.

»Es sind jetzt 10 Gedichte [im Band elf] von ihr da und sie hat keine weiteren, die sie für gut hält«, schrieb Kurt Wolff am 23. April 1913 (*Briefwechsel*, S. 102) an Werfel, dessen Vorschlag, das Bändchen durch »eine Selbstbiographie oder etwas derartiges« aufzufüllen, er jedoch mit guten Gründen nicht nachkam. – Die deutlichen Anlehnungen mancher Verse (etwa in dem Gedicht »An Fränzi«) sind in Wahrheit nicht epigonal, sondern gehören zum assoziativen Timbre des Couplets, ebenso wie die diskrete Pointe etwa im letzten Vers von »Ein Traum«. Die melancholischen Chansons d'amour zeigen – deutlich auch im anklingenden Dirnenmotiv, im Krankheitsmotiv – die Einfühlsamkeit einer zärtlich Mitempfindenden, hingebungsvoll Verlorenen. Trotz der ausgesprochenen Gefühlsbetonung ist nichts von deutscher Gefühlsschwere, Gefühlsdicke in diesen schwebenden Gebilden, denen die Druckerschwärze manchmal Schaden antut. Der légère volksliedhafte Tonfall einiger Gedichte erinnert an den frühen Hesse, an Klabund, auch an Jakob Haringer – mit dem Emmy Hennings überhaupt manche Wesenszüge teilt, ohne jedoch von ihm gelernt haben zu können, denn seine diesbezüglichen Gedichte liegen später. Anderes – »Bei mir zu Hause«, »Nach dem Kabarett« – kommt in seinem eher lapidaren Rhythmus dem Stil des Jakob van Hoddis nahe.
Eine Emmy Hennings-Impression gibt Hans Siemsen in seinem Buch *Wo hast du dich denn herumgetrieben?* (Kurt Wolff Verlag, München 1920, S. 82 f.): »Ich muß von Osnabrück nach Bremen fahren. [...] Ich habe niemanden, der mit mir fährt. [...] Aber ich habe doch eine Art von Begleitung, auf die ich mich freue, mit der auf der Fahrt allein zu sein ich mir wünsche. Es sind zwei Postkarten und ein Buch. [...] Das Buch ist von Emmy Hennings und heißt *Gefängnis*. Ich werde wohl gar nicht darin lesen. Ich habe gar nicht das

Bedürfnis, darin zu lesen. Ich will nur dasitzen und es in der Hand halten und mich an Emmy Hennings erinnern. Ich habe sie oft gesehen, in Kabaretts, auf der Straße, auf Bildern, ich weiß nicht wo. Ich habe sie vor allem in Paris gesehen. Das war ein Jahr oder zwei vor dem Kriege. Da kam sie zuweilen in unser Café und saß vor einem bunten Apéritif. Sie sah so jung aus. Wie ein kleines Mädchen, das seine Schultasche vergessen hat. Sie malte kleine Bildchen auf Papier, das so groß wie ein ganz kleiner Briefbogen war. Heiligenbilder waren es meistens. Zuweilen reichte sie mit ihrer Hand so ein Bild über den Tisch herüber: den heiligen Antonius oder den heiligen Johannes. ›Sieht er nicht aus wie ein süßer kleiner Strich-Junge?‹ Ja, er sah aus, wie ein süßer kleiner Strich-Junge. Und sie selber sah aus, wie ein süßes kleines Mädchen.
Ich habe nicht hundert Worte mit ihr gesprochen, habe sie immer nur so aus der Ferne – verehrt? Nein, ›verehrt‹ ist ein häßliches Wort. ›Lieb gehabt‹ würde das richtige sein. Jetzt sitze ich da mit ihrem Buche in der Hand, auf dem steht so traurig: *Gefängnis. Schwarz auf Weiß.*«
Hans Richter – Maler, Graphiker, Regisseur, Filmemacher, Schriftsteller – zeichnet in seinem Erinnerungsbuch *Dada Profile* (Verlag Die Arche, Zürich 1961, S. 21) auch ein Profil »Emmy Hennings-Ball«: »Emmy Hennings, die während ihrer Lebenszeit einige der besten deutschen Dichter getroffen und inspiriert hatte, die immer, solange ich mich erinnern kann (1912), unter Künstlern und Schriftstellern gelebt hatte, wurde schließlich selbst Schriftstellerin. Bücher über Hugo Ball, Kurzgeschichten und empfindsame, intelligente Gedichte erschienen in der *Neuen Zürcher Zeitung*, der Basler *Nationalzeitung* und in Zeitschriften. In ihrer zweiten Lebenshälfte, mit Ball, lebte sie nicht mehr als Mitglied der Bohème in Cafés oder Ateliers, sondern unter den Dorfbewohnern der kleinen, noch mittelalterlichen Tessiner Dörfer am Luganer-See. Stets ging sie mit dem verhüllten, leicht gen Himmel gerichteten Blick der Mystikerin herum.
Ich fühlte mich nie so recht zu Hause mit ihr, so wenig wie mit Ball, wenn auch aus anderen Gründen. Ich glaubte ihr ihre mystische Kindlichkeit so wenig wie Ball seine abbé-hafte Ernsthaftigkeit. Ihr kindliches Gehaben, ihre todernst vorgetragenen Unwahrscheinlichkeiten konnte ich nicht deuten; das machte sie mir fremd als Frau wie als Mensch. Nur Ball verstand in seiner liebevollen Menschlichkeit ihr Wesen durchaus. Und wenn er das Gehaben nicht übersah, so durchsah er es doch, und er fand in Emmy das Bild eines einfachen Mädchens, dessen oft mißbrauchte Zutraulichkeit seine

Männlichkeit ansprach, ohne daß er sie überbeanspruchte.
Ihr Leben bewies ihre Echtheit, ihre Gedichte beweisen ihre Begabung als Dichterin, die während des Tages in einer Fabrik arbeiten mußte, um nachts in einem einsamen Haus, nur von ihr und dem verstorbenen, ihr aber stets lebendig gegenwärtigen Ball bewohnt, zu schreiben. Seit dem Tode Balls 1927 bis zu ihrem Tode 1948 lebte sie wie eine Eremitin inmitten von Balls Hinterlassenschaft, seiner Kleider und Manuskripte und starb so arm, wie sie gelebt hatte.«

MAX HERRMANN

Empörung, Andacht, Ewigkeit

Max Herrmann (nannte sich später meist Max Herrmann-Neiße und ging mit diesem Namen in die Literaturgeschichte ein), Lyriker, Dramatiker, Erzähler, Essayist, Kritiker. Geboren am 23. Mai 1886 im schlesischen Neiße, gestorben am 8. April 1941 in London. »Nach neun Jahren Neißer Gymnasium studierte ich in München und Breslau [sieben Semester] Literatur- und Kunstgeschichte (nominell Germanistik). Von 1909 ab weilte ich in Neiße bei meinen Eltern, in freier Schriftstellertätigkeit [unter anderem als Theaterkritiker des *Neißer Tageblattes*]. Der Krieg bereitete mir die große Enttäuschung des Versagens von geistigen Vorbildern, an deren Unerschütterlichkeit ich inbrünstig geglaubt hatte. In der Folge vernichtete er die wirtschaftliche Existenz meiner Eltern. Meinem Vater [Gastwirt], dessen gütiger Menschlichkeit die Mordorgie stets unfaßbarer Fluch war, brach ein Schlaganfall um Weihnacht 1916 das wunde Herz, meine Mutter folgte ihm freiwillig. Seit 1917 lebe ich in Berlin, voll Sehnsucht nach verlorenen Paradiesen der Freiheit und des Schweifens durch heimatliche Weiten, einzig aufrecht erhalten in einer Welt von Widrigkeit durch das unverdiente Glück der Herzeinigkeit mit ›der Frau, der meine Nerven glauben‹. Meine Dichtungen bestreben sich, mein Dasein umzusetzen in jenes Erfüllt-Musikalische, Rhythmisch-Volle, was ich für das Ursprüngliche und Wesentliche des Lyrischen halte. Und nicht zuletzt soll mein Werk gehört werden als ein unverkennbares Bekenntnis zu einer in Blut und Hirn verankerten Weltanschauung, der aller Gewalt- und Machtkult als der ewige Widersacher gilt und die sich einsetzt für eine Erlösung alles Irdischen, vor welcher Herrschen und Beherrschtwerden zwei gleich verwerfliche Spiegelungen ein und desselben Bösen sind« (Max Herrmann in: *Die Lebenden*. Flugblätter. Blatt 1. Zweite, veränderte Ausgabe, 1923). Seit 1911 Mitarbeit an der *Aktion*, den *Weißen Blättern* sowie zahlreichen Zeitschriften, Anthologien und Sammelwerken der Epoche. Mit Pfemfert befreundet, dessen Ziele er, freilich weniger aggressiv, teilte. Zu seinen wichtigsten Förderern gehörten Carl Hauptmann, Loerke und Schickele. Mit seiner verwachsenen Erscheinung eine der bekanntesten Gestalten in Berliner Künstler- und Literatenkreisen der zwanziger Jahre. Er hatte bereits als Breslauer Student, 1905, ein Stück geschrieben, das 1919 etwas überarbeitet als Buch unter dem Titel *Joseph der Sieger* erschien und in der folgenden Wintersaison im Berliner Kleinen Schauspielhaus unter der Regie von Karl-Heinz Martin siebenunddreißigmal gegeben wurde. »Diesmal hieß das Stück (um zwei Titel-Rollen zu schaffen): *Albine und Aujust oder Freut Euch des Lebens*, daß ich selber in eigener Person und als vollwertige Dramenfigur Max Herrmann mitspielte, schuf eine Art Sensation, und auch der Sittlichkeitsrummel deutschnationaler Fexe (die übrigens diesmal ihre antisemitische Borniertheit an einem unzweifelhaften Arier ausließen) beehrte mich mit seiner Hetze. Schon 1905 in der ersten Fassung des Stücks hatte ich, ohne Wedekinds Dramen noch zu kennen, einen ihm verwandten Stil gewählt« (Max Herrmann 1921 in einem autobiographischen Lebenslauf; zitiert nach dem Marbacher *Expressionismus*-Katalog, Seite 214). Mehrere Preise: Eichendorff-Preis, Gerhart-Hauptmann-Preis. 1933 ging Herrmann-Neiße über Zürich, Paris und Amsterdam ins Exil nach London. Dort lebte er in großer Einsamkeit, mit Heimwehgefühlen und der Hoffnung im Herzen, daß sich alles zum Besseren wenden müsse.

WERKE: *Ein kleines Leben* (Gedichte und Skizzen), 1906; *Das Buch Franziskus* (Gedichte), 1911; *Porträte des Provinz-Theaters* (Sonette), 1913; *Sie und die Stadt* (Gedichte), 1914; *Verbannung* (Gedichte), 1919; *Die Preisgabe* (Gedichte), 1919; *Die Laube der Seligen* (Komödie), 1919; *Hilflose Augen* (Novellen), 1920; *Cajetan Schaltermann* (Roman), 1920; *Der Flüchtling* (Roman), 1921; *Die bürgerliche Literaturgesichte und das Proletariat* (Vortrag), 1922; *Der letzte Mensch* (Komödie), 1922; *Im Stern des Schmerzes* (Gedichte), 1924; *Die Begegnung* (Erzählungen), 1925; *Dichter für das revolutionäre Proletariat*, 1925; *Einsame Stimme* (Gedichte), 1927; *Der Todeskandidat* (Erzählung), 1927. – *Heimatfern* (Gedicht-Auswahl), 1945; *Erinnerung und Exil* (Gedicht-Auswahl), 1946; *In Fremden ungewollt zuhaus.* Herausgegeben von Herbert Hupka, (Gedicht-Auswahl), 1956; *Lied der Einsamkeit.* Herausgegeben von Friedrich Grieger (Gedicht-Auswahl), 1961.

Das Leiden an seiner »bresthaften« Körperlichkeit (die andererseits so hervorragende Maler wie Ludwig Meidner und George Grosz faszinierte und zu Höhepunkten ihres Schaffens wie der Porträtkunst überhaupt inspirierte), kommt im vorliegenden Band besonders in dem Else Lasker-Schüler gewidmeten »Lob des Mondes. Der Bresthaften Trostgesang« zum Ausdruck. Sein persönliches Verhängnis hat Max Herrmann immer wieder Geborgenheit und Nestwärme suchen lassen: im Elternhaus, in der landschaftlichen Natur, in der schlesischen Heimat Neiße und bei seinen Jugendfreunden dort (Widmungen an Fritz Grieger und Franz Jung, beide aus Neiße gebürtig), bei der geliebten Frau, in Gottessehnsucht, kreatürlichem Einklang, in mitmenschlichen Kontakten und sozialistischer Brüderlichkeit. Seine Verse sind solid gearbeitet und streben nicht nach Originalität. Man vernimmt in ihnen das Pochen eines menschlichen Herzens. Das entspricht auch seiner »Ästhetik«, wie sie in dem bereits erwähnten Lebenslauf aus dem Jahr 1921 (Marbacher *Expressionismus*-Katalog, S. 212 f.) niedergelegt ist: »In einer Zeit der Geschäftlichkeit, des Schwindels, der kalten Hand, fühle ich als mein Schicksal, den zum Aussterben verurteilten Typ ›Dichter‹ noch einmal auf mich zu nehmen. Nie schrieb ich, in Lyrik, Epik, Dramatik eine Zeile, die nicht durch Erleben bedingt war. Auf Bestellung Arbeiten ist für mich eine fruchtlose Selbsttortur. Den meisten Wert lege ich auf meine Lyrik, in der ich das eigentlich Lyrische, das musikalisch Erlebte, auf die einfachste Art zum überzeugenden Ausdruck zu bringen suche. [...] Eine Kunst an sich halte ich für durchaus sinnlos, Luxus verwerflichster Selbstbefriedigung. Das Dasein ist mir nur erträglich, wenn es für alle erträglich ist. Das ist unmöglich in einer kapitalistischen, macht-, eigentums- und staatsegoistischen Weltgestaltung. Solange hat Kunst nur Berechtigung, wenn sie beiträgt zur Umformung der Welt.«

Eine »Selbstanzeige« Max Herrmanns in der *Aktion* (Jahrgang 8, 1918, Spalte 334), betreffend den Gedichtband *Empörung, Andacht, Ewigkeit*, lautet: »Ein größerer Gedichtband sollte in drei Teilen Verse geben, die mein Erlebnis der Welt in seinen hauptsächlichen Ausstrahlungen faßten: ›Empörung‹ wider ihre Höllen, ›Andacht‹ vor ihren Wundern, ›Ewigkeit‹ in der letzten Hingabe an das Göttliche über ihr. Das kleine nun vorliegende Buch konnte nur in einer Auswahl eine Andeutung von dem Gewollten zu bringen versuchen. Möge es vor allem den Irrtum beseitigen, ich sei mit der Etikettierung als ›fortgeschritten‹-realitätenabschildernder ›Großstadt‹-Lyriker gekennzeichnet. Und möge es wenigstens eine Ahnung verschaffen von jenem Erfühlt-Musikalischen, Rhythmisch-Vollen, was ich wieder als das Ursprüngliche und Wesentliche des Lyrischen existierend wissen möchte. Der Schlußzyklus bestrebt sich, mein großes Erlebnis vom Geiste Jakob Böhmes in Kunst umzusetzen, das heißt in einen Gefühlsstrom, der die Bereiten zu Andacht und Inbrunst in gleichem Willen mit sich nimmt. Und nicht zuletzt soll meine Dichtung gehört werden als ein unverkehrbares Bekenntnis zu einer in Blut und Hirn verankerten Weltanschauung, der aller Gewalt- und Macht-Kult in jeder Form als der ewige Widersacher gilt und die sich restlos einsetzt für eine Befreitheit und Erlösung alles Irdischen, vor welcher Herrschen und Beherrschtwerden zwei gleich verwerfliche Spiegelungen ein und desselben Bösen sind. In diesem Sinne ein Gruß und Gelöbnis für jeden namenlosen Kameraden! (Und eine Huldigung für den bewährten!)«

Der konservative Lyriker Hans Benzmann, Herausgeber damals weitverbreiteter Lyrik-Anthologien, besprach *Empörung, Andacht, Ewigkeit* in *Neue Blätter für Kunst und Literatur* (Jahrgang 2, 1919/20, Seite 85 f.) Die Einleitungsgedanken der Rezension sind typisch für die (meist nicht so gutwillig formulierten) Verständnisschwierigkeiten seitens des allgemeinen zeitgenössischen Publikums denen sich selbst so vergleichsweise traditionsgebundene Dichter wie Herrmann-Neiße gegenübersahen:

»Diese Gedichte stehen unter dem Einfluß des neuen expressionistischen, eines übersubjektiven und daher nicht leicht verständlichen Stils. In diesem scheint sich doch eine suggestive Zeiterscheinung von größerer Bedeutung zu offenbaren. Zu begrüßen ist das gerade nicht; denn diese subjektivistische und daher der Willkür des Dichters vollkommen preisgegebene Gestaltung des Stils reißt die Kluft, die zwischen der zünftigen Kunst und dem Volksempfinden oder einem natürlichen gesunden Kunstgefühl schon besteht, immer weiter auseinander. Das Studium moderner Dichtung wird auch für den, der sich in schwere Kunst hineinzufühlen vermag und gern psychische und gedankliche Tiefen sucht, immer mehr eine peinigende Nervenarbeit, man muß sich mühselig aus vertrackten und verbogenen Wortwendungen und neuartigen Wortdeutungen, aus bizarren Bil-

dern und unbegreiflich paradoxen oder gesuchten Vorstellungen das zusammensuchen, was der Dichter empfindet und denkt. Dabei soll dem Dichter natürlich nicht das Recht auf individuelle Stilisierung oder auf die ihm am unmittelbarsten zusagende Formgebung abgesprochen werden. Im Gegenteil: individuelle Gestaltung verlangen wir von ihm. Jedoch nicht subjektivistische Willkür und Manieren, die schlechterdings das Verständnis erschweren und die sehr wohl durch einfachere Formen zu ersetzen sind.«
Ernst Blass, Herrmanns Generationsgenosse, mußte nicht erst die Hürden bürgerlichen Geschmacks überwinden und gelangte somit in seiner Rezension der beiden nächsten Gedichtbände *Verbannung* und *Die Preisgabe* von 1919 zu präziser Analyse (*Die Neue Rundschau*, Jahrgang 31, 1920, Band 1, S. 774):
»Der Überfluß an liedhaften Weisen, ein Heer von Klängen vermischt sich bei Herrmann mit den Flüchen, die seiner Brust entsteigen. Noch wird auf seinen Lippen der Fluch nicht zum Segen, denn der Widerwillen, die Empörung sind zu echt und leidenschaftlich, als daß sie irgendeine Harmonie annehmen könnten. Aber das Bedürfnis nach Musik, die Liebe zum tönenden Reichtum stehen spontan und selbständig neben dem Geist der Auflehnung und Anklage [...]
Der auffallende Zwischenraum zwischen Gefühl und Ausdruck ist also in Herrmanns Dichtung kein Zeichen des Mißlingens, sondern das eigentliche Element ihres Wesens. Er kennt seine Zwiespältigkeit, er beschreibt sie oft, die zehrenden Kräfte, die jede versuchte Hingabe vereiteln, und die Sehnsucht nach Hingabe, die ihn wiederum nicht aufrecht in Haß und Anklage ausharren läßt. Er zeiht sich der Kraftlosigkeit in der Liebe und im Haß, der unheilbaren Unfähigkeit zum einen oder anderen. Wenn er sich voll Empörung aufreckt, hält er seine liebenden Triebe für Schwäche, und wenn er sich vom Glück des Daseins überströmt fühlt, bleibt ihm ein nicht ganz verhülltes Gefühl des Scheinhaften und Vergänglichen solchen Glücks. Auf diesem Boden wachsen nicht die stolzen und traurigen *fleurs du mal,* sondern süße und liebliche Blümlein, die Gift enthalten. Eine erstaunliche Mischung aus Eichendorff'schen und Strindberg'schen Elementen entsteht hier, ein ehrliches Bekenntnis zur Uneinheitlichkeit, eine sehnsüchtige Haßliebe zur Harmonie, Vollendung und Erlösung. Fast alle Gedichte Herrmanns bleiben vor der Vollendung stehen, als Fragment, Problem oder Zwitter schon intendiert, und so als Anklagen der Brüchigkeit des Lebens und der Menschen von adäquater Inadäquatheit. Hier soll nicht künstlerisch ausgeglichen werden, was menschlich nie verziehen werden darf,

der Fluch bleibt Fluch, und nur die Fata Morgana einer unmöglichen Erlösung und Beglückung ist ins Gedicht gestellt, den Durst des hoffnungslosen Wanderers vergrößernd, und doch als Traumbild eine Weile schön. So ist ein bedeutsames Schwanken und Taumeln in dieser lyrischen Erscheinung, eine Versuchung, Gebanntheit halb, halb Widerwillen, Wachsein und Übermüdung, Schlaflosigkeit. Ein nicht zur Ruhe kommender Konflikt besteht, der nicht jener oberflächlichen Versöhnung und der ungediegenen und vorläufigen Reife fähig, sondern zu stark und ehrlich ist, als daß er die übliche übereilte Beschwichtigung in der Kunst erfahren könnte. Aber die brennende Sehnsucht nach dieser Erfüllung nimmt sie als Wachtraum vorweg, als nicht völlig gelingenden Trug, als verschmähte und doch versuchte Selbsttäuschung.«
Else Lasker-Schüler sandte schon 1917, in der *Aktion* (S. 463), ihrem »grünen Heinrich« Max Herrmann einen Liebesgruß: »Der grüne Heinrich ist ein Dichter, und seine Gedichte sind große pietätvolle Wanduhren, schlagen herrlich, wenn er sie vorträgt.«
Max Herrmann-Neiße figuriert häufig in den Tagebuchnotizen und anderen Äußerungen seines Freundes und Gönners Oskar Loerke. Interessant ist dessen Stellungnahme aus drei verschiedenen Jahren. Erstens in den *Tagebüchern* (S. 72), am 15. Januar 1914: »Für [Moritz] Heimann [Lektor bei S. Fischer, Vorgänger Loerkes] den Band der Gedichte von Max Herrmann-Neiße [*Sie und die Stadt*] gesichtet. Herrmann-Neiße ist mehr eine Erscheinung einer Massensuggestion als ein eigener Mensch, so in der Deskription, so in der Darstellung der Zerrissenheit und Nervenschwäche. Oft stark in der Sprache, in der Fähigkeit, reimweise einen Baukasten aufzuschichten. Denn er macht die Welt zu einem Baukasten.«
Zweitens: 1918 in der *Neuen Rundschau* (zitiert nach *Literarische Aufsätze*, S. 108 f.):
»Max Herrmanns neue Sammlung heißt *Empörung, Andacht, Ewigkeit*. Der Titel wäre schlecht, auch wenn er seine Verheißung irgend erfüllen könnte. Andacht mag man Herrmanns Bestes nennen. Und auch hier soll zuerst eine Einschränkung gemacht werden. Herrmanns Gewissen bückt und beschuldigt sich manchmal da, wo kein wirklicher Widersacher und keine Schuld ist, und ahnt daher, aus der Pein aufschnellend, einen Trost, wie er Menschen so groß nicht zuteil wird; und er ist so dankbar, daß er enttäuscht werden muß. Aber aus dieser Organisation ringt sich seine poetische Kraft, viel unterirdischen und überirdischen Glanz ausstrahlend, nicht nach ihm suchend, sondern mit ihm geboren, mit ihm eins. [...]
Das Schönste steht hier oft noch nicht an der entscheidenden Stelle,

die Verse zeigen manchmal einen Zustand wie vor der Musik. Die Entschiedenheit der menschlichen ringt mit der Entschiedenheit der künstlerischen Empfindung, aber nicht in der Absicht, sie zur Klarheit zu zwingen, sondern in der vormusikalischen Ursprünglichkeit zu erhalten. Musik aber drückt noch Verschwebendes, noch Überschwang mit Mitteln der Ordnung und des Maßes aus. Perioden und Strophen brauchten darum nicht hölzern abgezählt zu sein.«
Drittens: 1923 in *Die Lebenden*. Flugblätter (Blatt 1. Zweite, veränderte Ausgabe):
»Was Max Herrmann bisher gesungen hat, nimmt nun schon eine ganze Reihe von Büchern ein, gedruckten wie ungedruckten. Vor einiger Zeit, als es bei uns noch literarische ›Richtungen‹ gab, mochte Herrmann für einen Außenseiter gelten; und wurde er zuweilen auch einer Schule zugezählt, – wirklich gepaßt hat er in keine. Jetzt, da eine unheimliche Stille um die Dichter eingetreten ist, wird es schmerzlich klar, daß nicht er abseits stand, sondern die meisten lauten Kameraden. Sie jagten programmatischen Forderungen nach, er ließ sich von seinem Erlebnis durchdringen [...] So schöpft Max Herrmann aus den beiden tiefen Brunnen seiner schlesischen Heimat, aus deren einem Christian Günther, aus deren anderem Jakob Böhme und Angelus Silesius schöpften.«

FRANCIS JAMMES

Die Gebete der Demut
Das Paradies

Francis Jammes, französischer Lyriker, Erzähler, Essayist. Geboren am 2. Dezember 1868 in Tournay (Hautes-Pyrénées), gestorben am 1. November 1938 in Hasparren (Basses-Pyrénées). Schulbesuch in Pau und Bordeaux. Seit dem Tod des Vaters, 1888, lebte er die meiste Zeit seines Lebens in dem Städtchen Orthez in der Nähe von Lourdes am Fuße der Pyrenäen. Einige Reisen nach Paris, 1896 eine Algerienreise, eine Reise nach Amsterdam und nach Brüssel, seine unterm Einfluß von Claudel vollzogene Bekehrung zum Katholizismus 1905, seine Heirat 1908 und der Große Literaturpreis der

Académie Française 1917 sind im wesentlichen die äußeren Ereignisse seines Lebens. Henri de Régnier und André Gide machten auf den jungen Dichter aufmerksam. Von Gide zog sich Jammes im gleichen Maße zurück, in dem er sich Claudel zuwandte. Obgleich er außerhalb der literarischen Strömungen stand, hatte er wachsenden Erfolg; zeitweise gab es so etwas wie eine »Jammes-Mode« in der französischen Jugend. Auch international war er bekannt.

WERKE: *Le deuil des primevères* (Elegien), 1901 (deutsch: *Die traurigen Schlüsselblumen*, 1952); *Clara d'Ellébeuse ou l'histoire d'une ancienne jeune fille* (Roman), 1899 (deutsch: *Klara oder der Roman eines jungen Mädchens aus der alten Zeit*, 1921); *Almaide d'Etremont ou l'histoire d'une jeune fille passionnée* (Roman), 1901 (deutsch: *Almaide oder der Roman der Leidenschaft eines jungen Mädchens*, 1919); *Le roman du lièvre*, 1903 (deutsch: *Der Hasenroman*, 1916); *Le poète rustique* (Roman), 1920 (deutsch: *Dichter ländlich*, 1920).

Der Briefwechsel Kurt Wolffs (S. 89 bis 101) mit Ernst Stadler in Sachen Jammes begann am 8. April 1913 mit einer Anfrage Kurt Wolffs an Stadler, ob dieser bereit sei, für ihn ein kleines »Gedichtbuch von Francis Jammes in deutscher Sprache« seinem Verlag zu übergeben und der unverzüglichen Bereitschaft Stadlers dazu. Eine zweite, wesentlich vermehrte Auflage (es kam dann 1920 noch eine dritte innerhalb des *Jüngsten Tags* heraus) erschien 1917, lange nach dem Tod des früh gefallenen Stadler. Sie enthält geringfügige Änderungen meist orthographischer Natur (über die im einzelnen Karl Ludwig Schneiders zweibändige Stadler-Ausgabe Rechenschaft gibt), eine Durchnumerierung der Gedichte, ein Inhaltsverzeichnis und vor allem – eingerückt zwischen die Gedichte auf den Seiten 11 und 12 unserer Ausgabe – folgende in der Erstausgabe nicht enthaltenen Gedichte: Gebet, daß die anderen glücklich seien / Gebet, einen Stern zu erlangen / Gebet, den Glauben im Wald zu finden / Gebet, einfach zu sein / Gebet, seinen Schmerz zu lieben / Gebet, daß mein Sterbetag schön und rein sei / Gebet, Gott zu loben / Gebet um Sammlung / Gebet, ein einfaches Weib zu finden / Gebet um einen letzten Wunsch.

Jammes' *Das Paradies* erschien 1926 nochmals unter dem Titel *Das Paradies der Tiere*. – Einfache Hauptwörter, einfache Beiwörter, einfache Zeitwörter: aus ihnen schafft Jammes seine Welt. Die Magie der Benennung. Er braucht nur Landstraße zu sagen, Kätzchen, Schuhflicker, Stein – schon steht das Gesagte da, wie er's haben will. Im Grunde müßte das, was Jammes zu sagen hat, in unserer alexandrinischen Epoche langweilig wirken. Dennoch zieht er in seinen Bann. Das macht: es strömt alles aus einer reinen, unverdorbenen Quelle, einer schier anachronistischen Güte. Man kann sich nicht denken, daß dieser Autor, der Gott liebte und ihn als einen milden Patriarchen im weißen Barte sah, der die Dinge, die Menschen und mehr noch die Tiere liebte, von irgendjemandem nicht geliebt worden wäre. Und dennoch hat der Sanfte, in Claudels Gefolge, eine Satire gegen den früheren Freund Gide geschrieben. So außerhalb der Zeit (und daher letzten Endes unangreifbar) im Zeitalter der Schockliteratur sein Werk wirken mag, darf man doch nicht übersehen, wie genau es gearbeitet – um nicht zu sagen: kalkuliert – ist, wie stimmig im Ganzen (in der Zuordnung der Teile zueinander) und wie realitätsgesättigt im Einzelnen. Und dort, wo Jammes das Leid der Kreatur beschwört, ist es garnicht »anachronistisch«. Einen Jahrmarkt wie den in »Von der Barmherzigkeit gegen die Tiere« beschriebenen (das war immerhin vor etwa fünfzig Jahren), mit gedankenlos vor rotierenden Trommeln geplagten Tieren als Lotteriegewinn, konnte man noch jüngst in Frankreich, zum Beispiel in Nancy, sehen.

Der Dichter Jammes hatte viele Verehrer unter den deutschen Dichtern. Stadler, der ihn in Deutschland einführte, Georg von der Vring und Claire Goll, Hegner, Rheinhardt und Burschell haben ihn übersetzt, Rilke, Hermann Hesse, die Brüder Schnack ihn gelobt. Zuckmayers einziges »expressionistisches« Stück *Kreuzweg* (das »Jüngster Tag«-Autor Ludwig Berger dann aufführte, »Jüngster Tag«-Verleger Wolff dann verlegte) war, laut eignem Urteil (*Als wär's ein Stück von mir*, 1966, S. 315) nebst anderen von Jammes beeinflußt. Und Alfred Wolfenstein hatte bereits 1912 (H. 18 vom 1. Mai, Sp. 560 f.) in *Die Aktion* geschrieben: »Francis Jammes, das ist unter den Advokaten, Augenrollern, Protokollführern, Volksversammlern, Unsterblichen des lebenden Frankreich ein Dichter. Seine Gedichte sind angefüllt mit ruhenden Gedanken, und ihre Form ist oft rührend ungeschickt; so steht er dem parnassischen Dogma gegenüber vom schöneren Klang einer Form, die keinen Inhalt hat. – ›lorsque la coupe est vide, elle en est plus sonore.‹ – Francis Jammes wohnt nicht in der Großstadt, sondern auf dem Lande; und doch gehört sein Kopf zu uns. Er ist nicht wie Paris, aber wie der Sonnendunst über Paris, wie diese angehauchte Silberluft.«

Franz Kafka sagte zu Gustav Janouch (*Gespräche mit Kafka*, S. 50 f.), als er ihm ein Gedichtbuch von Francis Jammes zurückgab: »Er ist so rührend einfach, so glücklich und stark. Sein Leben ist für ihn kein Geschehen zwischen zwei Nächten. Er kennt überhaupt keine Dunkelheit. Er und seine ganze Welt sind wohlgeborgen in Gottes allmächtiger Hand. Wie ein Kind duzt er den lieben Gott wie irgendein Familienmitglied. Darum altert er nicht.«

ERNST STADLER: Lyriker, Literarhistoriker, Essayist, Kritiker, Übersetzer (aus dem Französischen). Geboren am 11. August 1883 in Kolmar im Elsaß, gestorben am 30. Oktober 1914 durch eine englische Granate südöstlich von Ypern bei Zaandvoorde in Belgien. Sohn eines Juristen. Gymnasialzeit in Straßburg. 1902 gründete er mit seinen Freunden René Schickele und Otto Flake die elsässische Zeitschrift *Der Stürmer*. 1902 bis 1906 Studium der Germanistik, Romanistik und Vergleichenden Sprachwissenschaft in Straßburg und München mit Promotion über Wolframs *Parzival*. 1906 bis 1908 Stipendium als Rhodes Scholar in Oxford. 1908 Habilitation in Straßburg mit einer Untersuchung über *Wielands Shakespeare*, die 1910 erschien. 1910 bis 1914 als Germanist an der Université libre in Brüssel; dort Freundschaft mit Sternheim. Einer Berufung nach Toronto in Kanada konnte er wegen des Kriegsausbruchs nicht mehr folgen. Vermittelnde Tätigkeit zwischen deutscher und französischer Literatur, machte auch Péguy in Deutschland bekannt. Stadler war als Lyriker (mit seinen charakteristischen Langzeilen) und Kritiker der ersten Publikationen seiner Weggenossen eine der führenden Gestalten des Expressionismus, sein früher Tod ein schwerer Verlust für die deutsche Literatur. Schrieb die Gedichtbände *Präludien* (1905; noch im Banne Georges und Hofmannsthals) und *Der Aufbruch* (1914), mit dem er ein wichtiges Stichwort für die gesamte expressionistische Bewegung gab. – *Dichtungen*. Gedichte und Übertragungen mit einer Auswahl der kleinen kritischen Schriften und Briefe. Eingeleitet, textkritisch durchgesehen und erläutert von Karl Ludwig Schneider. Zwei Bände. Verlag Heinrich Ellermann, Hamburg o. J. [1954].

EMIL ALPHONS RHEINHARDT: österreichischer Lyriker, Essayist, Biograph, Übersetzer (aus dem Französischen, Englischen und Italienischen). Geboren am 4. April 1889 in Wien, gestorben im Februar 1945 im Konzentrationslager Dachau an Flecktyphus. Medizinstudium. Mit Trakl bekannt. Verbindung zu Loerke, der ihn mehrmals in seinen Rezensionen rühmte. Vertreter des österreichischen Expressionismus; Mitarbeit an vielen Sammelwerken und Zeitschriften der expressionistischen Epoche. Lebte zeitweise in München. »Rheinhardt selbst war eine sehr merkwürdige Persönlichkeit von einer flackernden Inbrunst und einer vielfältigen Formkraft. Er war auch ein großes Sprachtalent, immer wieder angezogen von der Ferne. Er lebte viel in Italien und in Frankreich. Von dort holte ihn [infolge einer Denunziation], der sich auch nach 1938 fanatisch zu Österreich bekannte, das Dritte Reich und steckte ihn ins KZ« (Oskar Maurus Fontana in: *Expressionismus*. Aufzeichnungen und Erinnerungen, S. 190). Rheinhardt schrieb: *Stunden und Schicksale* (Gedichte), 1913; *Das Abenteuer im Geiste* (Zwei Erzählungen), 1917; *Tiefer als Liebe* (Gedichte), 1919; *Die unendliche Reihe* (Gedichte), 1920; *Der schöne Garten* (Märchendichtung), 1920; *Ferien* (Erzählung), 1923; *Das Leben der Eleonora Duse*, 1928; *Napoleon III. und Eugenie*. Tragikomödie eines Kaisertums (Historie), 1930; *Josephine*. Leben einer Frau, 1932; *Der große Herbst Heinrichs IV.*, 1935. Rheinhardt übersetzte Balzac, Flaubert, Kipling und gab heraus: *Die Botschaft*. Neue Gedichte aus Österreich (1920; darin von Autoren des *Jüngsten Tags*: Blei, Brod, Flesch, Tagger, Trakl, Urzidil, Werfel); *Epikon*. Bibliothek klassischer Romane der Weltliteratur; *Erzählkunst*. Ein Almanach, 1926; *Ivan Cankar, Der Knecht Jernej*, 1929.

FRANZ JUNG

Gnadenreiche, unsere Königin

Franz Jung, Erzähler, Essayist, Dramatiker, Editor, Wirtschaftsjournalist. Geboren am 26. November 1888 in Neiße (Oberschlesien), gestorben am 21. Januar 1963 in Stuttgart. Sohn eines Uhrmachers und Stadtrats. Gymnasium in Neiße. 1907 bis 1912 Studium der Rechtswissenschaft und Nationalökonomie in Breslau, Jena, München, Berlin. 1912 bis 1914 literarische und journalistische Tätigkeit in Berlin und München. 1912 erste Buchveröffentlichung:

Das Trottelbuch; im gleichen Jahr begann die enge Mitarbeit an der *Aktion* Pfemferts, der auch einige Bücher von Franz Jung in seinem Verlag veröffentlichte. Seit 1913 in der sozialistischen Bewegung; Gruppe »Tat« um Erich Mühsam; Mitarbeit an der von Bachmair in Verbindung mit Josef Amberger, Becher und Otten herausgegebenen *Neuen Kunst*. Mitherausgeber der Zeitschriften *Revolution* (1913) und *Freie Straße* (1915–18). 1914 Kriegsteilnehmer. 1915 Desertion; Inhaftierung, Lazarett, Entlassung. 1915 bis 1918 literarische und journalistische Tätigkeit in Berlin. 1918 bis 1920 Teilnahme an der November-Revolution in Berlin; im Arbeiter- und Soldatenrat; Besetzung des Mosse-Pressehauses; Teilnahme an der Berliner Dada-Bewegung, die er politisieren wollte; sozialistische Wirtschaftskorrespondenz; illegale Parteiarbeit. 1920 Reise in die Sowjetunion; Schiffsraub; Haft in Berlin, Cuxhaven, Hamburg. 1921 Entlassung; Beteiligung am mitteldeutschen Aufstand des Kommunisten Max Hölz; Flucht nach Holland; Ausweisung aus Holland. 1921 bis Ende 1923 in der Sowjetunion: Moskau, Wolgagebiet, Ural, Leningrad; Arbeit im Komintern, Aufbau einer metallurgischen Fabrik. Dann bis 1933 in Berlin: literarisch-propagandistische Tätigkeit (Verlag für Literatur und Politik); Herausgabe des *Gegner*; Dramaturg an der Piscator-Bühne, die ihn aufführte, und bei Aufrichts Produktionen; Zeitungs- und Börsenkorrespondenzen. 1933 bis 1945 Teilnahme am Widerstandskampf gegen den Faschismus. Im Frühjahr 1945 deswegen von einem Standgericht der Pfeilkreuzler-Regierung in Ungarn zum Tode verurteilt; Flucht aus dem Todeskeller; Wiederverhaftung durch den Sicherheitsdienst, in verschiedene Polizeilager geschleppt, bis ihn im April 1945 die Amerikaner befreiten. 1945 bis 1948 in Italien (Maso de Cavalese). 1948 in den USA, zuerst in New York, dann in San Francisco. Wieder literarische und journalistische Tätigkeit. 1960 bis 1963 teils in Paris, teils in der Bundesrepublik Deutschland.

Sein schwer registrierbares, umhergetriebenes Leben – reich an Rebellion und Verzicht, Terror und Antiterror, Verschwörung, Flucht und Verhaftung –, ein Leben der Widersprüche, der Aktion und der Resignation, zuletzt des illusionslosen Pessimismus hat Franz Jung in seiner Autobiographie *Der Weg nach unten* geschildert, das über Karl Ottens Anregung 1961 beim Luchterhand Verlag zur Publikation gelangte.

WERKE: *Kameraden* (Roman), 1913; *Sophie. Der Kreuzzug der Demut* (Roman), 1915; *Opferung* (Roman), 1916; *Saul*, 1916; *Der Sprung aus der Welt* (Roman), 1918; *Reise in Rußland*, 1920; *Pro-*

letarier (Erzählung), 1921; *Kanaker. Wie lange noch?* (Zwei Schauspiele), 1921; *Technik des Glücks.* Zwei Bände, 1921 und 1923; *Hunger an der Wolga*, 1922; *Annemarie* (Schauspiel), 1922; *Die Eroberung der Maschinen* (Roman), 1923; *Legende* (Schauspiel), 1927; *Heimweh* (Schauspiel), 1928. Herausgabe: *Ernst Fuhrmann, Grundformen des Lebens.* Biologisch-philosophische Schriften 1962.

Die Titelnovelle »Gnadenreiche, unsere Königin«, ist erstmals 1915 in der *Aktion* erschienen. – Die bis zum Grauen angestaute Spannung zwischen einem Ehepaar in dem Prosastück »Die Krise«, der Kampf der Geschlechter ist ein von Franz Jung häufig dargestelltes, fast masochistisch erlittenes Thema. Alles fetzenhaft geschrieben, zwischen Qual und Verzückung, monoman; der Druck, sich mitteilen zu müssen, ohne sich mitteilen zu können. Wie auch aus Jungs letztem Buch, *Der Weg nach unten*, die Spannung eines Menschen zwischen Betriebsamkeit und Kontaktarmut, zwischen Publizitätswut und Isoliertheit – außerdem: zwischen militantem Kommunismus und der Begabung zu geheimnisvollen kapitalistischen Börsengeschäften – sichtbar wird. Jung gehörte zum Kreis um den Psychoanalytiker Otto Groß (vergleiche dazu *Ego und Eros*, S. 569 f.), ein Mann der Extreme, der nicht als Literat für Literaten schreibt, sondern eher zur eignen Bewußtseinsklärung. Dabei stößt er, ohne an formalen Problemen irgend interessiert zu sein, mit seiner flackernden Assoziationsprosa gelegentlich in stilistisches Neuland vor. Das beste Beispiel hierfür ist »Der Fall Groß«, Erstdruck in der Zeitschrift *Die Erde* 1920, wieder greifbar in der Anthologie *Ego und Eros*. Jungs Prosa liefert Chiffren – zur Dechiffrierung für Psychoanalytiker.

Eine Porträtzeichnung Franz Jungs, von der Hand Ludwig Meidners, erschien in der *Aktion* 1915, Spalte 202. Jung kommt in manchen Lebenserinnerungen vor, so bei Oskar Maria Graf, *Wir sind Gefangene*; so in George Grosz' *Ein kleines Ja und ein großes Nein* (Rowohlt Verlag, Hamburg 1955, S. 129 f.):
»Hülsenbeck brachte Dada nach Berlin, wo die Sache sofort politische Züge annahm. In Berlin wehte ein anderer Wind. Die ästhetische Seite wurde zwar beibehalten, aber immer mehr durch eine Art anarchistisch-nihilistischer Politik verdrängt, deren Hauptwortführer der Schriftsteller Franz Jung war. Jung war eine Rimbaudfigur, eine kühne, vor nichts zurückschreckende Abenteurernatur. Er gesellte sich zu uns, und als der Gewaltmensch, der er war, be-

einflußte er sofort die ganze Dadabewegung. Er war ein starker Trinker und schrieb auch Bücher in einem schwer lesbaren Stil. Berühmt wurde er für ein paar Wochen, als er mit seinem Helfer, dem Matrosen Knuffgen, mitten in der Ostsee einen Dampfer kaperte, ihn nach Leningrad steuern ließ und ihn den Russen schenkte – zu einer Zeit, in der schon jeder vom bevorstehenden Siege der Kommunisten sprach und in Deutschland kaum noch eine richtige Obrigkeit existierte.

Jung tat selten etwas direkt; er hatte immer einige ihm auf Tod und Leben ergebene Vasallen um sich. Wenn er betrunken war, schoß er mit seinem Revolver auf uns wie ein Cowboy aus einem Wildwestfilm, und sein Leben verdiente er sich als eine Art Börsenjournalist, gab auch einmal in seinem eigenen Verlag eine Zeitung heraus, die sich mit ökonomischen Fragen beschäftigte. Er war einer der intelligentesten Menschen, die ich je getroffen habe, aber auch einer der unglücklichsten.«

FRANZ KAFKA

Der Heizer
Die Verwandlung
Das Urteil

Franz Kafka, Prager Schriftsteller. Geboren am 3. Juli 1883 in Prag, gestorben am 3. Juni 1924 im Sanatorium Kierling bei Wien. Sohn eines wohlhabenden jüdischen Kaufmanns. Besuch des Altstädter Deutschen Staatsgymnasiums. 1901 bis 1906 (Promotion zum Dr. jur.) Studium an der Deutschen Universität in Prag. Freundschaft mit Max Brod, Oskar Baum und Felix Weltsch. Seit Juli 1908 bis zur Pensionierung (im Juli 1922) Versicherungsjurist bei der »Arbeiter-Unfall-Versicherungs-Anstalt« in Prag. Reisen nach Oberitalien, in die Schweiz, nach Deutschland (Weimar, Berlin, Ostsee), nach Wien und Meran – seit der Feststellung seiner Lungentuberkulose, 1917, meist zu Kuraufenthalten. Mehrere Verlobungen. Skrupulöses Verhältnis zum Leben, zu Frauen, zu seiner Büroarbeit und seiner literarischen Produktion. Seine Tagebücher und Briefe geben darüber Aufschluß. Der Nachlaßverwalter Max Brod hielt sich glücklicherweise nicht an die testamentarische Bestimmung des Freundes, wonach alles Unpublizierte zu vernichten sei. Zu Kafkas Lebzeiten sind – außer den Publikationen im *Jüngsten Tag* – lediglich erschienen: *Betrachtung, In der Strafkolonie, Ein Landarzt* (Kleine Erzählungen) und *Ein Hungerkünstler* (Vier Geschichten). Die Romane *Der Prozeß, Das Schloß* und *Amerika* kamen 1925 bis 1927 heraus. Obgleich der Rang des Dichters von den Eingeweihten früh erkannt wurde, setzte sein Weltruhm erst lange nach dem Tod ein.

WERKE: *Gesammelte Schriften.* Herausgegeben von Max Brod. Acht Bände, 1935–37; *Gesammelte Werke* [in Einzelausgaben]. Herausgegeben von Max Brod. Zehn Bände. 1950–67.

Kaum ein anderer Dichter deutscher Sprache im zwanzigsten Jahrhundert hat so signativ gewirkt wie Kafka. Er hat so wenig wie andere Dichter vor oder nach ihm die Welt verändert, vielmehr nahm seine Divinationsgabe künftige Schrecken vorweg. Die Existenzangst des modernen Menschen, für die er archetypische Gleichnisse fand, ist in seinem Werk ausgeprägt; Generationen erkennen sich in ihm. Nur ein Aspekt des vielzitierten, vielstrapazierten Kafkaschen Werkes (es hält Strapazierungen stand!) sei herausgehoben: der altösterreichische. Von der gelegentlich »ärarischen« Färbung der Sprache abgesehen, ist das Eingeschlossene, Abgesonderte, stumm Phantastische mancher Existenzen hinter äußerer Nüchternheit und einer fast bis zur Eigenschaftslosigkeit gehenden Unscheinbarkeit des Gehabes ein Wesensmerkmal und Erbteil österreichischer Literatur. Man kann es von Grillparzers »Armen Spielmann« über Stifters Hagestolz-Figuren und Ferdinand von Saar bis zu dem von Kafka geschätzten, in der Tat außerordentlichen Otto Stoeßl, bis zu Heimito von Doderer, Johannes Urzidil, Elias Canetti und Thomas Bernhard verfolgen. Der Versuch einer Rettung in die Idylle schlägt fehl; oder die Idylle (wie in Kafkas *Urteil* mit der genrebildhaft ausgemalten Eingangsstimmung sonntäglichen Friedens und Wohlbehagens) schlägt um ins nackte Grauen; oder eine häusliche Umhegtheit birgt nur dürftig den Unbehausten, der sich vor den Dämonen totstellt.
Der Verleger Kurt Wolff gehörte zu den Wenigen, die sogleich vom Wert der Kafkaschen Prosastücke überzeugt waren. Über seine erste Begegnung mit Kafka schrieb Kurt Wolff (*Autoren, Bücher, Abenteuer.* S. 68) sehr viel später: »Wie oft ich mit Kafka zu-

sammen war, erinnere ich nicht. Die erste Begegnung steht mir jedenfalls in spukhafter Deutlichkeit vor Augen. Es war am 29. Juni 1912. Kafka war mit Max Brod auf einer Ferienreise, die beiden hatten Prag den Tag vorher verlassen und machten auf dem Weg nach Weimar Station in Leipzig. Am Nachmittag brachte Max Brod, der schon in Beziehung zum Verlag stand, Kafka in das schäbige kleine Verlagsbureau, das wir der altehrwürdigen Druckerei Drugulin abgemietet hatten. Ernst Rowohlt – unsere Wege trennten sich erst ein paar Monate später – und ich empfingen die beiden. – Möge mir Max Brod verzeihen, mir, der ich der letzte wäre, seine garnicht abzuschätzenden Verdienste um den lebenden und toten Freund verkleinern zu wollen – aber ich habe im ersten Augenblick den nie auslöschbaren Eindruck gehabt: der Impresario präsentiert den von ihm entdeckten Star. Natürlich, so wars ja auch, und wenn dieser Eindruck peinlich war, so war das in Kafkas Wesen begründet, der unfähig gewesen wäre, diese Einführung mit einer leichten Geste, einem Scherz zu überkommen. [...] Ich atmete auf, als der Besuch vorbei war und nahm Abschied von den schönsten Augen, dem rührendsten Ausdruck eines alterslosen Menschen, der damals im dreißigsten Jahre stand, dessen Erscheinung aber zwischen krank und kränker schwankend für meinen Eindruck immer alterslos blieb; man konnte sagen: ein Jüngling, der nie den Schritt ins Mannesalter getan.
Bei der Verabschiedung an jenem Junitag 1912 sagte Kafka ein Wort, das ich nie früher noch nachher von einem anderen Autor gehört habe und das mir daher unverrückbar mit dem einzigen Kafka verbunden blieb: ›Ich werde Ihnen immer viel dankbarer sein für die Rücksendung meiner Manuskripte als für deren Veröffentlichung.‹«
Rowohlt machte laut einem an einem 27. Dezember um 1920 geschriebenen Briefe Brods an Kafka (Edschmid, *Briefe der Expressionisten*. S. 62) später das, was man heute einen »Abwerbungsversuch« nennen würde, denn Rowohlt finde, »daß [Kurt] Wolff zu wenig für dich tut«. Und Max Brod fährt fort: »Das finden übrigens alle die vielen, die sich bei mir nach deinem Befinden erkundigten.« – Gewiß war dieser Vorwurf unberechtigt; schließlich hat er Brod nicht gehindert, nach Kafkas Tod die Rechte für die Erstausgaben der Romane *Das Schloß* und *Amerika* an Kurt Wolff zu geben. – Als Kurt Wolff den *Jüngsten Tag* plante, stand es für ihn fest, daß Kafka gleich unter den ersten Nummern mit einem Werk vertreten sein müsse. Für die Sendung mit dem fertigen Buch *Der Heizer* bedankte sich Kafka am 25. Mai 1913 (Kurt Wolff, *Briefwechsel*.

S. 31 f.) bei Kurt Wolff dafür: »[...] Geschäftlich kann ich natürlich den *Jüngsten Tag* nicht beurteilen, aber an und für sich scheint er mir prachtvoll. Als ich das Bild in meinem Buche sah, bin ich zuerst erschrocken, denn erstens widerlegte es mich, der ich doch das allermodernste New York dargestellt hatte, zweitens war es gegenüber der Geschichte im Vorteil, da es vor ihr wirkte und als Bild konzentrierter als Prosa und drittens war es zu schön; wäre es nicht ein altes Bild, könnte es fast von Kubin sein. Jetzt aber habe ich mich schon längst damit abgefunden und bin sogar sehr froh, daß Sie mich damit überrascht haben, denn hätten Sie mich gefragt, hätte ich mich nicht dazu entschließen können und wäre um das schöne Bild gekommen. Ich fühle mein Buch durchaus um das Bild bereichert und schon wird Kraft und Schwäche zwischen Bild und Buch ausgetauscht. Von wo stammt übrigens das Bild?«
Es stammt von W. H. Bartlett, gestochen von G. K. Richardson, entnommen dem um 1840 in London und New York erschienenen Buch von N. P. Willis »American Scenery«. Werfel, der am liebsten das ganze Buch mit Illustrationen gleichen Charakters ausgestattet hätte, hatte den Vorschlag zu diesem Stich gemacht.
Robert Musil äußerte sich in der Literarischen Chronik der *Neuen Rundschau* vom August 1914 (zitiert nach: Musil, *Tagebücher, Aphorismen, Essays und Reden.* S. 687 f.) nach einigen Zeilen über Kafkas erstes Buch *Betrachtung:* »Es berührt sich mit jener Innerlichkeit des Erlebens, die das andere Buch Kafkas, die Novelle *Der Heizer* (1913), so entzückend macht. Diese Erzählung ist ganz Zerflattern und ganz Gehaltenheit. Sie ist eigentlich kompositionslos, ohne nennenswerte äußere oder innere Handlung und setzt die Schritte doch so eng und ist so voll Aktivität, daß man fühlt, wie weit und bewegt bei manchen Menschen der Weg von einem ereignislosen Tag zum nächsten ist. [...] Es gestaltet sich in Kafkas Erzählung ein ursprünglicher Trieb zur Güte aus, kein Ressentiment, sondern etwas von der verschütteten Leidenschaft des Kindesalters für das Gute; jenes Gefühl aufgeregter Kindergebete und etwas von dem unruhigen Eifer sorgfältiger Schularbeiten und viel, wofür man keinen anderen Ausdruck als moralische Zartheit bilden kann. Die Forderungen an das, was man tun soll, werden hier von einem Gewissen gestellt, das nicht von ethischen Grundsätzen getrieben wird, sondern von einer feinen, eindringlichen Reizbarkeit, welche fortwährend kleine Fragen von großer Bedeutung entdeckt und an Fragen, die für andere nur ein glatter, gleichgültiger Block sind, merkwürdige Faltungen sichtbar macht. Und dann steht inmitten von all dem eine Stelle, wo berichtet wird, wie eine ohne

Liebe angejahrte Magd unbeholfen verlegen einen kleinen Jungen verführt; ganz kurz, aber von einer solchen Macht in wenigen Strichen, daß der bis dahin vielleicht bloß sanfte Erzähler als sehr bewußter Künstler erscheint, der sich zu kleinen und geringen Empfindungen beugt.«
Kafkas *Tagebüchern* entnehmen wir (S. 219) eine Notiz vom 24. Mai 1913: »Spaziergang mit Pick. Übermut, weil ich den *Heizer* für so gut hielt. Abends las ich ihn den Eltern vor, einen besseren Kritiker als mich während des Vorlesens vor dem höchst widerwillig zuhörenden Vater gibt es nicht. Viele flache Stellen vor offenbar unzugänglichen Tiefen.«
Ferner (S. 384) eine Notiz vom 8. Oktober 1917: »Dickens *Copperfield* (Der *Heizer* glatte Dickens-Nachahmung, noch mehr der geplante Roman). Koffergeschichte, der Beglückende und Bezaubernde, die niedrigen Arbeiten, die Geliebte auf dem Landgut, die schmutzigen Häuser u. a., vor allem aber die Methode. Meine Absicht war, wie ich jetzt sehe, einen Dickens-Roman zu schreiben, nur bereichert um die schärferen Lichter, die ich der Zeit entnommen, und die matten, die ich aus mir selbst aufgesteckt hätte. Dikkens' Reichtum und bedenkenlos mächtiges Hinströmen, aber infolgedessen Stellen grauenhafter Kraftlosigkeit, wo er müde nur das bereits Erreichte durcheinanderrührt.«
Bezugnehmend unter anderm auf den *Heizer* gab Max Brod in einem Aufsatz der *Neuen Rundschau* (Jahrgang 1921, Seite 1216) einen interessanten Hinweis auf die kompositionelle Bedeutung von Massenszenen bei Kafka.
In einem Brief vom 11. Oktober 1915 (*Kurt Wolff, Briefwechsel*, S. 34) machte der legendäre Georg Heinrich Meyer, jahrelang Geschäftsführer und die »Seele des Kurt Wolff Verlags«, Kafka Mitteilung über die verlegerische Arbeit an der *Verwandlung* und über den in Aussicht stehenden Fontane-Preis – genauer: die damit verbundene Geldsumme, wenigstens eine literarische Ehrung für Kafka: »Es gelangt demnächst der Fontane-Preis für den besten modernen Erzähler zur Verteilung. Den Preis soll in diesem Jahre, wie wir vertraulich erfahren haben, Sternheim für seine drei Erzählungen: *Busekow, Napoleon* und *Schuhlin* bekommen. Da aber, wie Ihnen wohl bekannt ist, Sternheim Millionär ist und man einem Millionär nicht gut einen Geldpreis geben kann, so hat Franz Blei, der den Fontane-Preis heuer zu vergeben hat, Sternheim bestimmt, daß er die ganze Summe von ich glaube 800 Mk. Ihnen als dem Würdigsten zukommen läßt. Sternheim hat Ihre Sachen gelesen und ist,

wie Sie aus der anliegenden Karte ersehen, ehrlich für sie begeistert.«
Kafka freute sich – in seinem Brief vom 15. Oktober 1915 an den Verlag – über den Preis, war sich jedoch nicht ganz klar über die Aufteilung Preis – Geldsumme und meinte zu letzterer, daß eine »notwendige augenblickliche Bedürftigkeit« danach auf seiner Seite nicht bestehe. Am 20. Oktober 1915 (S. 36) schrieb er in dieser Angelegenheit nochmals an den Kurt Wolff Verlag: »Die Angelegenheit des Fontanepreises ist mir zwar noch immer nicht klar, trotzdem vertraue ich Ihrem Gesamturteil über die Frage. Allerdings scheint wieder daraus, daß Leonhard Frank (zum zweitenmal kann man doch wohl den Preis nicht bekommen) in Wahl stand, hervorzugehn, daß es sich nur und ausschließlich um Verteilung des Geldes gehandelt hat. Trotzdem habe ich, wiederum nur Ihrem Rate folgend, an Sternheim geschrieben; es ist nicht ganz leicht jemandem zu schreiben, von dem man keine direkte Nachricht bekommen hat, und ihm zu danken, ohne genau zu wissen wofür. [...] Sie rieten mir Sternheim zu danken, müßte ich dann aber nicht auch Blei danken? Und welches ist seine Adresse?«
Noch eine andere Frage hatte Kafka in diesen Tagen an den Kurt Wolff Verlag. Am 25. Oktober 1915 (S. 37) zeigte er sich besorgt hinsichtlich einer Illustration zur *Verwandlung*: »Sie schrieben letzthin, daß Ottomar Starke ein Titelblatt zur Verwandlung zeichnen wird. Nun habe ich einen kleinen, allerdings soweit ich den Künstler aus *Napoleon* [Starke schuf die Umschlag- und drei weitere Lithographien zu Sternheims Novelle] kenne, wahrscheinlich sehr überflüssigen Schrecken bekommen. Es ist mir nämlich, da Starke doch tatsächlich illustriert, eingefallen, er könnte etwa das Insekt selbst zeichnen wollen. Das nicht, bitte das nicht! Ich will seinen Machtkreis nicht einschränken, sondern nur aus meiner natürlicherweise bessern Kenntnis der Geschichte heraus bitten. Das Insekt selbst kann nicht gezeichnet werden. Es kann aber nicht einmal von der Ferne aus gezeigt werden. Besteht eine solche Absicht nicht und wird meine Bitte also lächerlich – desto besser. Für die Vermittlung und Bekräftigung meiner Bitte wäre ich Ihnen sehr dankbar. Wenn ich für eine Illustration selbst Vorschläge machen dürfte, würde ich Szenen wählen, wie: die Eltern und der Prokurist vor der geschlossenen Tür oder noch besser die Eltern und die Schwester im beleuchteten Zimmer, während die Tür zum ganz finsteren Nebenzimmer offensteht.«
Ottomar Starkes Titelzeichnung zeigt eine recht eindrucksvolle Variante des letzten Vorschlags. – *Die Verwandlung* war am Jahres-

ende 1912 entstanden. Zu Jahresbeginn 1914, am 19. Januar (Seite 251), notierte Kafka in seinem Tagebuch: »Angst im Bureau abwechselnd mit Selbstbewußtsein. Sonst zuversichtlicher. Großer Widerwillen vor *Verwandlung*. Unlesbares Ende. Unvollkommen fast bis in den Grund. Es wäre viel besser geworden, wenn ich damals nicht durch die Geschäftsreise gestört worden wäre.«
So hart Kafka mit sich selbst ins Gericht ging, so nachsichtig war er gegenüber dem kritischen Urteil über sein Werk durch andere – mochte er sich auch gelegentlich darüber wundern, wie im Brief an Felice (S. 719 f.) vom 7. Oktober 1916: »In der letzten *Neuen Rundschau* wird die *Verwandlung* erwähnt, mit vernünftiger Begründung abgelehnt und dann heißt es etwa: ›K's Erzählungskunst besitzt etwas Urdeutsches.‹ In Maxens Aufsatz dagegen: ›K's Erzählungen gehören zu den jüdischesten Dokumenten unserer Zeit.‹
Ein schwerer Fall. Bin ich ein Cirkusreiter auf 2 Pferden? Leider bin ich kein Reiter, sondern liege am Boden.«
Die erste Äußerung (wörtlich: »Die sonst absichtslose Erzählerkunst Kafkas, die etwas Urdeutsches, rühmlich Artiges, im Erzählenden Meistersingerliches besitzt, wird durch hypothetische Flicke auf ihrem schönen Sachgewande deformiert«) befindet sich in einer etwas abwegigen Rezension der *Neuen Rundschau* (1916, Band 2, S. 1421 ff.) aus der Feder von Robert Müller (1887–1924), eines beachtlichen, fast vergessenen Autors, über den man in Ottens Anthologie *Ego und Eros* Näheres erfahren kann. Die zweite, von Kafka fast wörtlich zitierte Äußerung ist Brods Aufsatz »Unsere Literaten und die Gemeinschaft« in der Zeitschrift *Der Jude* (I, Nr. 7, Oktober 1916, S. 457 ff.) entnommen. Zu den aufmerksamsten Lesern Kafkas gehörte auch Rilke, der auf alles neugierig war, was aus dessen Hand kam.
Die Erzählung *Das Urteil* erschien erstmals 1913 in Max Brods Jahrbuch *Arkadia* bei Kurt Wolff in Leipzig, der sich zu diesem Zeitpunkt bereits von Rowohlt getrennt hatte. Über die verschieden formulierten Widmungen schrieb Kafka mehrmals an Felice Bauer, so am 24. Oktober 1912 und am 22. September 1916.
Über die Geschichte selbst steht, unterm 23. September 1912, in Kafkas *Tagebüchern* (S. 209 f.): »Diese Geschichte *Das Urteil* habe ich in der Nacht vom 22. bis 23. von zehn Uhr abends bis sechs Uhr früh in einem Zug geschrieben. Die vom Sitzen steif gewordenen Beine konnte ich kaum unter dem Schreibtisch hervorziehn. Die fürchterliche Anstrengung und Freude, wie sich die Geschichte

vor mir entwickelte, wie ich in einem Gewässer vorwärtskam. Mehrmals in dieser Nacht trug ich mein Gewicht auf dem Rücken.«
Auch Kafkas Tagebucheintragungen vom 11. und 12. Februar 1913 (S. 212 f.), die ungekürzt wiedergegeben werden, beschäftigen sich mit dem *Urteil*: »11. Februar. Anläßlich der Korrektur des *Urteils* schreibe ich alle Beziehungen auf, die mir in der Geschichte klargeworden sind, soweit ich sie gegenwärtig habe. Es ist dies notwendig, denn die Geschichte ist wie eine regelrechte Geburt mit Schmutz und Schleim bedeckt aus mir herausgekommen, und nur ich habe die Hand, die bis zum Körper dringen kann und Lust dazu hat: Der Freund ist die Verbindung zwischen Vater und Sohn, er ist ihre größte Gemeinsamkeit. Allein bei seinem Fenster sitzend, wühlt Georg in diesem Gemeinsamen mit Wollust, glaubt den Vater in sich zu haben und hält alles, bis auf eine flüchtige traurige Nachdenklichkeit für friedlich. Die Entwicklung der Geschichte zeigt nun, wie aus dem Gemeinsamen, dem Freund, der Vater hervorsteigt und sich als Gegensatz Georg gegenüber aufstellt, verstärkt durch andere kleinere Gemeinsamkeiten, nämlich durch die Liebe, Anhänglichkeit der Mutter, durch die treue Erinnerung an sie und durch die Kundschaft, die ja der Vater doch ursprünglich für das Geschäft erworben hat. Georg hat nichts; die Braut, die in der Geschichte nur durch die Beziehung zum Freund, also zum Gemeinsamen, lebt, und die, da eben noch nicht Hochzeit war, in den Blutkreis, der sich um Vater und Sohn zieht, nicht eintreten kann, wird vom Vater leicht vertrieben. Das Gemeinsame ist alles um den Vater aufgetürmt, Georg fühlt es nur als Fremdes, Selbständig-Gewordenes, von ihm niemals genug Beschütztes, russischen Revolutionen Ausgesetztes, und nur weil er selbst nichts mehr hat als den Blick auf den Vater, wirkt das Urteil, das ihm den Vater gänzlich verschließt, so stark auf ihn.
Georg hat so viel Buchstaben wie Franz. In Bendemann ist ›mann‹ nur eine für alle noch unbekannten Möglichkeiten der Geschichte vorgenommene Verstärkung von ›Bende‹. Bende aber hat ebenso viele Buchstaben wie Kafka und der Vokal e wiederholt sich an den gleichen Stellen wie der Vokal a in Kafka.
Frieda hat ebensoviel Buchstaben wie F. und den gleichen Anfangsbuchstaben, Brandenfeld hat den gleichen Anfangsbuchstaben wie B. und durch das Wort ›Feld‹ auch in der Bedeutung eine gewisse Beziehung. Vielleicht ist sogar der Gedanke an Berlin nicht ohne Einfluß gewesen und die Erinnerung an die Mark Brandenburg hat vielleicht eingewirkt.
12. Februar. Ich habe bei der Beschreibung des Freundes in der

Fremde viel an Steuer gedacht. Als ich nun zufällig, etwa ein Vierteljahr nach dieser Geschichte, mit ihm zusammenkam, erzählte er mir, daß er sich vor etwa einem Vierteljahr verlobt habe.
Nachdem ich die Geschichte gestern bei Weltsch vorgelesen hatte, ging der alte Weltsch hinaus und lobte, als er nach einem Weilchen zurückkam, besonders die bildliche Darstellung in der Geschichte. Mit ausgestreckter Hand sagte er: ›Ich sehe diesen Vater vor mir‹, und dabei sah er ausschließlich auf den leeren Sessel, in dem er während der Vorlesung gesessen war.
Die Schwester sagte: ›Es ist unsere Wohnung.‹ Ich staunte darüber, wie sie die Örtlichkeit mißverstand und sagte: ›Da müßte ja der Vater auf dem Klosett wohnen.‹«
Der Verleger Kurt Wolff schließt in *Autoren, Bücher, Abenteuer* (S. 74) seine Erinnerungen an Kafka mit dem Zitat W. H. Audens ab: »Wenn man mich fragt, welcher Dichter im Sinne der Beziehung Dantes, Shakespeares, Goethes zu ihrer Zeit der unsrigen am nächsten steht, muß man in erster Linie Kafka nennen ... Er ist so wichtig für uns, weil seine Probleme die Probleme des heutigen Menschen sind.«

RUDOLF KAYSER

Moses Tod

Rudolf Kayser, Kritiker, Essayist, Biograph, Redakteur, Dramaturg. Geboren am 28. November 1889 in Parchim (Mecklenburg), gestorben am 5. Februar 1964 in New York. Abitur am Friedrich-Werderschen Gymnasium in Berlin. Studium der Germanistik und Philosophie in Berlin, München und Würzburg, wo er 1914 über *Arnims und Brentanos Stellung zur Bühne* zum Dr. phil. promovierte. Dann zunächst als Lehrer tätig. Mitarbeit an Kerrs *Pan* und vor allem an den Zeitschriften der expressionistischen Epoche wie Pfemferts *Aktion* (bis 1914), *Das Forum, März, Der Neue Merkur, Zeit-Echo, Das junge Deutschland, Die neue Bücherschau*, an Kurt Hillers *Ziel*-Jahrbüchern, an beiden Jahrgängen von Wolfensteins *Die Erhebung* und an der Essaysammlung *Juden in der deutschen*

Literatur. 1923 bis 1933 dramaturgischer Berater der Volksbühne und Redakteur der *Neuen Rundschau* in Berlin; Verfasser der in dieser Zeitschrift unter dem Titel »Europäische Rundschau« regelmäßig erscheinenden kulturpolitischen Betrachtungen. 1933 emigrierte er über Holland nach den USA, wo er Ende 1935 eintraf. Die ersten schweren Jahre dort überbrückte er als Lehrer. 1951 bis 1957 Professor für deutsche Philologie an der Brandeis Universität. Nach der Emeritierung weiter wissenschaftlich arbeitend in New York.

WERKE: *Die Zeit ohne Mythos* (Essays), 1923; *Stendhal*, 1928; *Dichterköpfe* (Essays), 1930; *Spinoza*, 1932; *Kant*, 1935; *The life and time of Jehudah Halevi*, New York 1949.

Mit seinen im Herbst 1920 geschriebenen Sätzen für den Prolog seiner lyrischen Anthologie *Verkündigung* (Roland-Verlag, München 1921) nimmt Rudolf Kayser, für seine Person, Abschied vom »Expressionismus«: »Die Dichtung solcher Jünglinge – moralisches Pathos; visionärer Sturm; Intensität – mußte lyrisch beginnen. Sie ward die Verkündigung der Gegensätze zu dem, woran unsere Kindheit schwer trug (deshalb die häufige Metapher des Kampfes gegen die Väter). [...] Für dieses Wollen erfand man das nichtsnutzige Wort ›Expressionismus‹. Es ist nichtsnutzig nicht nur wegen seiner Banalität, sondern weil es trotz ihrer so anspruchsvoll ist: eine programmatische Gemeinschaft vortäuscht, die nicht vorhanden ist. Im letzten Grunde gewannen wir ja keine neue Formidee, sondern im Zertrümmern der alten, morsch gewordenen nur die menschlich-religiösen Voraussetzungen zurück, die das Zivilisations-Jahrhundert uns geraubt hatte. Wir sind noch immer im Aufruhr: Rebellen der Worte und Klänge; sehnsüchtig nach neuem Gelingen.«
Und dann folgen die Worte, welche beziehungsreich als Kontext zu dem im gleichen Jahr 1921 erschienenen *Moses Tod* gelesen werden können (und sollen), der – gleichwie die *Verkündigung* einen Abschied vom Expressionismus anzeigt – als letzter Band des *Jüngsten Tags* den Tod der wichtigsten expressionistischen Buchreihe besiegelt:
»Es sei nur auf den geometrischen Ort gewiesen, an dem die Lyrik sich jetzt befindet. Es ist der Ort der Unter- und Übergänge, das Gebirge Abarim zwischen Wüste und Kanaan. Dort steht das dichtende Volk, blutdurchpulst, nackt, in Erwartung; zwischen trocknen, peitschenden Wüstenstürmen und einer verhüllten Ferne. Die

zerstörende Arbeit ist nun vollbracht: Verse der Sentimentalität
oder blassen Könnertums sind unmöglich geworden, aber bei aller
motorischen Kraft weiß man um die Armut der Zeit und der Kunst
und die Einsamkeit der wenigen Großen.«

ADOLF KNOBLAUCH

Dada

Adolf Knoblauch (Pseudonyme: Erlauch, Gregor Heinrich), Lyriker, Erzähler, Feuilletonist, Literatur- und Kunsthistoriker, Bibliothekar, Verlagsredakteur, Übersetzer (aus dem Englischen und Französischen). Geboren am 25. Mai 1882 in Harburg an der Elbe, gestorben am 26. Juli 1951 in Berlin. Kaufmännische Lehre. Seit 1901 meist in Berlin. Eine Zeitlang Beziehungen zur Neuen Gemeinschaft der Brüder Heinrich und Julius Hart (vergleiche dazu Erich Mühsams *Unpolitische Erinnerungen*, 1961, besonders S. 33). Las am 25. April 1914 auf dem achten Autorenabend der *Aktion* (der außer ihm Else Lasker-Schüler, Jakob van Hoddis, Alfred Lichtenstein und Mynona gewidmet war) aus seinen Blake-Übertragungen. Vor allem aber gehörte er in diesem und den folgenden Jahren zum »Sturm«-Kreis um Herwarth Walden. Der Sturm-Verlag brachte Knoblauchs Prosadichtung *Die schwarze Fahne* (1915) und die Frühen Gedichte *Kreis des Anfangs* (1916) heraus. Vertreten auf den Sturm-Abenden und in der daraus hervorgegangenen Anthologie *Sturm-Abende* (1918), ferner im Sammelband der von Herwarth geförderten Kunst und Literatur *Expressionismus. Die Kunstwende* (1918). Außerdem Mitarbeit an den Zeitschriften *Neue Blätter für Kunst und Dichtung, Der Zweemann*. Von Kokoschka porträtiert. Verlagstätigkeit in Berlin. 1930 Konversion zum Katholizismus. Unterm Pseudonym Gregor Heinrich Mitarbeit an der Zeitschrift *Der Gral*. Seit 1935 auf einer Kleinsiedlerstelle in Berlin-Spandau.

WERKE: *Gedichte*, 1908; *Impressionismus und Mystik* (in: *Weltliteratur der Gegenwart*. Band: Deutschland. I. Teil. Herausgegeben von Ludwig Marcuse), 1924; *William Blake. Ein Umriß seines Lebens und seine Gesichte*, 1925; (unter Pseudonym Gregor Heinrich) *Wir Friesen. Kultur-Darstellung*, 1924. Herausgabe: *Peter Hilles Mysterium Jesu*, 1921, sowie Bücher von Max Eyth und Martin Luserke. Übersetzungen: *William Blake, Ausgewählte Dichtungen*, 1907; *Kymrische Dichtungen*, 1920. Im Erinnerungsbuch *Der Sturm*, herausgegeben von Nell Walden und Lothar Schreyer (1954): drei Gedichte von Knoblauch.

Unter den beiden Motti zu »Dada« findet sich beziehungsvoll Theodor Däubler zitiert, und Däublers visionäre Farbenpracht (und Heimatlandschaft) ist gleich im ersten Satze von Knoblauchs Prosa gegenwärtig: »Das sonnergraute Rund des Karsts steigt über Dada empor, seine Stirn trägt vier Säulen roten Abendlichts, seine Hände ruhen blau«. Dabei soll doch gerade Däubler eher karikiert werden, ein »Nordlicht« spielt namentlich eine Rolle – der aus Istrien gebürtige Dada erlebt es und dichtet es –, namentlich erwähnt werden d'Annunzio und Gerhart Hauptmanns *Ketzer von Soana*. Das alles hat kaum noch Verbindlichkeit für uns, und da Knoblauch offenbar zu wenig Abstand von seinen (heimlich bewunderten) Zielobjekten hat, wird sein Motiv gegenstandslos für uns, und seine um Symbolik bemühte, anspielungsreich verschlüsselte Prosa bleibt auf der Strecke zwischen Satire und Menschheitsmythe. Im zweiten Band der von Ludwig Marcuse herausgegebenen *Literaturgeschichte der Gegenwart* (S. 75), an der auch Knoblauch mitarbeitete, wird innerhalb von Arno Schirokauers Abhandlung »Expressionismus der Lyrik« ein nicht näher datierter Brief Knoblauchs an Döblin zitiert, worin es heißt: »Ich, der ich nicht recht weiß, was ich mit dem Leben und seinen Gestalten draußen zu tun habe (ja, die Atmosphäre ihrer großen Ansammlungen meide), bin nur imstande zu schreiben aus der großen Liebe zu mindestens einer Gestalt oder lyrischen Helden-Erscheinung.« In der gleichen Abhandlung (S. 95) findet sich Schirokauers Bemerkung über Knoblauchs Lyrik: »... in seinen Sommerliedern ist deutlich die Liebe zur zeugenden Erde«.

Lothar Schreyer berichtet in seinen *Erinnerungen an Sturm und Bauhaus* (Albert Langen-Georg Müller Verlag, München 1956, S. 131–135): »Im Sturm, mehrere Jahre vor dem Bauhaus [...] Es war mitten im Krieg [...] traf ich Lyonel Feininger zum Tee bei Nell und Herwarth Walden. Es waren noch Rudolf Blümner, die beiden Dichter Theodor Däubler und Adolf Knoblauch zugegen.

Adolf Knoblauch zeigte sich zum erstenmal in der Uniform eines Landsturmmannes. Wahrscheinlich hatte er aus der Kleiderkammer die schäbigste Uniform erhalten, die aufzutreiben war. Trotzdem war er kindlich stolz auf seine Würde, und daß er, nun schon im weißen Haar, noch Soldat werden durfte. Er schwärmte – durchaus echt – von Kameradschaft und Heldentum, aber doch eigentlich wie ein zwölfjähriger Bub, der ›Räuber und Soldaten‹ spielt. Er zitierte nordische Heldenlieder, die er übersetzt hatte, zu Ehren der Schwedin Nell Walden. Er pries ebenso Theodor Däubler, den Dichter des *Nordlicht,* der schwitzend dasaß, tieftraurig, von einem ›Militaristen‹ – übrigens liebte er ihn – gepriesen zu werden. Es begann, ein ›nordischer‹ Abend zu werden, zumal als Adolf Knoblauch enthusiastisch Gesänge von William Blake vortrug, die er herrlich mit einem sanften magischen Ton übersetzt hatte und ungehemmt mit dem *Nordlicht* verglich. ›Nein! Nein!‹ protestierte Theodor Däubler mit Recht. ›Man darf Dichter nicht vergleichen!‹ Als sich Adolf Knoblauch auf die Malereien von William Blake zurückzog, von denen er einen Band herausgeben wollte, und sagte: ›Neben William Blake macht Chagall nichts als Hurenkram!‹, platzte Rudolf Blümner: ›Von den Huren verstehst du so wenig, Knoblauch, wie ich von den Engeln des William Blake.‹ Und damit es nicht noch mehr platzte, schaltete Herwarth Walden sich mit seinem Berliner Jargon köstlich ironisch ein: ›Bild bleibt Bild – vastehste?‹ [Schreyer rekonstruiert dann ein das Religiöse streifendes Gespräch zwischen Feininger und Knoblauch über Blake, Bild, Sinnbild und fährt fort:] Aus dem Gespräch dieser Stunde aber ist ein [im ›Sturm‹ 1917 als ›Zwiesprache‹ veröffentlichter] Briefwechsel zwischen Lyonel Feininger und Adolf Knoblauch hervorgegangen, in dem Lyonel Feininger den Sinn seines malerischen Schaffens ausspricht.«
Knoblauch hat sich dann nochmals, in seinem Fortsetzungsbeitrag »Aus den Briefen an einen Kubisten« (*Neue Blätter für Kunst und Dichtung,* Jg. 2, 1919/20) mit seinem (darin ungenannten) Freund Feininger auseinandergesetzt.

LYONEL FEININGER: deutsch-amerikanischer Maler und Graphiker. Geboren am 17. Juli 1871 in New York, gestorben am 13. Januar 1956 ebendort. Ausbildung in Hamburg, Berlin und Paris. Begann als Karikaturenzeichner. 1913 gemeinsam mit dem »Blauen Reiter« Ausstellung im Berliner Herbstsalon. 1919 bis 1933 Meister am Bauhaus in Weimar und Dessau. In anspruchsvollen Zeitschriften und Sammelwerken der expressionistischen Epoche mit graphischen

Beiträgen vertreten. Seit 1936 wieder in seiner Geburtsstadt New York. Eine der säkularen Erscheinungen in der bildenden Kunst des zwanzigsten Jahrhunderts.

BOHUSLAV KOKOSCHKA

Adelina oder Der Abschied vom neunzehnten Lebensjahr

Bohuslav Kokoschka. Geboren in Wien, wo er heute lebt. Mehr wünscht der Autor – Bruder Oskar Kokoschkas – nicht von sich preiszugeben. Hingegen war er so liebenswürdig, auf Bitte des Herausgebers für diese Ausgabe einen Text beizusteuern, der im folgenden, wie es der Autor wünscht, »ungekürzt und ohne jede Änderung zum Abdruck« gelangt:

»Als ich die Novelle *Adelina* geschrieben hatte, war ich vor dem 20. Jahr, daher der Untertitel und nur darum: Adieu 19. Lebensjahr! Und daß dieses Adieu auch knapp vor einem Weltkrieg war, davon ahnten ich und meine Generation nichts und ich lachte, wenn mein Bruder mich warnte: Dichte für dich und lies es später und freu dich daran, was da noch war, falls du dieses Später noch erlebst! – Warum soll ich es nicht erleben? fragte ich und lachte, ich bin ja gesund!
Und weil ich eben gesund war, wurde ich zum Militär eingezogen und erlebte durch die nächsten fünf Jahre auch den ersten Weltkrieg. Und da schrieb ich den Roman: *Ketten in das Meer* ... Ankerketten sind damit gemeint, denn ich kam zur Kriegsmarine. Ich achtete die Warnung meines Bruders nicht: Dichte für dich, ezt., und fragte kurz nach diesem ersten Weltkrieg bei einem großen, deutschen Verlag an, ob ich meinen Roman, 450 Seiten stark einsenden und auf verlegerisches Interesse stoßen könne? Ich erhielt die Antwort: Sehen Sie, bitte, ab davon! Man wäre nach dem großen Krieg nicht interessiert an einem Kriegsroman, wenn auch, wie ich mitgeteilt hätte, nur auf einer einzigen Buchseite, geschossen würde, und obwohl, wie Sie schrieben, gründlich! Man habe genug vom

Krieg! – Mein Buch war also und wie ich mit Staunen jetzt erfuhr, ein Kriegsroman. Bald darauf erschien: *Im Westen nichts Neues!* – Ein Welterfolg! Also der zweite Kriegsroman, aber als erster! Ich habe ihn nicht gelesen, denn ich war nicht dort, ich sollte erst im zweiten Weltkrieg nach dem Westen kommen, es kam nicht mehr dazu und ich halte nur auf das, was ich selber sehe!
Aber ich hatte doch lange vorher auch noch ein Theaterstück geschrieben und mein Bruder hatte Recht behalten, daß er sagte: Dichte für dich, ezt. Denn ich hatte dieses Stück, trotzdem und gleich damals, brühwarm, einem Wiener Theater eingereicht, wo es aber einige Jahre verschollen blieb, ehe es mir, ich hatte nur dieses einzige Exemplar, und wollte es wieder einmal lesen, zurückgegeben werden konnte. Ich hatte aber dann und dies schon wieder in Friedenszeiten, auch das Vergnügen, zwar nur dessen Hauptscene, (Eine enttäuschte Braut reißt sich das Hochzeitskleid vom Leib und verläßt halbnackt die Bühne), jedoch in einem Stück von fremder Hand, doch nicht von des meinen Bühnenspiels flair, und in demselben Wiener Theater, wo ich es vor vielen Jahren eingereicht hatte, als Erfolgsstück zu sehen, eine überaus animierende Zeitungskritik hatte mich dazu verlockt. –
Noch vor dieser Überraschung, im Herbst 1932, hatte ich mein Stück, es heißt: *Geh, mach die Türe zu, es zieht!*, dem Berliner Staatstheater eingereicht, es wurde zur Aufführung angenommen. Nach dem Bericht eines verstorbenen Freundes, Albert Ehrenstein, an mich, der dieser Aufführung beiwohnte, mußte der Vorhang aber vorzeitig fallen, weil ein Störtrupp plötzlich durch ein Pfeifkoncert ein Weiterspiel unmöglich machte. Diesmal aber, angeblich, wegen einiger politischer Bemerkungen, die 1914 zwar auch nicht neu, doch keinesfalls als undiskutabel galten, zu der Hauptscene war es garnicht mehr gekommen.
Während des zweiten Weltkrieges schrieb ich, nicht auf dem Schreibtisch, oder gar nach einem Entwurf auf dem Reißbrett, was es auch geben soll, wie ich in einer Wiener Zeitung gelesen habe, sondern wie man einen wirklichen Roman schreibt, da und dort, unterwegs, fast wie ein Maler mit seiner Staffelei, auf einer Kiste, einem Fensterbrett, oder bloß auf dem Knie und wie es sich gerade schickt den Roman: *Middie*. – Die Entwicklung einer Halbwüchsigen und innerhalb ihrer Familie, während der Jahre 1935 bis ungefähr 47. Dann ein Buch: *Urahne, Großmutter, Mutter und OK.* (Untertitel: Von seinem Bruder erzählt.) Und zuletzt: *Ein Roman in Versen.*
Und ich bin jetzt doch nicht mehr ganz der Meinung meines Bruders: Dichte für dich, ezt., diesmal aber, weil ich glaube, es ist schade,

wenn dies alles verborgen bleiben soll und damit vergessen wird, es
sind doch viele wirklich gesehene und miterlebte Schicksale aufgezeichnet,
Schicksale durch *unsere* Zeit *bedingt* und daher auch ein
Bild unserer Zeit. –«

Die Geschichte *Adelina* wurde in der Anthologie *Ego und Eros*
nachgedruckt, vom Herausgeber der vorliegenden Neuausgabe des
Jüngsten Tags mit einer Kurzinterpretation (S. 561 f.) versehen und
einer Notiz Karl Ottens (S. 562), die lautet:
»Literatur des Gleichaltrigen. Tagebücher von Heym. Identität
zwischen unvollendeter Form der Prosa und unvollendeter Form
der Vorstellungen im Kopf eines Halbwüchsigen. Bemerkenswerte
Analogie von Bekenntnis und Beobachter seiner selbst.«

OSKAR KOKOSCHKA

Der brennende Dornbusch –
Mörder, Hoffnung der Frauen

Oskar Kokoschka, österreichischer Maler, Graphiker und Schriftsteller.
Geboren am 1. März 1886 in Pöchlarn an der Donau. Kindheit
und Jugend in Wien; Schüler Klimts an der Kunstgewerbeschule;
Arbeit an der »Wiener Werkstätte«. März 1910 bis Frühjahr
1911 in Berlin, gehörte dort zum Kreis um Herwarth Waldens
»Sturm«. Expressionist der ersten Stunde, sowohl als Maler wie
als Dichter. »Im Anfange war *Oskar Kokoschka*. Es ist als sollte sie
der Bildner schreiben lehren. Ihm, dem Maler von Rembrandtstärke,
entsprang nicht nur das Neue in Bild und Zeichnung; seiner
rauhen, unbeholfene Gebirge stammelnden Kehle entwürgten sich
auch, vor zehn Jahren bereits, die ersten Kraftworte einer noch ungeborenen,
übrigens schwach bevölkerten Bühne« (Albert Ehrenstein
in: *Die Neue Rundschau*, Jg. 27, 1916, S. 1711). Kokoschka ist in
zahlreichen expressionistischen Publikationen vertreten. 1911 wieder
nach Wien. 1913 Italienreise. Im ersten Weltkrieg schwer verwundet.
1917 bis 1924 in Dresden, seit 1919 als Lehrer an der dortigen
Akademie. Befreundet mit vielen expressionistischen Dichtern,

die er porträtierte und deren Werke er mit Illustrationen ausstattete. In den zwanziger Jahren viel auf Reisen, bis in den Orient. 1931 bis 1934 in Wien, dann in Prag. 1938 Flucht nach England, lebte in London. In den fünfziger Jahren bis 1963 Lehrtätigkeit an der »Schule des Sehens« in Salzburg. Lebt seit 1953 in Villeneuve am Genfer See.

WERKE: *Schriften 1907–1955*. Herausgegeben von Hans Maria Wingler. Albert Langen – Georg Müller Verlag, München 1956.

In Winglers Ausgabe ausführliche Bibliographie und weiterführende Angaben auch zu den Dramen *Mörder, Hoffnung der Frauen*, 1907, und *Der brennende Dornbusch*, 1911. Die Uraufführung von *Mörder, Hoffnung der Frauen* fand im Juli 1908 (oder 1909) mit Kokoschkas Kommilitonen von der Kunstgewerbeschule und jungen Mitarbeitern der »Wiener Werkstätte« im Gartentheater der »Kunstschau« zu Wien statt. Die »professionelle« erste Aufführung fand dann, zusammen mit dem *Brennenden Dornbusch* und dem *Hiob* als Uraufführungen, unter Kokoschkas Regie am 3. Juni 1917 im »Albert-Theater« zu Dresden statt, mit Ernst Deutsch in einer Hauptrolle. Einige Monate vorher, im Stück *Sphinx und Strohmann* in der Dada-Galerie zu Zürich, waren Hugo Ball, Emmy Hennings, Tristan Tzara und Marcel Janko die Mitwirkenden – Ball hat in *Die Flucht aus der Zeit* (Ausgabe von 1946, S. 150 f.) darüber berichtet. Bei mehreren anderen Aufführungen wirkten Heinrich George als Regisseur und Hauptdarsteller oder Oskar Schlemmer als Bühnenbildner mit; Hindemith hat *Mörder, Hoffnung der Frauen* vertont.
Kokoschkas Stücke wurden also in prominentem Rahmen und, gemessen an ihrem Schwierigkeitsgrad, relativ häufig aufgeführt. Auf welche Phalanx von Mitstrebenden sich Kokoschka stützen konnte, aber auch wie schwer es einem Künstler damals gemacht wurde, sich durchzusetzen: davon geben die Stimmen der Zeitgenossen einen Begriff.

Walter Hasenclever schrieb 1919 in der Zeitschrift *Menschen* (Jg. 2, Nr. 3, S. 3) über seinen Freund: »Am 9. November dieses Jahres in den Morgenstunden, als die ersten Automobile mit roten Fahnen durch die Straßen von Berlin rollten, die Ereignisse einer plötzlich neuen Welt die Phantasie jedes Zuschauers überholten, und eine überstürzte Menge abseits stand, wurde in der Viktoriastraße bei Paul Cassirer eine Ausstellung eröffnet. Auf diesen Bildern sah man eine Reihe Menschen, mit aufreizender Zähigkeit immer wieder von neuem gemalt, deren Ausdruck irgendeine geheimnisvolle Beziehung mit denen zu verbinden schien, die auf der Straße riefen, es war, als ob eine Bewegung von den Köpfen und Händen der Leinwand zu den großen Plätzen ausging, wo sich das Schauspiel der Welt erfüllte. Oscar Kokoschka, heute als einer der größten Maler anerkannt, als Dichter nur von wenig Berufenen verehrt und geliebt, hat die Gewalt, das Leiden und die Verheißung des Menschen geschaffen; des Menschen, der seine Vorstellung war, des Empörers aller Zeiten, des Magischen, Unerreichlichen, des Lebendigen, der verfolgt wird und verfolgen kann. Als im Jahre 1908 eine erste Ausstellung seiner Köpfe in Wien zustande kam, empfand die bürgerliche Gesellschaft diese Porträts als eine Provokation; man bezeichnete sie allgemein als Schreckenskammer von Gehenkten, auf die jeder das Recht hatte zu speien. Journalisten und Kunstprofessoren wetteiferten mit dem Mob. Man hetzte die Polizei auf die bürgerliche Laufbahn dieses unbürgerlichen Malers; der Witz der Intellektuellen, der den tragischen Hintergrund ahnte, steckte seinen Plastiken Bonbons in den Mund, um den Schrei der Gesichte zu ersticken. Das politische Klischee dem Volke gegenüber wurde zum künstlerischen Menetekel: denn die Gesichter, die in der Schreckenskammer eingesperrt waren, rennen heute auf den Straßen herum!«

Vorwiegend auf den Dichter Kokoschka machte Albert Ehrenstein um die Jahreswende 1914/15 in einem Aufsatz des *Zeit-Echo* (Jg. 1, H. 20, S. 304 ff.) aufmerksam: »Kokoschkas literarische Ahnherren, oder aber, da er sie zum guten Teil kaum kennt: seine ›Verwandten‹ sind in sehr vornehmen Bezirken der Weltliteratur ansässig. Seine Dramen [...] gemahnen in ihrer Bizarrheit und schlichten Paradoxie an Brentano, Maeterlinck und Wedekind. Sie entladen in ihren wortkargen, formelhaften, definitionssicheren Wendungen ein reichliches Quantum Explosivstoffe. Kokoschka ist eben als Dichter wie als Maler, wenn man ihn schon in eine dieszwecks neuzuschaffende Gruppe einreihen will: Explosionist. Er schafft der Not gehorchend – dem eigenen Triebe! Umnebelt ihm romantisch-arabeskes Wesen die Gestalten, wie in dem 1907 [in der Wiener Kunstgewerbeschule von Kokoschkas Kommilitonen] aufgeführten Kuriosum *Sphinx und Strohmann*, birgt sich im geistigen Spuk, in der burlesken Verzerrung immer noch pippahaft-tiefes. In ›Mörderhoffnung der Frauen‹ [sic] naht uns Wedekinds Jack der Aufschlitzer als Menschenaufschlitzer, als ›Held‹ schlechthin, als Zertrümmerer der Schwachen. Ich nenne da Wedekind nur als Anrainer, denn Kokoschka konzentrierte, preßte hier, in herber, eigenwilliger

Sprache Worte und Gedanken eigenster Fechsung für ein künftiges Rapidtheater szenisch zusammen. Er ist, wie Wedekind, in letzter Linie ein arger Moralist – also wird sein ›Schauspiel‹ [so hieß ursprünglich *Der brennende Dornbusch*] von der in Krieg und Frieden gleich unverständigen Wiener Zensur verboten. Die Aufführung eines ideell und dichterisch hochstehenden Werkes ward aus Sittlichkeitsgründen inhibiert, es war gewiß ›unsittlich‹, daß eine in ein Laken gehüllte Frau darin keusch sprach: ›Mann im Mond – dreh' dich um, schau nicht her.‹«

In Paul Westheims *Kunstblatt* (Jg. 3, 1919, H. 7, S. 224) beschloß Max Herrmann-Neiße seinen Bericht über eine »Berliner Kokoschka-Aufführung« [Mai 1919 in den Kammerspielen von Max Reinhardts Deutschem Theater] mit dem Satz:
»Die übliche Publikumsmehrheit bestätigte dem Schaffen Oskar Kokoschkas das aufwühlend Ursprüngliche und Eigene, indem sie sich für ein herrliches Attentat auf die Handgreiflichkeit und Beschränktheit ihrer eigenen Umpfahlung durch barbarisches Randalieren rächte.«

Auch in Frankfurt, ein Jahr später, kam's bei der Aufführung von *Mörder, Hoffnung der Frauen* und *Hiob* zum Skandal. Der Theaterkritiker Bernhard Diebold schlug sich, im Abendblatt der *Frankfurter Zeitung* vom 12. April 1920, auf die Seite des entrüsteten Publikums: »Das Wort wurde zur Nebensache, Schrei, Spiel und Bild überwogen. Der Maler-Dichter *Kokoschka* will als Szeniker genommen sein. Daher beachte man als wesentlich der Stimmung: daß etwa Adam aus dem Paradies mit Strohhut, Drehorgel und Mülleimer erscheint; daß sich Bühnenkünstler als erotisierte Papageien und Pudel produzieren; daß ein weiterer Mensch den leiblichen Kopf verliert; daß nacktbeinige Chöre in Brunstchorälen winseln. Es wird gestochen, gehupft wie gesprungen. Alles um das Ewig-weibliche, das sich auszieht. Ein splitternacktes Fräulein lief auf die Szene, – immerhin mit einem Muff und ihrer Haut bekleidet. Die Anderen hatten auch nicht viel an. Dazu wurde einiges Symbolisches gesprochen, was den Maler Kokoschka nun als Dichter offenbart. Es war aber keine Dichtung, sondern eine Zumutung.

Erotik und Erotomanie sind nicht genau dasselbe. So wenig wie gesund und krank. Die Gleichung paßt nur für Leute, die zwischen Liebestrieb und Hysterie keine Unterschiede mehr machen. Die die Madonna, die verzückte heilige Therese und die Straßenhure Babylon für dasselbe liebwillige Schwein halten, das sie sich in ihre klebrigen Betten wünschen. Sonst nennten sie in frivoler Unbefangenheit die ehebrecherische Lustdirne nicht gleich Anima, was zu deutsch

Seele heißt. Sondern ebenso lateinisch, aber ehrlich und ohne geistigen Snobismus: Vagina.
Ich muß ganz deutlich reden. Für kleine Kinder wird die Zeitung nicht geschrieben. Keusche Umschweife und Metaphern wären hier stumpfe Waffen und mit vieldeutigen Sprüchen bemalte Schilde. Unter keinen Umständen will ich zu denen gehören, die man in hundert Jahren dafür rühmen wird, daß sie in einer Zeit dunkelster Unkultur die Dichterleuchte Kokoschkas als Ahnung des wiedergefundenen Paradieses begrüßt hätten.«
Dem damals einflußreichen Diebold, den sie mit diesem Zitat an den Pranger stellte, setzte die Zeitschrift *Das Tribunal* (Jg. 2, 1920/21, S. 23) die Schilderung Max Herrmann-Neißes entgegen, der, für Kokoschka streitend, nochmals auf die bereits erwähnte Berliner Aufführung vom Jahr vorher zu sprechen kommt: »Das Publikum dieser Matinee, die Mitglieder der Gesellschaft, das heißt jener anmaßende Kapitalistenmob, der sich alles leisten kann und überall dabei sein muß, und die zugehörige Leibgarde dummdreisten Aufklärichts benahmen sich schändlich. Gleich zu Beginn des *Brennenden Dornbusch*, als Käthe Richter in all der leuchtenden Ekstase ihres Traumwebens zu sagen hatte: ›Ich friere:...‹, glossierte hinter mir eine fette Stimme, wie ich später feststellte, einer brillantenbehangenen Hautevoleekuh gehörig, zum demgemäßen Kulturschieber-Rindvieh: ›Soll se sich mehr anziehn!‹ Immerhin brach der richtige Tumult erst beim *Hiob* los. Man lärmte, machte Zwischenrufe, tobte, pfiff; für Momente war es zweifelhaft, ob noch weitergespielt werden könnte. Und am Schluß explodierte vollends der Klamauk. Eine halbe Stunde rumorte die kompakte Majorität des Packs gegen die paar, die für Kokoschka eintraten, es gab Literaten, die abseits standen und ihre Gaudi an der Hetz hatten, (o Kollegialität!) und die Argumente, die da von dem wildgewordenen Hornvieh herausgebellt wurden, lauteten etwa: ›Das soll *deutsche* Kunst sein?‹ oder ›So was wagt die führende Bühne der Reichshauptstadt zu bieten, während man unsere Gefangenen in Feindesland zurückbehält!‹ Kokoschka kam selbst vor den Vorhang und hielt dem Janhagel stand und blieb keine Antwort schuldig. Die geeignetste freilich, wäre jene aus dem ›Götz von Berlichingen‹ gewesen.«
Es gibt noch viele zeitgenössische Äußerungen zu Kokoschkas Dramen, darunter von dem verständnislosen und voreingenommenen Ernst Heilborn in dem ohnehin recht reaktionären *Literarischen Echo* (Jg. 21, 1918/19, Sp. 1177 f.) oder (in *Das deutsche Drama*, Jg. 4, 1921, S. 56–59) von dem vergeblich, doch redlich um Verständnis bemühten Hans Benzmann. Im Streit der Meinungen er-

greift Hendrik [Henry] Goverts, der spätere Verleger, mit einem »Beitrag zur Dramatik Kokoschkas« für den Malerdichter Partei.

Oskar Kokoschka hat an zwei Bändchen im *Jüngsten Tag* als Illustrator mitgewirkt: zu Albert Ehrensteins Novellen *Nicht da, nicht dort* hat er die Umschlagzeichnung und zur *Adelina* seines Bruders Bohuslav Kokoschka eine Zeichnung für das Frontispiz geliefert.

GOTTFRIED KÖLWEL

Gesänge gegen den Tod

Gottfried Kölwel, Lyriker, Erzähler, Dramatiker, Hörspielautor. Geboren am 16. Oktober 1889 in Beratzhausen in der Oberpfalz, gestorben am 21. März 1958 in München. Wuchs im Fränkischen Jura auf, dem landschaftlichen Hintergrund vieler seiner Dichtungen. Lehrerbildungsanstalt in Amberg. Lebte seit 1912 in München-Gräfelfing: erst als Student (bei Franz Muncker und Artur Kutscher), dann als Lehrer (1914 bis 1918), schließlich als freier Schriftsteller. 1913-15 Mitarbeiter der *Aktion*. Begegnungen mit Rilke und Kafka. Max Pulver, Albert Steffen, Wolfenstein, der Literarhistoriker Martin Sommerfeld standen ihm nahe. Während der Nazizeit zog er sich ins oberbayrische Fischbachau zurück. Nach 1945 mehrere Auszeichnungen; Mitglied der Deutschen Akademie für Sprache und Dichtung.

WERKE: *Die frühe Landschaft* (Gedichte und Skizzen), 1917; *Erhebung* (Gedichte), 1918; *Bertolzhausen* (Erzählungen), 1925. – *Prosa, Dramen, Verse.* 3 Bände, 1962-64.

Die *Gesänge gegen den Tod,* Kölwels erstes Buch, gelangten über Empfehlung Martin Bubers an den Kurt Wolff Verlag. – Hausgeister, Naturgeister werden wach und führen ein Zwiegespräch mit den Menschen. Die Dinge geraten – leicht dämonisiert, leicht mythisiert, leicht humorisiert – in Bewegung wie die Figuren einer Spieluhr; das Ganze ist, letzten Endes, ein poetischer Nürnberger Spielwarenmarkt, überwölbt und umgrenzt von einem fränkischen Himmel, in der Hut eines bunt bemalten, bäuerlichen Heilands. In seinen besten Möglichkeiten (»Unser Haus«!) gerät Kölwel, naturmagisch und dingnah, in die Nähe von Kopisch, bei dem die Elementargeister ebenfalls ihr Wesen treiben und der eines der schönsten deutschen Gedichte, »Der Nöck«, geschrieben hat. – Das Motto auf der Widmungseite des im März 1914 (Dietz) erschienenen Buches – *Es gibt keine Toten* – wäre ein paar Monate später in dieser Lapidarform kaum möglich gewesen. Die Widmungen lauteten denn auch in späteren Nummern des *Jüngsten Tags* beispielsweise: »... meinen toten Freunden« (Gumpert), »Dem Gedenken meiner toten Freunde ...« (Weber), »Dem Geist, der vor den großen Stellungen in Blut floß« (Thies), »Den namenlosen Toten deutscher Revolution« (Toller).

Kölwels frühe Gedichte fanden prominente Anerkennung. Richard Dehmel (*Ausgewählte Briefe aus den Jahren 1902 bis 1920*, S. Fischer Verlag, Berlin 1923. Seite 341) schrieb unterm 17. Mai 1914 aus Blankenese: »Lieber Dichter – Ich danke Ihnen für die schöne Sonntagsstunde, die Sie mir beschert haben. Es ist mir eine große Freude, daß nach der Periode der kanalisierten Nur-Kunstmacherei die jüngste Lyrik wieder die Quellen aufsucht, aus denen meine eigne Jugend sich Schönheit schöpfte: Gottnatur und Menschenleben. *Gesänge gegen den Tod* – ein unvergeßlicher Titel; er bürgt für Ihre Fähigkeit, über den artistischen Cercle (als Filter ist er ja notwendig) hinauszudringen. Aus Ihren Versen spricht echter Überschwang, und in manchen Gedichten steigt er schon bis zu der reinen Höhe hinauf, wo er sich selbst vollkommen beherrscht, wo das starke Wort zum Gesang der Kraft wird. ›Brand‹ und die Ballade vom ›Heiland‹ zähle ich zu den herrlichsten Liedern, die unsre Zeit hervorgebracht hat. Weiter so!«

Kafka, der anläßlich der Vorlesung seines Prosastücks *In der Strafkolonie* in der Münchner Buchhandlung Goltz im November 1916 Gottfried Kölwel kennengelernt hatte, schrieb am 22. Dezember gleichen Jahres an Felice Bauer (*Briefe an Felice*, S. 748): »Gestern wurde ich an München erinnert, Kölwel schickte mir drei Gedichte. Sie kommen gewiß aus einem reinen in vielem Sinn unschuldigen Herzen, aber in München schienen sie schöner zu sein als hier.«

Gottfried Kölwel gegenüber äußerte sich Kafka brieflich (*Briefe 1902–1924*, 1958. S. 154) unterm 3. und 31. Januar 1917 folgendermaßen: »Diese Gedichte trommelten mir zeilenweise förmlich gegen die Stirn. So rein, so sündenrein in allem waren sie, aus reinem Atem kamen sie; ich hätte alles was ich in München angestellt hatte,

an ihnen reinigen wollen. Und vieles davon finde ich jetzt wieder. Denken Sie bitte wieder einmal an mich und schicken mir etwas. [...] Es sind trostreiche Gedichte, Trostgesänge alle; Sie halten sich förmlich nur mit einer Hand im Dunkel, vielleicht um nicht ganz losgebrochen zu werden aus der Erde, alles andere ist Helligkeit, gute und wahrhaftige. Gerade weil Sie die Bestimmung dazu haben, stört mich manchmal eine kühle Gefühlswendung, die sich so eindeutig gibt, als werde sie auf dem Trapez, und sei es auch das höchste, vollführt und nicht im Herzen; sie ist einwandfrei, aber das genügt gewiß Ihnen am allerwenigsten. [...]
Ich wundere mich nicht darüber, daß Sie bei Verlagen Schwierigkeiten haben, Sie verblüffen weder, noch erschrecken Sie, aber ebenso gewiß, als Sie das nicht tun, ist: daß man auf die Dauer den Gedichten nicht widerstehen kann.«
Ein Jahr später mokierte sich Herwarth Walden in seiner Zeitschrift *Der Sturm* (Jahrgang 9, 1918/19, S. 62) mit einer Glosse unterm Titel »Vorbeigedichtete Erkenntnis« über Kölwel und zielte dabei auf Max Reinhardt: »Ein Herr Kölwel verdichtet sich zu folgender Erkenntnis: Und lange blutete der Riß: / Was bin ich, Herr, ach, gegen Dich? / Ein Werkelmann, der Verse macht / Geschichten knüpft in wirrer Nacht / Und Menschlein steckt an seinen Bühnenspieß. Diesen Bühnenspieß konnte sich Herr Max Reinhardt nicht entziehen. *Das junge Deutschland* [Monatsschrift für Theater und Literatur. Herausgegeben vom Deutschen Theater zu Berlin] hob ihn auf den Schild und die große Presse findet diese Dichtung so erhebend, ›daß sie nicht nur dem Dichter allein zu empfinden vergönnt sein kann.‹ Der Werkelmann sei also dem Deutschen Theater gegönnt.«
Dagegen reihte sich Thomas Mann, später, unter die Fürsprecher. Er empfahl Anton Kippenberg ein Kölwel-Manuskript in einem ausführlichen Brief vom 14. Dezember 1931 (*Briefe 1889–1936*. Herausgegeben von Erika Mann. S. Fischer Verlag, Frankfurt am Main 1961. S. 309), worin es heißt: »Ich habe diese Verse mit einem Anteil gelesen, der mich selbst verwunderte, weil mein eigentlichstes Interesse auf die Prosa konzentriert ist und das stärkste war, das wohl seit Jahren eine Verssammlung mir abgewonnen hat. Ich kann nicht zweifeln, daß es Ihnen ähnlich ergehen wird, wenn Sie die Güte haben, in das Manuskript zu guter Stunde Einblick zu nehmen. Es sind schlichte, einfache und immer wiederkehrende Dinge, die darin zum Ausdruck kommen, Natur-Dinge, die aber nicht in einer impressionistisch stimmungsvollen Weise gebracht, sondern in einem später-als-impressionistischen Kunstgeist mit einem Hauch dialekt-

hafter Volkstümlichkeit sachlich ausgedrückt werden, in einem natürlichen und persönlichen Ton, der völlig ungesucht und dabei neu wirkt. Es klingt keine bekannte Weise an, auch nicht die Rilkes, die sonst so oft unverkennbar durchschlägt. Sie werden unter den ländlichen Bildern solche von der eigentlichsten Intensität, unter den Liebesliedern kleine, völlig unsentimentale Perlen finden [...].«

PAUL KRAFT

Gedichte

Paul Kraft, Lyriker. Geboren am 28. April 1896 in Magdeburg, gestorben am 17. März 1922 in Berlin. Soldat im ersten Weltkrieg; französische Kriegsgefangenschaft. Vertreten in der *Aktion* (mit wenigen Gedichten und Rezensionen), im *Aktionsbuch* (1917) und der ersten Auflage des Kurt Wolff Almanachs *Vom jüngsten Tag* (1916). Auf Franz Bleis Empfehlung waren seine Gedichte in den *Jüngsten Tag* gelangt. »Eine umfangreiche Gedichtsammlung wurde von S. Fischer, wieder durch Vermittlung Bleis, 1921 angenommen. Moritz Heimann schickte das Manuskript dem Autor wegen eines geringfügigen Einspruchs gegen den Vertrag zurück. [...] Die Gedichte blieben unveröffentlicht« (Raabe, Aktions-Nachdruck, Jg. 1911, S. 72 f.). Nachlaßverwalter Werner Kraft (dem Paul Kraft das Gedicht »Trennungsschmerz«, S. 24, gewidmet hat) übergab die schmale literarische Hinterlassenschaft seines Vetters dem Deutschen Literatur-Archiv in Marbach am Neckar.

Werner Kraft, der in Jerusalem lebende Lyriker und Literarhistoriker, schrieb am 31. Mai 1925 ein »Nachwort zu Pauls Gedichten«, das ebenfalls in der Handschriftenabteilung des Deutschen Literatur-Archivs in Marbach ruht und folgendermaßen lautet:
»›Lyrik ist alles, was am tiefsten Grund,
mögt oben ihr die Widersprüche lesen,
identisch wird zu immer neuem Wesen,
aus Klang und Ding ein unlösbarer Bund.‹
Es ist nicht meine Absicht, diese in die mystische Tiefe der Sprach-

philosophie reichende Definition in der Sphäre begrifflichen Denkens zu erleuchten; es muß hier zu sagen genügen, daß Karl Kraus in diesen Versen das einzige Ziel ausgesprochen hat, das zu erstreben dem Dichter Segen bringt. Historische und rationale Maßstäbe sind Sache der Kritik, nicht der dichterischen Praxis, die dem nach Offenbarung sich sehnenden Sprachtrieb entspringt.
Der Dichter der hier mitgeteilten Gedichte, der jung, schuldlos und unbegnadet hat sterben müssen, wußte sich unendlich weit von diesem Ziel. Daß er es unter vollem Einsatz seines reinen Herzens erstrebt hat, würde selbst er zugeben müssen. Der Kern seines Wesens war Gerechtigkeit. Mit immer neuer Scham denke ich daran, daß er zu einer Zeit, da ich noch, aus triftigen und trostlosen Gründen, im Bann einer verkrachten Theologie stand, die mich um meine höchsten Möglichkeiten betrogen hat, um das Wesen dieses Krieges völlig wußte. Davon zeugen die Gedichte, die er zu Beginn des Krieges gemacht hat. Trotz ihrer hohen moralischen Schönheit habe ich nicht geglaubt sie in diesen [unveröffentlichten] Band aufnehmen zu sollen, nicht nur deshalb, weil der Dichter das Manuscript in der vorliegenden Form zum Druck bestimmt hat, sondern vor allem auf Grund der Überlegung, daß seine Jugend seiner Einsicht nicht gewachsen war und eine reine Begründung des furchtbaren Weltzusammenhangs, aus dem dieser Krieg erklärt werden muß, nicht erlaubte. Aber er hat von den ersten polemischen, von den ersten dichterischen Worten an, die Karl Kraus am Krieg aufbrachen, die einzige Bedeutung dieses Wortes, dieses Menschen erkannt. Wie wenige wissen noch heute, daß dies etwas ist, was für Wesen zeugt und Dauer verbürgt! Andere Einflüsse waren vorhanden und sind noch hier und da in den Gedichten spürbar. Es handelt sich um Gestalten, die im Schein einer polemischen Gesinnung, die sie nicht hatten und eines Wortes, das sie nicht waren noch zu sein jemals Sehnsucht hatten – von dem ursprünglichen Mangel an Erkenntniskraft zu schweigen, kraft dessen sie es niemals sein könnten – selbst ihm neben andern eine Wahrheit vortäuschten, deren furchtbare Enthüllung er nicht mehr erlebt hat. So war doch Karl Kraus, dieser Mann, dieser Geist, dieses Wort, dieses Herz, der reinste Antrieb für sein geistiges Leben, für seine wunderbare geistige Rechtschaffenheit. Ein Gedicht wie ›In Erinnerung an einen alten Leierkasten‹ [in der vorliegenden Sammlung nicht enthalten], so wenig es sich an irgend etwas Einzelnem nachweisen ließe, ist ohne Kraus nicht denkbar. Daß aber überhaupt bei dem Übermaß intellektueller Erbärmlichkeit, die in dem Verhalten aller kritischen Instanzen zu dem dichterischen Werk dieses Mannes zum Ausdruck kommt,

wenigstens irgendwo eine reine Wirkung als schöpferischer Dank sich symbolisch bezeugt, das macht ein Gedicht wie das genannte, das wahrlich die eigenste Sehnsucht eines für fremde Schuld Verbannten aussingt, so erschütternd, so heilig.
Die Gedichte dieses Buches sind nicht von gleichem Wert; aber sie sind das Material, aus dem die großen Gedichte gemacht werden und sind es an vielen Stellen schon selbst, nicht groß, sondern schön, in dem seligen Sinn dieses Wortes. Er, der gesehen hat, daß ›Baum und Wiese grün den Himmel loben‹, ging dahin, so arm, wie es das letzte Gedicht ausspricht. Diejenigen, die ihn gekannt haben, werden seiner gedenken bis an das Ende ihrer Tage und dieses Gedenken weiterzugeben sich bemühen. Wenn diese Gedichte von denen, die ihn nicht gekannt haben, nicht die in Lob und Tadel unzuständigen Organe der literarischen Kritik sondern reine und urteilsfähige Leser erreicht, so ist ihr Sinn erfüllt, auch im Sinne dessen, der sie schuf.«

OTFRIED KRZYZANOWSKI

Unser täglich Gift

Otfried [wohl die authentische Schreibweise] Krzyzanowski, österreichischer Lyriker und Aphoristiker. Geboren vermutlich 1883 vermutlich in Villach, gestorben im letzten Vierteljahr (nach Werfel: im November) 1918 (nach Blei: Frühjahr 1919) in einem Wiener Armenspital (oder seiner Wohnung) an Unterernährung. In den Todesnachrichten der *Ernte* (Jahrbuch der Halbmonatsschrift *Das literarische Echo*. Herausgegeben von Ernst Heilborn. Erster Band. Berlin 1919, S. 208), welche – häufig ohne Jahresangabe – den Tod vieler Schriftsteller aus den Jahren 1918 und 1919 vermelden, findet sich (ohne Datum) folgende Notiz: »In einem Wiener Spital starb Ottfried Krzyzanowsky [sic], ein trotz Eigenheiten vielversprechendes Talent der jungen Dichtergeneration, infolge Entkräftung. Er war zu stolz, ein ›Bettelderichter‹ zu werden, und verhungerte, noch ehe sein Buch – lakonische Gedichte und fragmentarische Aufzeichnungen – bei Kurt Wolff in Leipzig – erschienen war.« Krzyzanowski ist (teils posthum) vertreten in den Zeitschriften: *Der Ruf* (Wien 1912/13), *Der Friede* (Wien 1918/19), und in den Anthologien: *Die Pforte*. Eine Anthologie Wiener Lyrik (Heidelberg 1913, im Saturn Verlag Hermann Meisters, der wohl auch die Herausgeberschaft besorgt hatte; nebst anderen darin Beiträge von Trakl, Albert Ehrenstein, Emil Alphons Rheinhardt und Krzyzanowskis Freund Fritz Lampl), *Der Mistral* (Herausgegeben von Alfred Richard Meyer als IV.-V. Buch der *Bücherei Maiandros*, Berlin-Wilmersdorf 1913; darin von Autoren des *Jüngsten Tags:* Becher, Benn, Blei, Brod, Albert Ehrenstein, Friedlaender [Mynona], Hasenclever, Emmy Hennings, Herrmann-Neiße, Lautensack, Rudolf Leonhard, Otto Pick, Schickele, Ed Schmid [Edschmid], Stadler, Viertel, Werfel, Wolfenstein), *Der neue Frauenlob* (Herausgegeben Meyer als IV.-V. Buch der *Bücherei Maiandros*, Berlin-Wilmersdorf 1919; darin nebst anderen: Benn, Edschmid, Albert Ehrenstein, Hans von Flesch, Friedlaender [Mynona], Walther [Georg?] Hartmann, Hasenclever, Max Herrmann, Iwan Lassang [Goll], Lautensack, Rudolf Leonhard, Lotz, Schickele, Wolfenstein).

WERKE (außer den Beiträgen an den oben genannten Fundstellen, zum Beispiel der Kurzprosa in *Der Friede*; im Agathon Verlag, Wien): *Agathon Almanach auf das Jahr 46* (1945; darin: die beiden in *Unser täglich Gift* enthaltenen Gedichte »Der Einsame« und »Spät nachts«); *Agathon Almanach auf das Jahr 47* (1946; darin: Vier in *Unser täglich Gift* nicht enthaltene Gedichte sowie ein Prosafragment »Der Höfliche«); *Agathon Almanach auf das Jahr 48* (1947; darin: »Der Schatz des Rampsenit. Ein Fastnachtsspiel« sowie der Vermerk zu Krzyzanowski: »Mit den Veröffentlichungen im Agathonalmanach auf 46 und 47 – mit einer Würdigung von Fritz Lampl – ist fast der ganze Nachlaß des Dichters bekanntgegeben«).

Werfel gibt im »Dritten Lebensfragment« seines offensichtlich stark von autobiographischen Elementen durchwirkten Romans *Barbara oder die Frömmigkeit* (1929) in der Schlüsselfigur des Gottfried Krasny ein Porträt Otfried Krzyzanowskis, das bis in die Einzelzüge hinein eine verblüffende Übereinstimmung mit den wenigen biographischen Zügen aufweist, die uns überliefert sind, und somit das vielleicht »authentischste«, sicher aber das ausführlichste Zeugnis vermittelt, das wir von Krzyzanowski haben. Auf den Seiten 506 und 507 zitiert Werfel die beiden Gedichte »Der Individualist« und »Weinlied« aus *Unser täglich Gift* und verweist in einer An-

merkung am Schluß des Romans ausdrücklich auf ihren Verfasser. Auch die von Blei (der in Werfels Roman als Basil karikiert wird) geschilderte Beerdigung Krzyzanowskis wird von Werfel, viele Seiten lang, beschrieben. Insgesamt tritt Krasny-Krzyzanowski im Roman *Barbara* auf folgenden Seiten auf: 444, 451–455, 478–479, 483–484, 489, 492, 497, 505–507, 553, 626–641, 707–719, 725–738, 740. Werfel betrachtet Krasny-Krzyzanowski zugleich mit fasziniertem Abscheu und schuldbewußtem Respekt – eine Empfindung, die Fritz Lampl teilt: ». . . sein Wesen stieß mich ab und zog mich an«.
Krzyzanowski war ein Alleindenker und Alleingänger; ein Einsamer, der sich zur Einsamkeit bekennt und seine Melancholie gelegentlich hinter Zynismus verbirgt; ein Dialektiker, ein Fragesteller und In-Frage-Steller, der die konventionelle Heuchelei, die arglose Übereinkunft haßt und über sich selbst ebenso verzweifelt ist wie über die Umwelt. Einer, der als Soldat die makabre Umwertung aller Werte erlebt hat, »wie im Kampf der Feige kühn wird / Und wie aus dem kältesten Grauen / Jäh die Grausamkeit erwacht« (S. 25). Typisch für Krzyzanowski sind die Gedichte »Unmut«, »Der Einsame«, »Der Individualist«, »Morgen«, »Sorge«, »Wunsch«; typisch sind alle seine wenigen Verse: einsame Stimme, weich im Glücksbegehren, hart vor Ausgeschlossensein. Wein und Tod saugt er – »Der Trinker auf dem Schlachtfeld« – wie ein täglich Gift ein, das Traum schenkt. Der Titel des Gedichtbands könnte nicht schlagender, nicht aussagestärker sein – ob er vom Autor selbst stammt, ist wohl kaum mehr feststellbar. »Ästhetik des Kriegs«, »Abend«, »Ernüchterung« – einige der Gedichte dürften Trouvaillen sein.
Im folgenden drei Dokumente zu Krzyzanowskis Wesen und Erscheinung. Erstens von Franz Blei aus seiner *Erzählung eines Lebens* (Paul List Verlag, Leipzig 1930, S. 346 f.). Leider hat Blei die Passage, die ein eigenes (»O. Krzyzanowski« überschriebenes) Kapitel seiner Autobiographie ausmacht, nicht – wie so viele andere – in seine *Zeitgenössischen Bildnisse* übernommen: »Trotz des konsonantenreichen Namens ein deutscher Dichter, Ottfried Krzyzanowski war Lautensack in der Häßlichkeit seines Gesichtes ähnlich, in der Not seines Daseins übertraf er ihn. Lautensacks Leben pfiff aus allen Löchern einer oft wüsten Leidenschaft, aber dieser Ottfried, der sich seinen bescheidenen Unterhalt von den Stammgästen zweier Wiener Cafés stumm erbettelte – nur wenn einer durchaus nicht den Blick seiner Augen hören wollte, sagte er: ›Zahlen Sie mir einen Pfiff Wein‹ – dieser Mensch von etlichen dreißig Jahren, der jede

bürgerliche Arbeit verabscheute, war in seinen zwei oder drei Dutzend Gedichten, die er hinterlassen hat, keusch, verhalten, fast puritanisch streng, sparsam. Jeder dieser Gedichte kam und trug die Marke eines gästelosen, eng und reinlich umzirkten Haushaltes adeliger Aszendenz. Er hatte klassische Philologie studiert. Rezitierte er Catull, blieb seine etwas schwere Zunge liegen. Sein Respekt vor der Dichtkunst war so groß, daß er in ihrem Dienst jede Erbärmlichkeit seines fleischlichen Hungerdaseins hinnahm ohne irgendwelches Ressentiment gegen die Reichen. ›Herr Werfel‹, sagte er, ›Sie nehmen die Partei des lieben Gottes, aber der hat Sie nicht gebeten. Der große Herr hat Ihre Anwaltschaft, Herr Werfel, nicht nötig.‹ Vom Bettel zu leben schien diesem rigorosen Manne die einzig erlaubte und noble Lebensform des Dichters heute. Ihr mußte dann auch die Form seines Sterbens entsprechen. Durch einen Katarrh unfähig, sein Lager zu verlassen und sich sein Brot zu erbetteln, von einem versorgten alten in den Tagesdienst gehetzten Weib vergessen, das ihm die Kammer vermietet hatte, fiel den Gästen der zwei Cafés – es waren die unruhigen Zeiten Frühjahr 1919 – erst am dritten Tage die Abwesenheit Ottfrieds auf. Um ein paar Stunden zu spät. Denn er war bereits verhungert und tot. In zwei Droschken fuhren wir, acht oder neun, auf den Zentralfriedhof. Die rivalisierenden Stammgäste der beiden Cafés hatten sich wohl in den Beerdigungskosten zusammengefunden, aber den Leichenredner wollten sie einander nicht gönnen. So ernannten sie mich dazu, der ich weder dort- noch dahin als Stammgast gehörte. Die zwei Arbeiter, welche den Sarg in die Grube gelassen hatten, stellten sich ein bißchen abseits, der eine zündete sich eine Pfeife an, der andere pflückte Hagebutten von einer Staude und kiefelte daran. Es ging ein feiner Regen nieder und der heraufgeschaufelte Lehmhügel gab ein bißchen nach, auf den ich mich stellte, um vor den acht Leidtragenden, die sich auf mich geeinigt hatten, die Trauerrede auf einen Dichter zu halten, den ich am wenigsten von diesen achten gekannt hatte, so wenig, daß ich ihn immer Ottmar statt Ottfried nannte. Ich hörte wohl während meiner Rede, daß man mir was zuflüsterte aus der kleinen Ansammlung um das Loch, aber erst beim dritten Male, als ich gerade erzählte, wie der liebe Gott die Bettlerhand des Dichters mit den Worten ergreifen würde: ›Ottmar . . .‹, da verstand ich, daß man mir immer leise ›Ottfried‹ zugerufen hatte. Nun war's aber nicht mehr zu reparieren, und ich blieb dabei: ›Ottmar, wird er sagen, denn der Erbarmer ist auch allmächtig . . .‹ Ich glaubte, mit diesem Scherz die ernste Situation retten zu müssen, denn es war von fernher auch eine Schwester des Verhungerten gekommen, die da

frierend und weinend stand, nicht wußte warum, denn sie hatte den Bruder seit zehn Jahren nicht mehr gesehen.«
Zweitens: Fritz Reck-Malleczewen (Verfasser des antihitlerischen *Tagebuch eines Verzweifelten*) erzählt in *Der Bücherwurm* (Jg. 13, 1927/28, S. 119 f.) »Anekdoten um einen toten Dichter«, die ihm der heute ziemlich vergessene Prager Schriftsteller Leo Perutz (der während der Nazizeit in Palästina lebte) mitgeteilt hatte. Nebenbei charakteristisch für die Verschollenheit Krzyzanowskis ist, daß der in keinem Handbuch Verzeichnete hier mit falschem Vornamen auftaucht:
»Ich glaube nicht, daß man in Berlin viel von dem verstorbenen jungen Wiener Lyriker Walter Krzyzanowski weiß. Ich selbst wußte bis vor Kurzem nichts von ihm. Bis mir vor ein paar Tagen Leo Perutz ein paar dunkle, bis auf die Knochen schneidende Verse von ihm zeigte; und mir dann erzählte, daß er in Wien lebte, hungerte, mit melancholischen Augen ins Leere sah, die paar erlesenen Verse schrieb, die nun wohl ans Licht kommen werden. Bis er vor ein paar Jahren in Wien, der unbarmherzigsten Stadt der Welt, verhungert ist. Und eben nichts hinterlassen hat, als diese seltenen, spärlichen und erlesenen Verse. Und ein paar lustige, wehe Anekdoten, die als sein Schemen durch die Stadt gehn. Hier sind ein paar.
Werfel war nach Wien gekommen und hatte Krzyzanowski, der tagelang fastete, zum Abendessen eingeladen. Nun, wie das so ist: zuerst aß Werfel mit einem damals noch jungenhaften Appetit sich durch die Speisekarte von oben nach unten und dann von unten nach oben hindurch. Und dann, wie das ebenfalls so ist, sprach er lange und ausgiebig vom Lieben Gott.
Am nächsten Tage sagte mit seiner sanften, lispelnden und ein wenig gebrochenen Stimme Krzyzanowski zu ihm: ›Herr Werfel, Herr Werfel ... seit ich Sie gestern habe nachtmahlen sehn, glaube ich nicht mehr an Ihr Christentum.‹
Perutz, der sich seiner in jeder Weise annahm und den er in gemessenen Abständen anpumpte, traf ihn eines Tages im Café Industrie und erzählte ihm freudig, daß er – Perutz – für ihn – Krzyzanowski – eine kleine Arbeit habe, die ihn nur für den Vormittag festläge und ihm ein bescheidenes Einkommen sichere. Da schrie Krzyzanowski, der sonst über ein sanftes Flüstern nicht hinauskam, empört durch das aufhorchende Lokal: ›Leo Perutz hat mir soeben einen unsittlichen Antrag gemacht.‹
Die Steuerbehörde kam. Sie wollte, zu schlechten Scherzen geneigt, wie sie ist, Krzyzanowskis Arbeitseinkommen wissen. Zuerst sträubte er sich erheblich gegen das Ausfüllen der Rubrik mit dem

Hinweis, daß er der und der Schriftsteller-Organisation angehöre und verpflichtet sei, keine Zeile ohne Honorar zu schreiben. Auf gutes Zureden des Beamten ließ er sich in der Rubrik ›Einkommen aus Arbeit‹ zu folgenden Sätzen herbei: 1. Das Dichten ist keine Arbeit. Sondern ein Vergnügen. 2. Der daraus zu erzielende Erlös wiegt im allgemeinen die Kosten für Papier und Tinte auf. P. S. Für zwei wie oben auf Wunsch gelieferte *Sentenzen* gestatte ich mir ein Honorar von zwölf Kronen zu berechnen.

Krzyzanowski.

Jemand, der sich ihm gegenüber in der Rolle des Mäzens gefiel, mahnte ihn eines Tages – nicht sehr lange vor Krzyzanowskis Hungertode – er solle doch nun endlich schauen, daß aus ihm etwas werde. Solle konsequent sein, sich um eine Stelle bemühn, arbeiten in Gottes Namen ...

Krzyzanowski sah ihn tieftraurig an und sagte mit der leisen, ebenso traurigen und sanften Stimme: ›Die Juden arbeiten den ganzen Tag, weil sie nichts zu tun haben.‹

Drittens: Fritz Lampl (österreichischer, im Londoner Exil gestorbener Schriftsteller; seinerzeit Herausgeber der Wiener Expressionisten-Zeitschrift *Daimon*) hat Krzyzanowski – wie Blei, wie Werfel – persönlich gekannt. Er schrieb (»London, im August 1946«) für den *Agathon Almanach auf das Jahr 47* (S. 253 ff.): »Obgleich nun mehr als dreißig Jahre darüber vergangen sind, erinnere ich mich doch recht gut seiner Person. Er war ein Wrack von einem Menschen, krank, häßlich, immer unrasiert, seine Zähne waren braune Stummel, das Gesicht schlaff, mit blöde hängender Unterlippe, wenn er schwieg. Er grinste beständig, es war eine Grimasse, geworden aus Stolz und Scham, eine Maske der Abwehr. Er lispelte. Sein Gewand sah zum Fürchten aus. Man mußte sich überwinden, ihm die Hand zu reichen. Nie hörte man ihn klagen, aber sein Wandel war Klage genug. Was konnte man anderes tun als ihn verspotten?

So schlich er mit schleifenden Schritten durch den Kuppelsaal des Cafés, das seine Heimat war, wie das leibhaftige böse Gewissen der Literatur. Seine Erscheinung schien zu sagen: ›Nur eure Tüchtigkeit, eure Gemeinheit bewahrt euch davor, so auszusehen wie ich.‹ Wer immer sich daher als Schreibender bekannte, mußte ihm täglich einen Teil des Schandgeldes abliefern, das er erbeutet hatte, den Zehent. Er war ihr heimlicher Zahlkellner, ihr stiller Kompagnon, der Wächter, der sie bewachte, der Steuerbeamte, der sie einschätzte, der Zöllner am Eingang und Ausgang. Er war ein strenger Richter und furchtbar in seinem Grimm. Der kleine Ruhm, der in

diesem Aquarium des Geistes zu Hause war, trübte sein Urteil nicht, Erfolg war verdächtig, Würde lächerlich und Mammon Raub.
Ich erinnere mich eines Abends im Sommer 1912. Die Szene ist deutlich in meinem Gedächtnis, wahrscheinlich deshalb, weil sie sich nicht im Café, sondern auf einer Ringstraßenbank abspielt. Dort öffnete er mir sein Herz. Er begann auf mich einzureden, erst zögernd und verwirrt, doch bald mit großer Heftigkeit. Das Wenige, das mir heute noch von diesem Monologe gegenwärtig ist, will ich hier aufzeichnen, denn es war freilich nicht so sehr der Gehalt seiner Rede, die mir den Vorgang von damals denkwürdig macht, sondern Fieber und Feuer der Worte. Es war ein tragisches Antlitz, das mir an jenem Abend erschien, aber mein zwanzigjähriger Verstand war solcher Dunkelheit, solcher Erschütterung nicht gewachsen. Er begann mit Stendhal, dessen lateinische Klarheit er bewunderte, er verachtete schöne Geister und jede Sentimentalität. Er mußte sich offenbar viel mit Nietzsche beschäftigt haben, denn er zitierte ihn des öfteren mit Genuß und mit jenem unbeschreiblichen Hochmut, dessen nur die tief erniedrigte Seele fähig ist. Dabei veränderte sich sein körperlicher Ausdruck ganz entschieden, sein Kopf, der sonst immer nur den Boden suchte, war nach hinten geworfen in rhapsodischer Haltung, die freien Arme beherrschten den Raum. Er versicherte mit Pathos, daß die Kunst eine Hure sei und ich ein junger Hund, dem das Leben offen stehe, und er gab mir den vorzüglichen Rat, mein Brot auf ehrliche Weise zu verdienen. Das brachte ihn zur Kindererziehung. Und hier entwickelte er ein Programm, das darin gipfelte: wie unverantwortlich es sei, Kindern von Tugenden und Idealen zu sprechen, sie mit Lügen zu stopfen, das waren seine Worte, um sie sodann aus dieser Märchenwelt in das Hetzhaus der Wirklichkeit zu schicken; es wäre vernünftiger, den Menschen von Jugend an auf das vorzubereiten, was ihn erwarte, auf Kampf, Betrug und Heuchelei. Darauf lachte er eine ganze Weile in sich hinein, und das war der Moment, wo ich mich überflüssig zu fühlen begann. Als er auf seine eigene Produktion zu sprechen kam, von Arbeiten, die er plante, hörte man es seiner Stimme an, daß ihn dieses Thema unsicher und trostlos machte, er verfiel auch richtig wieder in seine gewohnte Haltung und, ich glaube, damit endete es.
Ich wurde nicht klug aus ihm, sein Wesen stieß mich ab und zog mich an. Aber damals verstand ich es noch nicht, auf das Herz zu hören, das hinter der Rede ist, und ich wußte nicht, wie sehr unsägliches Leid uns die Welt verfinstert.
Sein Sinn war zu rein, so konnte er das Leben nicht ertragen, darin war er Hölderlin gleich. Nur daß er kein Griechenland erfand, wo-

hin er flüchten konnte, seine gebrochenen Schwingen trugen ihn nicht weiter als ins Café Central. Dort, wo weder Leidenschaften noch Qual der Jahreszeiten ihn plagen konnten, dort, fern vom Leben, im immer selben Licht der Trübnis, im sicheren Schlupfwinkel seiner Not, dämmerte er dahin und träumte auch zuweilen von dem, was draußen war, wie der Gefangene im Kerker.
Er starb, als das Gebäude des großen Reiches zerfiel, an der Grippe, die damals so viel gute Geister verschlang, vielmehr er verhungerte, als er die Grippe bekam. Es war die fatale Konsequenz eines fatalen Daseins. Als er Tage lang nicht im Café erschien, begann man nach ihm zu suchen, aber niemand wußte, wo er zu Hause war. Als man ihn endlich fand, war er tot.
Wie alt er wurde, weiß ich nicht, da er lebte, schien er mir ein Greis. Aber er wird kaum mehr als 35 geworden sein.
Ich habe seinen Nachlaß, dieses Bündel vergilbten Papiers, ein halbes Menschenalter mit mir herumgetragen und in guten und schlimmen Zeiten wohlbewahrt. Er hat nicht viel geschrieben, sein Herz war allzu schwer, allzusehr verschüttet, gebrochen, und so ist sein Werk: Bruchstück. Ich weiß sonst nichts von ihm, nur, daß er aus gutem Hause war, wie man zu sagen pflegt. Ein verlorener Sohn. Ein verkommenes Individuum. Ein Dichter.«

RUDOLF LEONHARD

Polnische Gedichte

Rudolf Leonhard, Lyriker, Dramatiker, Essayist, Hörspiel- und Filmautor, Herausgeber. Geboren am 27. Oktober 1889 in Lissa (Posen), gestorben am 19. Dezember 1953 in Berlin. Juristensohn. Jurastudium in Berlin. 1914 Kriegsfreiwilliger. Wegen seiner Kriegsgedichte damals kehrte Pfemfert sich von seinem Aktions-Mitarbeiter aus den Jahren 1912 und 1913 ab. Bald jedoch kam Leonhard als entschiedener Kriegsgegner vor ein Kriegsgericht. 1918/19 Teilnehmer an der Revolution; Anhänger Liebknechts. 1919 Mitglied des Rats der geistigen Arbeiter in Berlin. Mitarbeiter an der *Weltbühne* und zahlreichen Zeitschriften, Sammelwerken und Schriftenreihen der Epoche. Befreundet mit Meidner, Becher, Hasenclever. Lebte in den zwanziger Jahren als freier Schriftsteller und Lektor des Verlags »Die Schmiede« in Berlin. 1927 Übersiedlung nach Paris. Schrieb auch in französischer Sprache. Nach 1933 aktiv im antifaschistischen Widerstand; als Mitbegründer und führender Organisator des »Schutzverbandes deutscher Schriftsteller im Exil« unermüdlich im Dienste seiner emigrierten Kollegen. Wurde bei Kriegsausbruch mit anderen Emigranten im Pyrenäenlager Le Vernet, dann im berüchtigten Auslieferungslager Castres interniert, aus dem er auf abenteuerliche Weise flüchten konnte. Eine Zeitlang in der französischen Untergrundbewegung in Marseille. 1944 wieder in Paris. 1947 Teilnahme am Ersten deutschen Schriftstellerkongreß in Berlin. Zwei Jahre schwere Erkrankung und zeitweise Erblindung in Paris, ehe er 1950 nach Ost-Berlin übersiedeln konnte. 1951 erschien sein Buch *Unsere Republik. Aufsätze und Gedichte* als Bekenntnis zur DDR.

WERKE: *Angelische Strophen*, 1913; *Der Weg durch den Wald* (Gedichte), 1913; *Barbaren* (Balladen), 1914; *Über den Schlachten* (Gedichte), 1914; *Äonen des Fegefeuers* (Aphorismen), 1917; *Bemerkungen zum Reichsjugendwehrgesetz*, 1917; *Berlin und der große Plan* (lyrischer Roman), 1918; *Katilinarische Pilgerschaft* (Gedichte), 1919; *Kampf gegen die Waffe* (Rede), 1919; *Briefe an Margit* (Gedichte), 1919; *Das Chaos* (Gedichte), 1919; *Die Vorhölle* (Tragödie), 1919; *Gedichte über das Thema »Mutter«*, 1920; *Alles und Nichts!* (Aphorismen), 1920; *Spartakus-Sonette*, 1921; *Die Ewigkeit dieser Zeit. Eine Rhapsodie gegen Europa*, 1924; *Segel am Horizont* (Drama), 1925. – *Rudolf Leonhard erzählt*. Herausgegeben von Maximilian Scheer, 1955; Werkauswahl in vier Bänden, 1961 ff.

Das noble Nachwort zu den *Polnischen Gedichten* mit den bemerkenswerten Definitionen des Nationalgefühls und des Individualismus gibt nur wenig Aufschluß über die Ausgangslage, die zu den Gedichten führte. Sie gehören in jene Reihe politischer Lyrik, die mit den Polenliedern der Jahre um 1830 begann, sympathisch Gefühl verströmte für eine gute Sache, poetisch jedoch damals meist im Rhetorischen stecken blieb. Damit ist nichts gegen »politische Lyrik«, sondern nur etwas über die Schwierigkeit der Spezies gesagt. Rudolf Leonhard hat sie durch unorthodoxe, prall mit Anschauung gefüllte Bilder und eine gegen den Strich gebürstete, nicht um Gefallen buhlende Versrhythmik großenteils bewältigt. Übri-

gens haben sich hervorragende Dichter auf die Seite der politischen
Lyrik und der Polen geschlagen: Platen (der die besten Polenlieder
im neunzehnten Jahrhundert schrieb), Grillparzer, Freiligrath – bis
zu Günter Grass in unseren Tagen.

In einem »Lebenslauf« aus dem Jahre 1921 (zitiert nach dem Marbacher *Expressionismus*-Katalog, S. 216 f.) schrieb Rudolf Leonhard: »[...] Als wir ›Aktivisten‹ hießen, erledigten wir eine Vorfrage; und nicht Dichtung war es, die uns verband – wenn auch diese Verbundenheit auf die Dichtung sehr wirkte. Wir sind eine Generation, aber keine Gruppe; wir sind Dichter, aber keine Dichterschule. Ich habe Dutzende von Vorträgen über den Expressionismus gehalten und weiß genau, was Expressionismus ist, ich weiß aber nicht zu sagen, ob ich Expressionist bin. Manche Kritiker, soweit sie sich der Mühe unterzogen haben, mich zu beachten, halten mich dafür; ich vermute daß Herwarth Walden, der doch ein Monopol darauf hat, mich nicht dafür hält – und fürchte, daß die Frage bis zu meinem Tode unentschieden bleiben wird, und nachher interessiert sie mich noch weniger als jetzt.«

MECHTILD LICHNOWSKY

Gott betet

Mechtild (Mechtilde) Fürstin Lichnowsky, Erzählerin, Essayistin, Dramatikerin, Lyrikerin. Geboren am 8. März 1879 auf Schloß Schönburg in Niederbayern, gestorben am 4. Juni 1958 in London. Tochter des Grafen Max Arco-Zinneberg. Zu ihren Vorfahren gehörte die Kaiserin Maria Theresia. Österreichische Klosterschule. Heiratete 1904 den Fürsten Karl Max Lichnowsky, der 1912 bis 1914 deutscher Botschafter in London war, als Friedensfreund bei Kaiser Wilhelm in Ungnade fiel und aus dem Herrenhaus ausgeschlossen wurde. Bekannt mit vielen Künstlern und Schriftstellern, darunter Kokoschka, der sie malte, Ludwig von Ficker und Karl Kraus, dem sie Musik zu einigen seiner Couplets komponierte. Sie hat auch einige ihrer Bücher illustriert. Zur expressionistischen Zeit vertreten in *Die weißen Blätter, Zeit-Echo, Das junge Deutschland* und dem von Theodor Tagger herausgegebenen *Marsyas*, ferner in René Schickeles Anthologie *Menschliche Gedichte im Krieg* (1918). Nach dem ersten Weltkrieg lebte sie in Berlin, auf Familiengütern in der Tschechoslowakei und – nach dem Tod ihres ersten Mannes (1928) – in Cap d'Ail in Frankreich. 1937 heiratete sei einen Jugendfreund, den englischen Major Ralph H. Peto. Laut Sternfeld-Tiedemanns *Deutsche Exil-Literatur* wurde sie, die eine bedingungslose Feindin Hitlers war (»dessen Name nie über meine Lippen kommt«), »trotz ihrer britischen Staatsbürgerschaft an der Emigration gehindert«; lebte 1939 bis 1942 in München, dann bei ihrem Sohn auf Schloß Grätz bei Troppau. 1945 Flucht nach Schönburg; kurze Zeit in München. Von 1946 ab lebte sie, deren zweiter Mann 1945 gestorben war, in England. Mitglied der Bayerischen Akademie der Schönen Künste in München, der Deutschen Akademie für Sprache und Dichtung in Darmstadt und der Akademie der Wissenschaften und der Literatur in Mainz. 1953 erhielt sie den Preis für Dichtung der Gesellschaft zur Förderung des deutschen Schrifttums, 1954 den Kunstpreis für Literatur der Stadt München – eine unabhängig denkende und lebende Frau, eine überlegte Sprachkünstlerin, eine demokratisch fühlende Aristokratin und Kosmopolitin.

Übrigens haßte sie, was ihre Autorschaft betraf, das Femininum; nannte sich am liebsten, wenn sie nicht in der Ichform von sich sprach, »der Autor«.

WERKE: *Götter, Könige und Tiere in Ägypten*, 1912; *Ein Spiel vom Tod. Neun Bilder für Marionetten*, 1915; *Der Stimmer* (Erzählung), 1917 (1936 unter dem Titel: *Das rosa Haus*); *Der Kinderfreund* (Schauspiel), 1919; *Geburt* (Roman), 1921; *Der Kampf mit dem Fachmann* (Essay), 1924; *Halb und halb* (Tierzeichnungen und Verse), 1927; *Das Rendez-vous im Zoo*, 1928; *An der Leine*, 1930; *Kindheit* (Autobiographischer Roman), 1934; *Delaïde* (Roman), 1935; *Der Lauf der Asdur* (Roman), 1936; *Gespräche in Sybaris*, 1946; *Worte über Wörter*, 1949; *Zum Schauen bestellt*, 1953; *Heute und Vorgestern* (Gedichte und Prosa; mit Bibliographie), 1958.

Gott betet ist vor der Auflage im *Jüngsten Tag* als Luxusdruck in einer Auflage von zweihundert Stück erschienen. – Diese Prosagedichte sind interessanter im Ansatzpunkt (der bei einem radikaleren Geist leicht ins Blasphemische hätte geraten können) als in ihrer poetischen Verwirklichung – zu zeigen nämlich, wie Gott des Menschen bedarf, wie der Mensch der Schöpfer Gottes ist. Die fordernde Humanität Mechtild Lichnowskys will das versehrte Menschenbild zurechtrücken, indem sie Gott zwingt, ihm zu huldigen (S. 45 f.): »Daß ich Dein stilles Menschenantlitz grüße, weil es wie mein eignes wurde [...] Du sollst mein Herr sein. Du sollst Gottes Hand führen.«

ERNST WILHELM LOTZ
Wolkenüberflaggt

Ernst Wilhelm Lotz, Lyriker. Geboren am 6. Februar 1890 in Kulm an der Weichsel, gestorben am 26. September 1914 in Nordfrankreich (als Leutnant und Kompagnieführer bei einem Sturmangriff an der Aisne gefallen). Sohn eines Kadettenhausprofessors. Aufgewachsen in Wahlstatt, Karlsruhe, Plön (1900 bis 1910) und im Kadettenkorps Groß-Lichterfelde. Mit siebzehn Jahren Fähnrich in Straßburg. Liebte das Elsaß und die französische Kultur, übersetzte Gedichte von Rimbaud und Verlaine. Kriegsschule in Kassel. Anderthalb Jahre Dienst als aktiver Offizier, dann nahm er den Abschied, da er sich der Literatur und der Kunst widmen wollte. Lebte in Hamburg und Berlin. Sein letztes Frühjahr verbrachte er zusammen mit Ludwig Meidner in der Bautzener Straße in Dresden. Der Tod des noch nicht Fünfundzwanzigjährigen auf dem Schlachtfeld war – ähnlich dem Tod Stadlers, fünf Wochen später – ein schwerer Verlust für die deutsche Literatur.

WERKE: *Und schöne Raubtierflecken ...* (Gedichte), 1913; *Prosaversuche und Feldpostbriefe aus dem bisher unveröffentlichten Nachlaß*. Herausgegeben von Hellmut Draws-Tychsen. Verlag Jos. C. Huber, Diessen vor München 1955.

Zu Lebzeiten von Ernst Wilhelm Lotz sind – außer dem oben angegebenen, als Lyrisches Flugblatt bei Alfred Richard Meyer in Berlin-Wilmersdorf erschienenen Heft – lediglich einige Gedichte im *Sturm* und in der *Neuen Rundschau* abgedruckt worden. Die Gedichte in *Wolkenüberflaggt* sind alle vor dem Ausbruch des Ersten Weltkriegs entstanden und vom Autor noch für den Druck vorbereitet worden. Im Nachlaß, den Hellmut Draws-Tychsen verwaltet, ruhen noch eine Anzahl unveröffentlichter Gedichte. Nur wenige wurden seit Lotz' Tode publiziert; der Nachlaßverwalter gibt in dem Band *Prosaversuche* darüber Rechenschaft.

In *Wolkenüberflaggt* herrscht jugendlich-romantischer Aufbruchsgeist. Die Welt blinkt neu und lockt mit frischen Farben (»Da warf ich dem Chef an den Kopf seine Kladden! / Und stürmte mit wütendem Lachen zur Türe hinaus«, S. 6). Das letzte Gedicht des Bandes – »Aufbruch der Jugend« – wurde (neben Gedichten wie Hoddis' »Weltende«, Heyms »Gott der Stadt«, Stadlers »Fahrt über die Kölner Rheinbrücke bei Nacht«, Trakls »Elis«, Else Lasker-Schülers »Ein alter Tibetteppich«, Blass' »Die Straßen komme ich entlang geweht«) zu einem Schlüsselgedicht des Expressionismus – weniger im Formalen, als wegen seiner Gefühlskraft, dem herrisch fordernden Rhythmus, den eigenmächtigen Bildkompositionen und Begriffskombinationen (»Grell wehen die Fahnen, wir haben uns heftig entschlossen«, S. 56), der unverbrauchten Vokabular. Der Band enthält auch eines der sinnlich schönsten Liebesgedichte in deutscher Sprache: »Und schöne Raubtierflecken ...« (S. 22). Merkwürdig, wie folgenlos für unsere Literatur solche Poesie blieb; für Hugo Friedrich, beispielshalber, in seiner *Struktur der modernen Lyrik. Von Baudelaire bis zur Gegenwart*, ist der Expressionismus offenbar eine quantité négligeable, er wird hinausinterpretiert; und wenn Friedrich Benn zitiert, dann nicht den Benn der »Krebsbaracke«, sondern den Benn des Jahres 48.

»Wolkenüberflaggt« war auch ein großer Bucherfolg: die beiden Auflagen im *Jüngsten Tag* sollen zwanzigtausend Exemplare erreicht haben. Während sich Oskar Loerke (in einer Sammelbesprechung 1917 in der *Neuen Rundschau*; *Literarische Aufsätze*, S. 71) vergleichsweise grämlich-pedantisch gegenüber den Gedichten von Lotz verhielt, schrieb Kurt Hiller in seiner »Gedenkrede für meinen Freund Ernst Wilhelm Lotz« (ursprünglich 1915 im Jg. 26 der *Neuen Rundschau*; zitiert nach *Prosaversuche und Feldpostbriefe*, S. 8 f.): »Es ist richtig: Lotz schrieb Verse, die wie Schmetterlinge im Frühling waren; bunt, lustig und taumelnd; alles andere als Tendenz, alles andre als Predigt. Es waren seine frühen Verse, die Gedruckten, die, die man kennt. Aber schon die bekamen durch ein Wehen, ein Schweben und einen Lichtglanz etwas Beschwingtes und unsäglich Beschwingendes: so daß sie Frische und Glück erzeugten und Willen zur Tat. Der Dichtung mit ethischem Impetus, die wir fordern, geht eine Dichtung voraus, die wenigstens ethischen Effekt

hat; sie bedeutet gegen eine des Depressive bloß feststellende und den Leser mit der Feststellung bloß tröstende, also quietisierende Kunst bereits einen wichtigen Fortschritt. Sie ist nicht Besänftigung, sondern Motor; sie macht vitaler. ›Ich tanze die Treppen herab mit federnden Sehnen‹, ›oh wie ich hinfließe im Licht‹, ›und unsre Schenkel, Hüften, Raubtierlenden stürmten durch Zonen, grünend vor Gerüchen‹ –: der so bewegteste Sinnlichkeit sang, injizierte zerquälten Nervensystemen auf magische Art Mut. Nicht, daß er naiv an ihnen vorbeigeharft hätte; er wußte um einiges Schlimme; aber noch seine Schwere hatte Gewichtlosigkeit, und seine Schwermut schwebte. So waren die schönsten Dinge, die ihm gelangen, Herzstärkungen, Tonika, und sie politisierten uns indirekt. Indirekt und unabsichtlich. In seiner künstlerischen Absicht lag nämlich das Indirekte durchaus nicht; vielmehr verdanken seine Verse ihre spornende Wirkung zu einem guten Teil gerade ihrer Eindeutigkeit, ihrem Freisein von vertuschendem ›Symbolismus‹ und katholischer Schwindelschwüle, ihrer Direktheit.«
Ludwig Meidner, der auch einige Porträts des Jugendfreundes hinterlassen hat, verknüpft die Erinnerung an den Freund mit seiner »Erinnerung an Dresden« (erstmals 1918 in den *Neuen Blättern* erschienen, dann bei Paul Cassirer 1920 in Meidners Buch *Septemberschrei*; zitiert nach: Ludwig Meidner, *Hymnen und Lästerungen*. Herausgegeben von Hans Maria Wingler. Albert Langen-Georg Müller Verlag, München 1959): »Das war im Frühjahr 1914. [...] Drei verwegene Stuben bewohnten wir im ersten Stock. Ich und der Dichter Lotz.
Lotz. Ernst Wilhelm –: Deutscher Schwärmer, Romantiker, verliebt in Wolken und Wind. Schmal und lang, mit weiten Schritten durchs Gewühl der Straßen flammend. Immer straßenfroh und händehoch und beschwingter Besinger des Städtemeers. Immer Tänzer, Schwimmer, Segler durch die blauen Gassen. Von seinen Hüften glitt ihm alle Traurigkeit der Welt. Mit vorgeneigtem, verhalten-fieberndem Gesicht, mit beschwingten Lungen atmete er ein den ungestümen Tag, horchte beherzt auf seine Impulse hin und riß die Inspiration, wenn sie kam, so stürmisch wie ein Mädchen in die Arme. Melodienreicher Dichter in vierundzwanzigjähriger Jugend und Erdenseligkeit – immer zugetan dem heiß schwärmenden, begehrenden Blut – und das Herz hochhaltend und die Vernunft wie eine Schnupftabakdose in der Rocktasche zu seltenem Gebrauch. – Wir waren dem rasenden, tausendstimmigen Berlin entwichen. Hatten uns auf dieses blumige, noch unbescholtene Gefild gerettet. Denn wir wollten ungestört uns unserm innern Wesen weihen und auf

die Lieder innen horchen und die Schätze aus vollen Schächten heraufholen. Eines Sinnes waren wir in allen Dingen. Rissen uns immer abwechselnd an unsern Entzückungen hoch – ermunterten uns in allen Wagnissen, und Tag für Tag gaben wir unbekümmert unsern süßen Kindereien recht. – Dichter und Maler können getrost zusammen arbeiten. Da gibts keine Feindschaft noch Neid. Da gibt es nur helle Bereicherung und Leben in geistiger Fülle.
Tagsüber hämmerte ich an einer Leinwand in der hintersten Stube, während Lotz noch vorne schlief. In meine Striche floß ein wenig die edle Geigenmusik von Dresden ein. Ich fühlte einen anderen Rausch als in Berlin in meinem Rücken. Ich fühlte, daß die Gegenwart allgütig, leicht und wie ein langer, sanfter Traum aus meinen Händen strömte. Und der Dichter gesellte sich dann meinem Demutsschweigen, und wir brannten zusammen auf wie ein riesiges Feuer, liefen sprachlos aus dem Haus, und als wir in den Albertplatz einbogen, umrauschte uns der Gesang der Türme lieblich wie ein alter Choral, und wir blieben verdutzt stehen und fragten staunend, was uns hier getroffen habe. Dann genossen wir den Abend in tiefen Zügen, und später nachts, an der Elbe, hielten wir noch immer die Flaggen der Begeisterung in Händen hoch.
[...] Lotz dichtete jetzt seine besten Gedichte. Und ich entsank wieder in die Bizarrerien einer gottlosen, füneberen Welt, wo nur Skelette in allen Ecken kichern und Fragmente von Stadt, Laterne und Mensch am dreifachen Horizont versprühen.
Todesängste, wie tobende Krähenscharen, fuhren allnächtlich über mich hin, und ich zankte mit Lotz, der das Todesgrauen verlachte und nur dem irdischen, atmenden Sein seine Päane sang. [...]
Aber unheimlich prangte auf seiner Stirn das Todesmal, und es wuchs mit den Stunden des Tages, und wenn die Nacht hoch stand, dann senkte sich seine schmerzende Schneide, und eine düstere Ahnung beschlich mich und machte mich erbärmlich klein.
Lotz begann zu zeichnen. Sein Bleistift folgte in anmutigem und sicherem Schwung den Nervenlinien eines Antlitzes oder einer Landschaft pathetischem Flug. Wie fein sein Instinkt ein abgeschlossenes Bild in die Fläche schreiben konnte! Aber er legte diesem Können keinen Wert bei und wies immer nur auf seine Dichtung hin.
Er liebte die Malerei. Die hellen, orphischen Flächen jener Jahre waren ihm Peitschen und Wind in die Segel –, Delaunay, Kandinsky und Marc. Und meine eigenen, gezeichneten Hymnen von Stadtstraßen gaben ihm oft genug einen grellen Stoß, daß er kopfüber, wie ein Schwimmer, in seine Visionen hineinsprang.
– Die Tage verrauschten in Schönheit schwer.«

LEO MATTHIAS

Der Jüngste Tag

Leo Matthias (seit 1946: L. L. [Leon Lawrence] Matthias; Pseudonym: L. L. Lawrence), Essayist, Dramatiker, Soziologe. Geboren am 16. Januar 1893 in Berlin. Studierte Jura, Nationalökonomie, Soziologie in München, Genf, Paris, Berlin. 1916 Promotion zum Dr. jur. Lebte bis 1922 in Berlin. 1920 Reise in die Sowjetunion. 1922 Emigration nach Mexiko; mexikanischer Staatsbeamter. 1924 bis 1933 wieder in Berlin. In diesen Jahren zahlreiche Reisen nach Kreta, Marokko, Türkei, Syrien, Irak, Palästina, Persien, Belutschistan, Indien. Mitarbeit an den Zeitschriften *Die Aktion, Der Anbruch, Die Neue Schaubühne, Die Weltbühne, Die Neue Rundschau, Der Neue Merkur*, am zweiten und dritten der *Ziel*-Jahrbücher Kurt Hillers, an Wolfensteins beiden Jahrbüchern *Die Erhebung*. Seit 1933 im Exil. Dozent an der Universität Mexico-City. Ord. Professor (profesor y catedratico) für Soziologie in Kolumbien und Guatemala-City. Direktor eines Erziehungsinstituts in Venezuela. 1941 bis 1951 in den USA. Chef des Bureau on Latin-American Affairs in New York, Chef eines Department of Sociology and Political Science in Burlington, Vermont. Mitarbeit an wissenschaftlichen Zeitschriften in Lateinamerika und den USA. 1955–56 China-Reise mit dem Ergebnis des umstrittenen Buches *China auf eigenen Wegen* (1956). Seit 1951 lebt Matthias in Ascona in der Schweiz.

WERKE: *Die Partitur der Welt*, 1921; *Genie und Wahnsinn in Rußland*, 1921; *Die Entfesselung*, 1921; *Klavier* (Komödie), 1922; *Ausflug nach Mexiko*, 1925; *Griff in den Orient*, 1931; *Die Entdeckung Amerikas anno 1953 oder Das geordnete Chaos*, 1953; *Die Kehrseite der USA*, 1963; *Memoiren* (in Vorbereitung). Herausgeber Ausgewählter Schriften von Friedrich Heinrich Jacobi.

Hugo Kersten lehnte im vierten Jahrgang der *Aktion*, vom 23. Mai 1914, das Stück *Der jüngste Tag* mit freilich recht windigen Argumenten (»Man höre endlich mit dem Unfug auf, Dramen zu schreiben«!) ab. Verständnisvoller und positiver, wenn auch mit gewissen Vorbehalten, urteilte der ansonsten eher konservative Hans Franck in einer Sammelbesprechung »Rund ums Drama« aus dem 17. Jahrgang des *Literarischen Echo* von 1914/15 (Sp. 280):

»Dritte Spezies: der Neuerer aus Beruf. Keine Frage, der das groteske Spiel *Der jüngste Tag* schrieb, *Leo Matthias*, versteht sein Metier. Er kann, was er will. Er ist ein Besonderer, Eigener, Unverwechselbarer. Und doch vermag er nicht, uns das Letzte zu geben, den Glauben an das Müssen, an den Zwang in ihm. Durch seinen Willen grenzt er sich ab, durch seine Erkenntnis, durch seine ihrer Zwecke und ihrer Mittel sichere Klugheit läßt er sich in seinem Tun bestimmen. Nie empfinden wir dies Tun als den Ausfluß eines besonderen Seins, das so und nicht anders sich darstellen muß, sondern immer als einen Willen zur Besonderheit, der *nicht* wie die andern zu sein sich vorgesetzt hat. Die Art, wie dies Ziel erreicht wird, wie in einem sprunghaften, ganz auf das Seelische, ganz auf Expression bedachten, scharfgeschliffenen, von der Leidenschaft zum Epigramm, zum Aphorismus bestimmten Dialog das tragische Problem der seelischen Hörigkeit nicht: gestaltet, aber doch: geistvoll debattiert wird – diese aufs höchste getriebene Geschicklichkeit, Ungeheures mit geringen Mitteln auszudrücken, löst wiederholt Überraschung und Staunen aus. Nie aber schwindet das Gefühl, einem Artisten, einem Jongleur zuzuschauen, der sein Können zur Schau stellt. Trotzdem ist von dieser Künstelei bis zur Kunst nur ein Schritt, ja es ist sogar möglich, daß, was uns heute als Fertigkeit erscheint, schon vollwertiges Können ist. Gewißheit können erst weitere Werke bringen, die zeigen, ob dieser Leo Matthias ein Besonderer ist oder nur sein will, ob er ein Neuerer aus Zwang oder Berechnung ist.«

MYNONA

Schwarz-Weiß-Rot

Mynona (eigentlich Salomo Friedlaender; Mynona ist ein Anagramm aus Anonym), Philosoph, Lyriker, Satiriker, Verfasser von Grotesken. Geboren am 4. Mai 1871 in Gollantsch (Provinz Posen), gestorben am 9. September 1946 in Paris. Kindheit und Schulzeit in Posen. 1894 bis 1902 Studium der Medizin, dann der Philosophie in München, Berlin und Jena, wo er 1902 mit einer Dissertation über Schopenhauers Stellung zu Kants Kritik der reinen Vernunft zum

Dr. phil. promovierte. Lebte bis zu seiner Emigration als freier Schriftsteller in Berlin. Folgte im September 1933 seinem Vetter Anselm Ruest (mit dem er 1919 bis 1925 die in der Nachfolge des Stirnerschen Individualismus stehende Zeitschrift *Der Einzige* herausgegeben hatte) nach Paris. Überlebte dort den zweiten Weltkrieg samt Nazi-Besetzung und starb nach langer schwerer Krankheit. Mynona-Friedlaender hat die beiden Sparten seiner Schriftstellerei immer streng voneinander geschieden: als Salomo Friedlaender schrieb er seine philosophischen Werke, als Mynona seine Grotesken. Zu seinen philosophischen Werken gehören: *Schopenhauer. Seine Persönlichkeit in seinen Werken* (1907), *Logik* (1907), *Friedrich Nietzsche. Eine intellektuale Biographie* (1911), *Schöpferische Indifferenz* (1918), *Kant für Kinder* (1924). Mynona ist – unter seinen beiden Namen – häufig in den Zeitschriften der expressionistischen Epoche und der zwanziger Jahre vertreten. Er war mit Lublinski, Simmel, Scheerbart, Kubin, der mehrere Werke von ihm illustrierte, befreundet und übte mit seinen Grotesken einen starken Einfluß auf die expressionistische Literatur aus.

WERKE (unter dem Pseudonym Mynona): *Rosa, die schöne Schutzmannsfrau*, 1913; *Für Hunde und andere Menschen*, 1914; *Hundert Bonbons* (Sonette), 1918; *Nur für Herrschaften*, 1920; *Unterm Leichentuch*, 1920; *Mein Papa und die Jungfrau von Orléans nebst anderen Grotesken*, 1921; *Das Eisenbahnglück oder der Anti-Freud*, 1925. – *Rosa die schöne Schutzmannsfrau und andere Grotesken.* Herausgegeben von Ellen Otten (Auswahlband). Verlag der Arche, Zürich 1965.

Grotesken eines spottlustigen Philosophen, die von der harmlosen Glosse (»Das vertikale Gewerbe«) bis zur treffsicheren Satire (*»Schwarz-Weiß-Rot oder Deutschlands Sieg über England unter Goethes Farben«*) reichen, stets aber Zeitkolorit – meist Berliner Provenienz – aufweisen. Mögen mancherlei Anspielungen aus der Entstehungszeit der Grotesken für den Zeitgenossen der siebziger Jahre unverbindlich geworden sein, so gibt andererseits das Zeitkolorit den Prosastücken einen auch heute nachgenießbaren Reiz der Authentizität, zumal uns die Blickrichtung des Autors vertraut anmutet, der von sich sagte: »Der Groteskenmacher ist davon durchdrungen, daß man diese Welt hier, die uns umgibt, gleichsam ausschwefeln muß, um sie von allem Ungeziefer zu reinigen; er wird zum Kammerjäger der Seelen« (zitiert nach Rudolf Kayser im *Handbuch der deutschen Gegenwartsliteratur*).

Karl Otten charakterisierte in dem von ihm herausgegebenen Band
Expressionismus – grotesk (S. 10 ff.) Mynona und die Funktion der
Groteske: »Ganz allgemein gesehen zielt das Groteske in der Dichtung auf Verwandlung ab, Verwandlung des Dichters, seiner visuellen Fähigkeiten, seiner Beziehungen zur Umwelt. [...] Immer
jedoch gibt sich das kraß Alogische, der offenbare Widerspruch zur
Erscheinung, den Anschein des alleinig Echten, so dicht umgibt es
der Dichter mit Kausalität, Natur, Substanz. Das Amalgam aus
Groteske und Wahrheit erhält dadurch das Gewicht realer Phänomene, die das Weltbild des Lesers erschüttern und durcheinander
bringen, wie dies bei Kurt Schwitters und Mynona der Fall ist.
[...] Bei Mynona – in der Erzählung ›Das Wunder-Ei‹ [*Schwarz-Weiß-Rot*, S. 25] – ist das Innere dieses Monstrums in der Wüste
mit derart möglichen, ja greifbaren technischen und akustischen, also
wissenschaftlichen Details ausgestattet, daß der irritierte Leser das
›Unmögliche‹ nicht etwa wütend ablehnt, sondern weiterliest. Eine
groteske Situation entwickelt sich: dem Innern des allmütterlichen
Wesens – dem Riesen-Ei – entsteigt mollige Wärme, der ganze Unsinn verwandelt sich in ein erotisches Abenteuer; schließlich wandern wir im Ei wie in einem Panoptikum umher, das ja auch real
und zugleich abstrakt, künstlich ist. [...] An Mynonas Werk können
wir Sinn und Funktion des Grotesken am einfachsten ablesen.
[... Bücher,] in denen das Unmögliche, das Paradoxon, die Groteske
den Lauf der Welt bestimmen; Bücher, die den Widersinn der damaligen Zeit, das Absurde in Staat und Gesellschaft widerspiegeln.
Hier also vollführt das Groteske eine historische Aufgabe: es entlarvt eine Zeit, die, zwischen Krieg, Inflation und Diktatur tanzend,
die ›goldenen zwanziger Jahre‹ zu einer Allegorie des Absurden
macht.«

Max Krell bemerkte 1917 in der *Neuen Rundschau* (Jg. 28, Bd. 1,
S. 274) im Anschluß an eine Besprechung über Meyrink, Kafka,
Brod und Benn: »Nur der Technik nach schlägt Mynona in den
Grotesken *Schwarz-Weiß-Rot* einen andern Weg ein. Seine Satire
realisiert den Witz in zeitlichen Gebilden; sie spielt das Tatsächliche
so aus, daß es sich in karikierenden Reflexen überstürzt und ein
bunter prismatisch gebündelter Kram wird. Aus jeder der sechs
Grotesken pfeilt sich der Witz, er sammelt sich, bekommt Blut und
Wesen, dessen Antlitz die Überwindung des Realen durch den Geist
mit Lächeln und Sarkasmus begleitet.«
Im gleichen Jahre 1917 (*Die Schaubühne* 13, I, S. 12 f.) ließ sich

unter der Überschrift »Die Sekt-Eule« Peter Panter alias Kurt Tucholsky über *Schwarz-Weiß-Rot* vernehmen:
»[...] das Heft bewirkt etwas, was dicke Wälzer an Humor nicht fertig bekommen haben: Man lacht. Man rollt sich. Man trudelt über alle Treppengänge des stolzen Weltenbaus.
Seine Komik ist sehr schwer zu fassen, sie ist ganz unterirdisch. Zunächst fallen einmal alle Hemmungen weg, der Himmel öffnet sich, der liebe Gott selbst streicht sich seinen weißen Bart, aber er und der Bart sind aus Glas, man sieht durch sie hindurch, in den zweiten Himmel, da sitzt Haeckel und liest in einem dicken Buch ›Welträtsel für artige Kinder‹, aber auch er ist gläsern, man sieht weiter, weiter. Und ein himmlisches Feixen durchzieht den Raum.
Daß unsre Erde bei einer solchen Betrachtungsweise nicht immer gut wegkommt, läßt sich wohl denken. Sie wird es verwinden. Aber der Schreck, wenn auch dieses Verwinden schon wieder bespöttelt ist!
Mynona möge mich keines Vollbartes zeihen, wenn ich sage, daß nicht alles künstlerisch geglückt ist. Technisch ist vieles ganz abstrus – viel zu lang, besonders gegen den Schluß der kleinen Geschichten macht sich häufig eine trunkene Schläfrigkeit bemerkbar. Dafür sind viele Passagen, besonders im Andante der Sonaten, hinreißend. [...]
Und es ist alles da: Herr Boboll, der das Nötigste bei sich hat und der Mitwelt damit aushilft (Thermometer, Barometer, die vielen kleinen Bedürfnisse des Lebens ...), Herr Boboll, den man auch deklinieren kann: Boboll, Bobolls, Bobolln, Bobolln – und eine wehmütige Erinnerung an Paulum Scheerbart (›Das vertikale Gewerbe‹ – befürchten Sie nichts, Leserin!) [...]«
Ellen Otten schreibt im Nachwort (S. 243) ihrer Mynona-Neuausgabe: »Mynona hat das Datum seiner literarischen Wiederkehr ziemlich genau getroffen: an seinem hundertsten Geburtstag fehlen zur Zeit dieser Veröffentlichung [1965] nur noch 6 Jahre. [...] es ist zu hoffen, daß auch anderes wieder neu aufgelegt werden wird, darunter der 1922 veröffentlichte phantastische Roman *Graue Magie, Berliner Nachschlüsselroman*, in dem versenkbare Wände, seitwärts gleitende Decken, Menschen, die mittels mechanisierter Regenschirme durch die Luft fliegen, dem Leser als das selbstverständlichste von der Welt präsentiert werden. Mynonas Faszination durch die Technik, seine Vorliebe für das Grotesk-Makabre, das Vergnügen am Schockieren durch Grausamkeit und tückische List – all diese Züge der Mynonaschen Phantasie sollten ihn dem heutigen Leser nahebringen und ihn als Ahnherrn und Begründer einer Kunst-

gattung erkennen lassen, die von Ludwig Rubiners *Kriminalsonette* über Ringelnatz und Tucholsky bis zu Qualtinger und Georg Kreisler führt.«

LUDWIG MEIDNER: Maler, Graphiker und Schriftsteller. Geboren am 18. April 1884 in Bernstadt (Schlesien), gestorben am 14. Mai 1966 in Darmstadt. Sollte auf Wunsch der Eltern (der Vater war Textilhändler) Architekt werden. Maurerlehrling. 1902 bis 1905 an der Königlichen Kunstschule in Breslau. Bis 1906 Modezeichner in Berlin. Bis 1907 Parisaufenthalt; Freundschaft mit Modigliani. Dann in Berlin. 1912 mit Richard Janthur und Jakob Steinhardt Gründung des Malerklubs »Die Pathetiker«. Im gleichen Jahr malte er die erste seiner apokalyptischen Landschaften, die (ähnlich Heym in seinen Gedichten) die Schrecken des Krieges vorwegnahmen. 1913 Gründung der Zeitschrift *Das neue Pathos*; Begegnung mit Delaunay und Apollinaire. 1914 mit Ernst Wilhelm Lotz in Dresden; dann wieder Berlin. 1916 bis 1918 Kriegsdienst. Bis 1935, teils als Zeichenlehrer, in Berlin. 1927 Heirat mit der Malerin Else Meyer; 1929 Geburt des Sohnes David. 1935 als entarteter Künstler gebrandmarkt; Zeichenlehrer an der jüdischen Schule Jawneh in Köln. 1939 mit der Familie Flucht nach England. 1952 Rückkehr nach Deutschland; lebte erst bei Freunden, dem Generalstaatsanwalt Buchholz in Hamburg und dem Bundestagsabgeordneten Adolf Arndt in Bonn. 1955 bis 1963 in Marxheim bei Hofheim im Taunus; dann Übersiedlung nach Darmstadt. Meidner war zweimal in seinem Leben berühmt: in den Jahren etwa zwischen 1912 und 1925 und wieder im hohen Alter, als er auch offizielle Anerkennung in hohem Maße erfuhr. In beiden Epochen erschienen Monographien über ihn, zuletzt (1966) die umfassende von Thomas Grochowiak. Meidner schrieb: *Im Nacken das Sternemeer* (1918), *Septemberschrei* (1920), *Gang in die Stille* (1929), *Hymnen und Lästerungen* (1959). Eine Reihe Feuilletons – ironische Betrachtungen eines Beobachters, der dem Alltag seine Phantastik entlockt – erschienen Ende der zwanziger, Anfang der dreißiger Jahre im *Berliner Tageblatt* und im *Berliner Börsen-Courier*; sie harren noch der Buchveröffentlichung. Meidner hat, zuerst als Maler und Zeichner, den Stil des Expressionismus entscheidend mitgeprägt; er war aber auch ein originaler Dichter, der, vor allem in seinen ersten beiden Büchern, auf eine nur ihm eigene Weise Hymnisches mit Drastik, Alltagsrealismus mit visionären Gesichten verbindet.
In seinem Buch *Im Nacken das Sternemeer* schickt Ludwig Meidner

einen »Gruß des Malers an die Dichter«: »Du, wie die weiße Sonne, Alfred Mombert: Meteor über Gebirgen, so sehr geliebt von mir und gefeiert in manchem Gemälde und vielen tönenden Blättern! Alfred Mombert sei gegrüßt! Und da strömen schon meine Kampfgenossen ein, die heißköpfigen, brennenden Verwirrten: Georg Heym, heraus aus deiner Totengruft! aus euren Grüften, Stadler und Trakl. Max Brod!! Johannes R. Becher, atemlos Fliegender! Benn, Boldt, Lichtenstein, Wolfenstein! Du, Else Lasker-Schüler! Du dunkel flennender Albert Ehrenstein! Du fetter Däubler! [...] Und ihr, meine nahen Freunde: Walter Hasenclever und Rudolf Leonhard! Seid bedankt!! Voll Ehrfurcht und Staunen reiche ich meine Bruderhände dir, Lotz, Ernst Wilhelm, hin!! Seele meines besten Freundes, möchtest du in unbekannter, unirdischer Welt diese meine wehenden Grüße erahnen!! [...] Du Grotesken-Dichter und Präsident Ur-alter Jucker: Mynona! Du Wald-Inbrünstiger, Peter Hille und Du Stadt-Verzückter, Jakob van Hoddis! Fern in Schlesien hausender, viel weinender Max Herrmann, Kamerad und Mensch während des Krieges, sei bedankt, sei bedankt!!« Meidner, der Porträtist des Expressionismus, hat die meisten Genannten, und manche öfter, gemalt und gezeichnet; dazu noch viele andere: Zech, Hardekopf, Lehmbruck, Felixmüller, Schickele, Döblin, Lotte Lenja, Edschmid. Vielleicht ist es mehr als zufällig, daß Meidner nach dem zweiten Weltkrieg zuerst als Dichter wiederentdeckt worden ist: in Ottens Anthologie *Ahnung und Aufbruch*. In ihr fand sich Meidner mit den Freunden seiner Jugend wieder und stellte sich mit ihnen zugleich einer neuen Generation vor.
Seine Mynona-Illustrationen betreffend, schrieb Meidner am 17. Juli 1916 aus Berlin-Wilmersdorf an den Kurt Wolff Verlag (*Briefwechsel*, S. 190 f.): »Endlich kann ich Ihnen die beiden Zeichnungen zu Mynonas *Schwarz-Weiß-Rot*, die als Clichédrucke wiedergegeben werden können, senden. Ich habe für die Umschlagzeichnung [fehlt bei später uniform gehefteten Exemplaren]: ›Goethe verjagt mit deutscher Flagge Newton‹ einen maßvollen Ausdruck der Zeichnung gewählt, da häufig genug durch drastischen Ausdruck der Einbandzeichnung Käufer abgeschreckt werden. Als Frontispice nahm ich eine Illustration ›Boboll verteilt Toilettpapier‹ zur Erzählung ›Toilettpapier, Toilettpapier!‹ Die erwünschte Clichégröße habe ich beidemale auf den Blättern vermerkt.«

KARL OTTEN

Der Sprung aus dem Fenster

Karl Otten, Lyriker, Erzähler, Dramatiker, Essayist, Herausgeber. Geboren am 29. Juli 1889 in Oberkrüchten bei Aachen, gestorben am 20. März 1963 in Minusio-Locarno. Sohn einer alten rheinisch-katholischen Familie. Schulbesuch in Aachen und Köln. Studium der Soziologie und Kunstgeschichte in München, Bonn, Straßburg. 1912 geriet er, auf einer Reise nach Griechenland, in den Aufstand der Albanier gegen die Türkenherrschaft, den er als ein Vorspiel zum Ersten Weltkrieg erlebte. Sein erstes Buch, *Die Reise durch Albanien* (1913) – von Edschmid bald nach Erscheinen als ein Musterbuch des neuen Stils gerühmt –, gilt als ein frühes Beispiel expressionistischer Prosa. Otten gab 1913–1914 zusammen mit Heinrich F. S. Bachmair, Josef Amberger und Johannes R. Becher die Monatsschrift *Die Neue Kunst* heraus, in der Hugo Ball, Benn, Blass, Březina, Brod, Däubler, Albert Ehrenstein, Leonhard Frank, Salomo Friedlaender [Mynona], Hasenclever, Emmy Hennings, Jakob van Hoddis, Franz Jung, Philipp Keller, Else Lasker-Schüler, Alfred Richard Meyer, Wolfenstein, Paul Zech publizierten. Otten selber lieferte Beiträge für führende literarische und politische Zeitschriften, vor allem für die *Aktion*; Pfemfert widmete ihm eine Sondernummer mit einer Porträtzeichnung von Egon Schiele. 1918 wurde Ottens Gedichtband *Die Thronerhebung des Herzens*, der gerade in Pfemferts Schriftenreihe *Der rote Hahn* erschienen war, vom Berliner Polizeipräsidium »im Auftrag des Oberkommandos in den Marken« beschlagnahmt. Mit Pfemfert, Albert Ehrenstein, Zuckmayer und anderen einer der Unterzeichner des am 16. November 1918 in der *Aktion* veröffentlichten Aufrufs der »Antinationalen Sozialisten Partei«. 1919 zusammen mit Julian Gumperz Herausgeber der *Blätter zur Kritik der Zeit: Der Gegner*. Mitarbeit an expressionistischen Sammelwerken und Anthologien, darunter der *Menschheitsdämmerung*. Bekenntnis zum Kommunismus. In der Neuausgabe der *Menschheitsdämmerung* (1959, S. 355 f.) schrieb Otten auf Bitte des Herausgebers Pinthus:
»Lieber Kurt Pinthus, Sie, ein Überlebender des Weltunterganges, bitten einen anderen Überlebenden zum zweiten Stapellauf unseres Floßes *Menschheitsdämmerung*, auf dem sich vor 40 Jahren 23 ›sehnsüchtige Verdammte‹ den Stürmen der Utopie ausgesetzt sahen, ein paar Worte über das Leben eines Schiffbrüchigen zu sagen.

Worte, die den ›zornigen jungen Mann‹, der ich damals war, erklären und beschwichtigen sollen. Ich könnte auch sagen – berichtigen. Das gilt dann für jene Stelle in meinem damaligen Zornesausbruch, in der ich, den messianischen Kommunismus ernstnehmend, in Rußland und seiner Revolution die Erlösung vom Übel zu erblicken glaubte. Ich war nicht der einzige, der das tat. Gleich mir hofften viele damals, 1917–1919, dem ewigen Frieden im Geiste Dostojewskijs und Tolstois das letzte, große und grausige Opfer gebracht zu haben. Die Geschichte hat uns eines Schlimmeren belehrt und die Jahre, die dann folgten, stellten das Grauen des ersten Weltkrieges in den Schatten. Hoffnung und Grauen haben daher mein Leben bis in die kleinste Äußerung bestimmt. Der friedlichen Etappen sind wenige: Studienjahre in München, Bonn und Straßburg (1910–1914); Freundschaft mit Erich Mühsam, Heinrich Mann, Carl Sternheim, Franz Blei wurde politisch und künstlerisch richtunggebend. Diese wahrhaft glückliche Epoche, für mich Maß und Wert der Zeit schlechthin, blieb Richtlinie, Forderung des Dichters nach Neugestaltung menschlicher Ordnung.
Da ich, voll böser Ahnung, den ersten Weltkrieg kommen sah und aus meiner Gegnerschaft keinen Hehl machte, wurde ich bei Kriegsausbruch in ›Schutzhaft‹ genommen und verbrachte den Krieg teils im Gefängnis, teils als Arbeitssoldat, kurz, als ein Verdächtiger, dessen Leben an einem Faden hing. Aus dieser Stimmung schrieb ich *Die Thronerhebung des Herzens,* der die hier abgedruckten Dichtungen entnommen sind.
Krieg, Revolte, Inflation nahmen mir zunächst den Atem. Ich ging nach Wien, wo ich als Redakteur und Herausgeber der Zeitschrift *Der Friede* arbeitete. 1924–1933 Berlin, wo in kurzer Folge Romane, Theaterstücke, der Film *Kameradschaft* [deutsch-französischer Bergarbeiterfilm, 1931, Regie: G. W. Pabst, Idee und Drehbuch: Karl Otten] entstanden. Am 12. März 1933 verließ ich Deutschland, ging nach Spanien, von wo mich 1936 der Bürgerkrieg vertrieb. Im selben Jahr Ausbürgerung durch das nationalsozialistische Regime. Die nächsten zweiundzwanzig Jahre verbrachte ich in England mit politischer und literarischer Arbeit. Seit 1958 in der Schweiz.
Lieber Kurt Pinthus, seien Sie mir nicht böse über diese Vereinfachung einer Lebensgeschichte – einer Überlebensgeschichte –, deren Lücken jeder nach Belieben oder Unbehagen selber ausfüllen kann, am einfachsten durch das Lesen meiner Bücher.«
Seit 1957 ist Otten, 1944 erblindet, nicht nur als Autor eigener Werke in die deutsche Literatur wiedergekehrt; er war auch unermüdlich und erfolgreich besorgt um die Wiederkehr seiner Kamera-

den, der expressionistischen Dichter, die er einer neuen Generation mit folgenden Anthologien zurückgewann: *Ahnung und Aufbruch.* Expressionistische Prosa, 1958; *Schrei und Bekenntnis.* Expressionistisches Theater, 1959; *Das leere Haus,* Prosa jüdischer Dichter, 1959; *Expressionismus – grotesk,* 1962; *Ego und Eros.* Meistererzählungen des Expressionismus. Mit einem Nachwort von Heinz Schöffler, 1963.

WERKE: *Lona* (Roman), 1919; *Der Fall Strauß* (kriminalpsychologische Studie), 1925; *Die Verwandlung des Delphin* (Roman), 1927; *Prüfung zur Reife* (Roman), 1928; *Eine gewisse Victoria* (Roman), 1930; *Der schwarze Napoleon* (Biographie von Toussaint Louverture), 1931; *Die Expedition nach San Domingo* (Schauspiel), 1931; *Der unbekannte Zivilist* (Roman), 1932; *Torquemadas Schatten* (Roman), Stockholm 1938; *A Combine of Aggression. Masses, Elite and Dictatorship in Germany* (Soziologie des Faschismus), London 1942; *Der ewige Esel.* Eine Jugenderzählung, 1949; *Die Botschaft* (Roman), 1957; *Ein gewesener Mensch* (Erzählung; in der Zeitschrift *Texte und Zeichen*), 1957; *Der Ölkomplex* (Schauspiel), 1958; *Herbstgesang* (Gedichte), 1961; *Wurzeln* (Roman), 1963. – Herausgabe: Albert Ehrenstein, *Gedichte und Prosa,* 1961; Georg Kreisler, *Zwei alte Tanten tanzen Tango ... und andere Lieder,* 1961; Georg Kreisler, *Der guate alte Franz und andere Lieder,* 1962; *Schofar. Lieder und Legenden jüdischer Dichter,* 1962.

In der Titelgeschichte *Der Sprung aus dem Fenster* stolpert ein Individuum (bildlich gesprochen) über die eigenen Füße. Herr B., in dem sich »Genialität und bizarres Kleinbürgertum« so eigenartig mischen, »daß kein Charakter dagegen aufblühen« kann, möchte seiner Mittelmäßigkeit entkommen. Statt sich jedoch zur „Unerträglichkeit des Ichs« zu bekennen, projiziert er allen ihm versagten Aufschwung nach draußen, bis er (vielleicht?) erfaßt, daß selbst ein Sturz vom Balkon den nicht ändern würde, der er ist. Die Geschichte setzt lapidar ein, springt mitten ins Thema und hört schwebend auf mit einer Frage, die wie gemeißelt in der Luft steht.
Der Intensität der Empfindung sowie der Simultaneität durcheinanderstürzender Gefühle, worin Pinthus (in der *Menschheitsdämmerung*) die Qualitätsmerkmale expressionistischer Dichtung erkennt, wäre somit als drittes Erkennungszeichen die Spontaneität des Einsatzes hinzuzufügen. Eine ganze Reihe von expressionistischen Geschichten setzen mit der Spontaneität von Ottens *Sprung aus dem Fenster* ein: mit dem ersten Satz packt der Autor sein

Thema und hält es bis zum Ende im Griff. Witz und Vision, Gesicht und Gedächtnis, Anschauung und Analyse schießen auf direktem – poetischem – Wege ins Bild (S. 5): »Der Morgen war Büro, Schreibmaschinen, der Mittagstisch die versalzene Erkenntnis: Genies gehen eher zugrunde, notorisch häufiger als schlechte Köchinnen.« In einem solchen Satz liegt die ganze Erfahrung des Expressionismus; von der Beschreibungsliteratur weg, wird solcherart der Beginn eines neuen Darstellungsstils aus dem Geist der Sprache markiert.

Hans Richter fügt in seinem Buch *Köpfe und Hinterköpfe* (Verlag der Arche, Zürich 1967, S. 92) zwei Momentbilder zu einem Gesamtbild von Karl Otten: »*Der schwarze Napoleon* eroberte Berlin in den 20er Jahren. Haiti, wo er rebellierte, eroberte und regierte, war zwar weit von der deutschen Hauptstadt entfernt, aber aktuell im Romanischen Café. Mein Freund Karl Otten, ein rapide sprechender, scharfsichtiger Autor, war eigentlich ein Lyriker, einer der führenden expressionistischen Dichter, die in der Aktion Pfemferts ihre Heimat hatten und das Romanische Café bevölkerten. Aber Ottens Wirkung reichte über Aktion und Romanisches Café hinaus. Eines Tages entschloß sich Eisenstein in den USA, die Geschichte dieses ersten Neger-Befreiers zum Gleichnis der Revolution der unterdrückten Rassen zu machen. Dafür diente ihm Ottens Stück. Der Plan scheiterte an den hypokritischen Felsen Hollywoods.
40 Jahre später sah ich ihn in Ascona wieder. Er hörte, aber sah mich nicht mehr. Erblindet zeigte er den gleichen raschen Mut und Geist, ja mehr: Die geplünderte und geächtete Literatur und Dichtung seiner Zeit verdankt ihm eine Neugeburt in zahlreichen von ihm und Ellen, seiner bewundernswerten Frau, herausgegebenen Bänden von Gefährten unserer Jugend, die ohne ihn versunken wären.«

HANS REIMANN

Kobolz

Hans Reimann, Erzähler, Satiriker, Dramatiker, Kritiker, Essayist Parodist, Kabarettist, Film- und Funkautor, Zeichner. Geboren am 18. November 1889 in Leipzig, gestorben am 13. Juni 1969 in Schmalenbeck bei Hamburg. Kaufmannssohn. Studium in Berlin und München. Im Ersten Weltkrieg Soldat in Galizien und an der Somme. Beiträge in *Die Aktion* (1915 und 1916), *Die weißen Blätter, Die neue Schaubühne, Die Weltbühne, Das Tagebuch, Der Querschnitt, Simplicissimus* und vielen anderen Zeitschriften und Zeitungen. Einige seiner erfolgreichen parodistischen Romane richten sich gegen Hedwig Courths-Mahler (*Schlichte Geschichten fürs deutsche Haus*), gegen Artur Dinters antisemitisches Buch *Die Sünde wider das Blut* (*Die Dinte wider das Blut*. Ein antisemitischer Roman von Artur Sünder), gegen Hanns Heinz Ewers (*Ewers*. Ein garantiert verwahrloster Schundroman in Lumpen, Fetzchen, Mätzchen und Unterhosen von Hanns Heinz Vampir) – alle im Paul Steegemann Verlag in Hannover. 1924 bis 1929 Herausgeber der satirischen Zeitschrift *Das Stachelschwein*. Dramatisierte zusammen mit Max Brod *Die Abenteuer des braven Soldaten Schwejk* von Hašek; Piscator, Leo Lania, Gasbarra und vor allem Bert Brecht änderten diese Fassung für die aufsehenerregende Uraufführung unter Piscators Regie an seiner Bühne am Nollendorfplatz in Berlin, die am 23. Januar 1928 mit Max Pallenberg in der Titelrolle und mit satirischen Zeichnungen von George Grosz stattfand. Eine Reihe humoristischer Werke haben Hans Reimann zum Mitverfasser, so *Das Ekel* (mit Toni Impekoven) und *Die Feuerzangenbowle* (mit Heinrich Spoerl). Reimann lebte in Prag, Wien, Frankfurt am Main, Bernried am Starnberger See und München. Im Zweiten Weltkrieg war er an der Ost- und Nordfront. Seit 1952 gab er jährlich die Literaturkritiken und Plaudereien der *Literazzia* heraus. Er lebte viele Jahre in Hamburg-Schmalenbeck. George Grosz, Paul Simmel, Emil Preetorius haben Illustrationen und Umschlagzeichnungen zu Büchern von ihm geschaffen.

WERKE: *Die Dame mit den schönen Beinen* (Grotesken), 1916; *Die schwarze Liste*, 1916; *Das verbotene Buch* (Grotesken und Schnurren), 1917; *Das Paukerbuch* (Geschichten vom Gymnasium); *Idyll* (Autobiographischer Roman), 1918; *Die Kloake*, 1920; *Das blinde*

Huhn, 1921; *Sächsische Miniaturen*, 1922 ff. (darunter als 3. Bd. *Dr Geenij. In memoriam Friedrich August von Sachsen*, 1923); *Von Karl May bis Max Pallenberg* (Parodien), 1923; *Vergnügliches Handbuch der deutschen Sprache*, 1952. – *Mein blaues Wunder. Lebensmosaik eines Humoristen.* Paul List Verlag, München 1959.

Der Literarhistoriker Martin Sommerfeld (1894–1939) übte im *Literarischen Echo* (Jg. 20, 1917/18, Sp. 746 f.) herbe Kritik an *Kobolz* und Reimann, dem er Überproduktion an Grotesken und allzugroße Abhängigkeit vom (besseren) Mynona vorwarf – dabei die oft reizenden Spracheinfälle Reimanns (»vervielzuvielfältigt«, S. 9, beispielshalber) übersehend.

Kurt Pinthus gab um 1925, offenbar im Berliner *8-Uhr-Abendblatt*, seinen Eindruck von einem Auftritt des Kabarettisten Hans Reimann (zitiert nach *Mein blaues Wunder*, S. 311 ff.) wieder: »Vor einem Dutzend Jahren trat in Leipzig ein sächsischer Jüngling zu mir ins Zimmer und entbreitete seine künstlerischen Pläne für die Zukunft als Zeichner. Er meinte, jeder Buchstabe des deutschen Alphabets trage einen bestimmten Charakter in sich, und diesen Charakter hatte er in einer Reihe von Metamorphosen der Lettern spaßig herausgearbeitet. Da ich ihm nicht versprechen konnte, für dies Werk sofort einen Verleger ausfindig zu machen, verließ er mich unter Beschimpfungen.

Derselbe H. R. kehrte im Dezember 1919 als Offizier von der Front zurück, zu Fuß über die Landstraßen wandernd, eine Schiebkarre vor sich herrollend, auf der ein Sack Kaffee lag. Mit diesem Sack Kaffee traf er vielbeneidet in Leipzig ein und wurde humoristischer Schriftsteller. Seither hat er in etwa einem Dutzend Büchern allerlei Kleinigkeiten niedergelegt, die zu den lustigsten Dingen der deutschen Literatur gehören.

H. R. rezitiert seine Schnozeln selber in Kabaretts und Vortragsabenden. Rezitiert ist eigentlich falsch, denn er dichtet sie gewissermaßen erst auf dem Podium, mit der fleißigen Hingabe, die den Sachsen bei aller Arbeit eigen ist. Ich hörte ihn zum ersten Mal und muß sagen, daß er den wirklichen Komikern des Vortragssaals zuzurechnen ist – d. h. er wirkt nicht durch knallige, wohlvorbereitete Pointen, nicht durch Übertreibungen und Verzerrungen, sondern Persönlichkeit und Vortrag wachsen zu einer Einheit zusammen, die auch Widerstrebende zum Lachen stimmt. Nicht die Komik der Anekdote wirkt, sondern die stille Art, wie H. R. sie herauslächelt.

[...] H. R. vollführt aber auch eine edle Tat, die mich ganz für ihn gewonnen hat. Es tritt im deutschen Kabarett ein Original auf, das man gemeinhin für einen versoffenen, etwas verrückten Spaßmacher hält, der aber einer der außerordentlichsten Lyriker der Gegenwart ist. H. R. trägt nun eine Parodie auf Ringelnatz vor (mit zwischengelegtem Kommentar), die nicht nur eine wundervolle Analyse des Menschen und Dichters Ringelnatz, sondern die stärkste Propaganda für diesen Verkannten ist.

Hans Reimann fährt, nachdem er diese Besprechung in seiner Autobiographie zitiert hat, fort (S. 313): »Mit den Buchstaben, das hat seine Richtigkeit. Es ist dann das ›Literarische Alpdrücken‹ draus geworden. Mit dem Sack Kaffee, das verhielt sich ein bißchen anders; am Schluß des dritten Kapitels hab' ich davon berichtet. Aber man sieht: es war Stadtgespräch gewesen. Mit Ringelnatz, das ist die Hauptsache. Jahrelang war ich sein Herold, und ich bin stolz darauf, denn in den zwanziger Jahren nahmen ihn wenige für voll. Erst, nachdem ich Kurt Wolff überredet hatte, das Heftchen mit den Turngedichten aus dem Verlag Alfred Richard Meyer anzukaufen und samt dem ›Kuttel Daddeldu‹ herauszubringen, ward ihm die gebührende Anerkennung zuteil. Auch die Veröffentlichung der gesammelten Chansons vom Bänkelsänger Mehring ist auf mich zurückzuführen. Ich machte die ›Retorte‹. Walterchen, Deutschlands bedeutendster Manschettenknopfverlierer, eine Weltanschauung aus Zucker und Galle mischend, trat in der ›Retorte‹ auf. Kurt Wolff schaute sich das Programm an. Ich kopulierte die beiden. Man soll sein Licht nicht untern Scheffel stellen.«

ALEXEJ REMISOW

Legenden und Geschichten

Alexej Michajlowitsch Remisow, russischer Schriftsteller. Geboren am 7. Juli 1877 in Moskau, gestorben am 28. November 1957 in Paris. Kaufmannssohn. Handelsschule. Student der Naturwissenschaften in Moskau. Als Sozialist von der Universität gewiesen und in das nordöstliche Rußland verbannt. 1905 nach St. Petersburg.

Von dort 1921 Emigration über Berlin nach (1923) Paris. Insgesamt etwa sechzig Bücher, je zur Hälfte vor und nach der Revolution geschrieben. Er suchte die russische Sprache aus dem Geist der Folklore zu erneuern. Ursprünglich von Dostojewskij und vor allem Leskow beeinflußt, auch von dem grotesken Humor und der Ironie Gogols. Seinerseits von Einfluß auf manche russischen Schriftsteller der zwanziger Jahre: Samjatin, Pilnjak, Leonow. Seinem in Petersburg gegründeten »Großen und und Freien Orden der Affen« gehörten viele russische Künstler und Literaten, später auch in Paris, an. Auch als abstrakter Maler und Illustrator seiner eigenen Bücher tätig.

WERKE: *Ausgabe gesammelter Erzählungen, Märchen und Legenden* in acht Bänden (russisch), 1910–12; *Die Schwestern im Kreuz*, 1910 (deutsch 1913); *In blauem Felde*, 1922 (deutsch 1924); *Das aufgewirbelte Rußland*, 1927; *Stella Maria maris* (Legenden, deutsch 1929).

Vsevolod Setschkareff kommt in seiner *Geschichte der russischen Literatur* (Athenäum Verlag, Bonn 1949. S. 126 f.) zu einem recht negativen Urteil über Remisow: »Die individualisierende Rede, den ›skaz‹ treibt Alexej Remizov bis zur äußersten Konsequenz. Er verfällt sehr bald der Manier, der handwerklichen Virtuosität, die in Verbindung mit seiner unklaren mystischen Philosophie keinen erfreulichen Eindruck hinterläßt. Von seinen zahlreichen Schriften gelangen ihm seine Legenden, in denen sich altrussischer Berichtsstil mit Ausdrücken modernen Alltagslebens verbindet, noch am besten. Größeren poetischen Wert haben seine ›Träume‹, tatsächlich nichts weiter als Erzählungen echter Träume, die aber symbolische Bedeutung gewinnen, die man fühlt, ohne sie in Worte fassen zu können.«

Das Für und Wider verständnisvoll in sich bewegend, kommt Fedor Stepun nach der ausführlichen Schilderung eines Besuches bei Remisow, samt allen skurrilen Begleitumständen, in seinem Erinnerungswerk *Vergangenes und Unvergängliches* (*Aus meinem Leben*. Erster Teil 1884–1914. Verlag Josef Kösel, München 1947. S. 344 f.) zu folgendem Resümee: »Ich habe heute den ganzen Tag wieder und wieder im *Aufgewirbelten Rußland* gelesen. Wie bemerkenswert ist doch dieses Buch, wie reich ist die Klage um Rußland darin instrumentiert, wie unerwartet sind seine vielfältigen Themen darin verschlungen, wie gewagt sind Wirklichkeit und Traum, die tragische und die komische Seite des Lebens einander entgegengestellt! Das große Wunder ist aber die eigenartige, sicher-

lich gesuchte, aber auch gefundene Sprache dieses Buches: jeder Satz ein künstlerisch geschmiedetes Ornament, das auch in dem höllischen Feuer seiner furchtbarsten Seiten nicht schmilzt!
Ja, Remisow ist wie der Fürst Myschkin, der ›Idiot‹ von Dostojewskij, ein großer Kalligraph, ein Liebhaber der altertümlichen verschnörkelten Handschrift. Ich stelle es mir lebhaft vor, wie geschickt er an seinem Schreibtisch klebt, der keiner ist, und langsam und mit Genuß hinmalt: ›Der fromme Abt Paphnutius hat dies unterzeichnet‹. Das Problem der inneren Handschrift erscheint mir als eines der Grundprobleme der Remisowschen Kunst. Er ist kein elementares Talent in der Art Andrejews, Kuprins oder Alexej Tolstojs. Er ist ein Meister des Wortes, ein Kunstfertiger, ein manierierter Stilist und Ornamentalist, der dem breiten Leserpublikum nicht zugänglich ist. In seiner raffinierten Stilisierungskunst verbinden sich altertümliche Motive: Sagen, Apokryphen, Heldenlegenden und allerhand anderes Urkundenschrifttum höchst einfallsreich mit wohldurchdachten Kunstgriffen der klugen zeitgenössischen Dekadenz. Vielleicht nimmt Alexej Michajlowitsch es mir übel, aber ich muß es aussprechen, daß seine Kunst weniger aus einer alten Wurzel emporblüht, als ihrer alten Wurzel entgegenstrebt. Es ist viel Wunderbares in dieser Kunst, aber auch viel Wunderliches und Seltsames, gleichsam als spiele er sich selbst, mit genießerischem Behagen, auf der Bühne etwas vor. (Alexej Michajlowitsch ist ein prächtiger Schauspieler und hervorragender Meister des Vortrags.) Beim Lesen so mancher Seiten seiner Werke stieg der Wunsch in mir auf, er möchte doch endlich aufhören, seinen großen Weltschmerz, seine Angst vor dem Leben, seine vehemente und bittere Leidenschaft und seine prickelnde Sinnlichkeit, von der er mehr als sonst jemand besitzt, durch den figürlichen Hahn seiner geschliffenen Phrase zu filtrieren, sondern dies alles in einem frei dahinfließenden rauschenden Strom in meine Seele ergießen.
Doch ich mag nicht kritisieren. Jedem das Seine! Und Remisow, dem liebevollen Bereicherer der ›großen, gewaltigen, wahrhaften und freien russischen Sprache‹ sei für alle seine altertümlichen Wörter und spaßhaften Wörtlein nicht nur Dank, sondern Ruhm und Ehre. Die echten geborenen Schriftsteller, die feurigen Seelen, die leidenschaftlichen Liebhaber des Wortes werden von Jahr zu Jahr seltener unter uns.«

ARTHUR LUTHER: Dr. phil., Literarhistoriker, Essayist, Erzähler, Bibliothekar, Übersetzer (aus dem Russischen und Französischen).

Geboren am 3. Mai 1876 in Orel (Mittelrußland), gestorben am 28. Mai 1955 in Baden-Baden. Sohn eines Gymnasialprofessors. Studium in Moskau, Heidelberg, München und Leipzig. Seit 1900 in Moskau im höheren Lehramt und als Professor für neuere Literaturgeschichte an der Frauenuniversität. 1918 bis 1945 Bibliotheksrat an der Deutschen Bücherei in Leipzig. 1946 jahrelang Lehrbeauftragter für russische Literatur- und Kulturgeschichte in Marburg an der Lahn. Schrieb: *Byron, Heine, Leopardi* (Vorträge), 1904; *Goethe* (Vorträge), 1905; *Franz Grillparzer*, 1907; *Jesus und Judas in der Dichtung*, 1909; *Rußland. Geschichte, Staat, Kultur*, 1918; *Ein Jahr Bolschewismus*, 1919; *Alt-Dorpat und das russische Geistesleben*, 1920; *Lessing und seine besten Bühnenwerke*, 1923; *Franz Werfel und seine besten Bühnenwerke*, 1923; *Geschichte der russischen Literatur*, 1924; und andere Werke. Herausgeber, Übersetzer und Bearbeiter zahlreicher Werke von Andrejew, Bunin, Dostojewskij, Dymow, Gogol, Gontscharow, Gribojedow, Gorkij, Hippius, Lermontow, Leskow, Mereschkowskij, Puschkin, Radistschew, Saltykow, Schmeljow, Leo und Alexei Tolstoj, Tschechow; Daudet, Molière, Racine, Regnard, Rostand.

BÉLA RÉVÉSZ

Beethoven

Béla Révész, ungarischer Schriftsteller, Journalist, Redakteur. Geboren am 17. Februar 1876 in Esztergom, gestorben im Sommer (?) 1944 im Konzentrationslager Auschwitz (laut der Nationalbibliothek Széchényi, Budapest, in einem Brief an den Herausgeber vom 12. Juni 1969; laut dem Ungarischen Literatur Lexikon, Chefredakteur Marcel Benedek, 2. Ausgabe L-R, Akademie Verlag, Budapest 1965, jedoch: »Man weiß nicht, in welchem Konzentrationslager er sein Leben beendete.« – Beiden hier angegebenen Quellen sowie einem ungarischen Übersetzer und dem Deutschen Literaturarchiv in Marbach verdankt der Herausgeber die Angaben über den bei uns vergessenen Révész). Schule und Studium in Esztergom und Budapest, dann längere Zeit in Paris und Berlin. Nach seiner

Rückkehr im Jahre 1905 gründete er die Neue Bühne und wurde ihr Direktor. Seit 1906 als Leiter des Ressorts Literatur Redaktionsmitglied des sozialdemokratischen Tageblatts *Népszava* (Stimme des Volkes). Seit 1908 Mitarbeiter der Zeitschrift *Nyugat* (Der Westen). Zwischen 1910 und 1911 redaktioneller Mitarbeiter der Zeitschrift *Renaissance* unter der Redaktion von Árpád Zigány. 1919 spielte er eine Rolle im Schriftstellerdirektorium der ungarischen Räterepublik; nach deren Umsturz Emigration nach Wien. 1922 Rückkehr nach Ungarn. Bis 1925 in der Redaktion der *Népszava*. 1931 erhielt er den Großpreis der literarischen Linken, den sogenannten Baumgarten-Preis. 1944 von der Gestapo verschleppt.

Weitläufige und wechselvolle literarische Tätigkeit. Seine Novellenbände standen anfangs im Zeichen des Naturalismus von Zola, seine Helden sind leidende kleine Leute, arme Bauern, revoltierende Arbeiter, die erniedrigten Schiffbrüchigen der Gesellschaft. In seinem Roman *Ringende Dörfer* schildert er die Nöte der Dorffrauen, die, von ihren ausgewanderten Männern verlassen, ihr Leben selbst bewältigen müssen. Seit 1911 wurde er literarischer Repräsentant der sozialistischen Ideenwelt, mit eigenartigem expressionistischem Stil. Unter seinen Novellen, Romanen, Essays und Glossen ragt der Band *Miniatürök* (1919) hervor. Wichtig seine Erinnerungen an Endre Ady, den bedeutendsten ungarischen Lyriker des zwanzigsten Jahrhunderts. Das »Ungarische Literatur Lexikon« rügt, im Sinne der derzeit herrschenden Doktrin, einen gelegentlich auftretenden »religiösen bürgerlichen Humanismus« und eine »Überbetonung des Sexuellen« und fährt dann fort: »Das strömend Lyrische, das so oft den Handlungsablauf beinahe überwuchert, ist unzweifelhaft eine eigentümliche Kraft in seinem überdekorativen Stil, der mit der Zeit formal wirkt und den Leser ermattet. Diese Eigenarten seines Stils treten besonders in seiner Prosadichtung in den Vordergrund. Dadurch wurde Révész sozusagen als Vorläufer des Expressionismus der Pionier der ungarischen sozialistischen Erzählung.«

WERKE (alle in deutscher Übertragung von Stefan J. Klein): *Sträflinge* (Zeitkritik), *Der klirrende Böse* (Erzählung), beide in: *Die Erde* 1, 1919; *Mitternacht* (Erzählung), in: *1919. Neue Blätter für Kunst und Dichtung* 2, 1919; *Im Tal* (Erzählung). *Stumme Gesänge,* beide in: Saturn 5, 1919/20; *Ringende Dörfer*. Ein ungarischer Roman, 1920.

STEFAN J. KLEIN, österreichischer Übersetzer. Geboren am 10. Mai 1889 in Wien, gestorben am 6. Oktober 1960 in St. Albans. Verließ 1938 Österreich und emigrierte über die Tschechoslowakei nach England (1939). In seinen späteren Jahren Übersetzer von Földes und Mitarbeiter der Basler *National-Zeitung*, des Berner *Bund*, des *St. Galler Tagblatts*, der Zürcher *Tat* und der *Neuen Zürcher Zeitung*.

EUGEN ROTH

Die Dinge, die unendlich uns umkreisen

Eugen Roth, Lyriker, Erzähler, Essayist. Geboren am 24. Januar 1895 in München, das sein Wohnsitz blieb bis auf den heutigen Tag. Journalistensohn. Gymnasium. 1914 Kriegsfreiwilliger; vor Ypern schwer verwundet. Angehöriger der Jugendbewegung. 1921 vertreten in Rudolf Kaysers Anthologie junger Lyrik: *Verkündigung*. Beziehung zu Klabund. Nach dem Studium der Germanistik, Philosophie, Kunstgeschichte und Geschichte in München 1922 Dissertation bei Fritz Strich über *Das Gemeinschaftserlebnis des Göttinger Dichterkreises*; Dr. phil. 1927 bis 1933 Lokal- und Feuilleton-Redakteur der *Münchner Neuesten Nachrichten*. Nach der nationalsozialistischen Machtergreifung »fristlos entlassen«; seit 1933 freier Schriftsteller in München. Reisen unter anderem nach Griechenland, Norwegen, Afrika. Sammler vor allem romantischer und biedermeierlicher Kunst. 1963 Mitglied der Bayerischen Akademie der Schönen Künste. Mit dem heiteren Gedichtbuch *Ein Mensch*, 1935, setzte die ungewöhnliche Popularität Eugen Roths, die Sprichwörtlichkeit seiner Verse und eine Erfolgskette weiterer humoristischer Versbücher ein. Auch ernste Gedichte und Erzählungen; Herausgeber verschiedener satirisch-humoristischer Bücher und von Eichendorffs Werken; Vorworte zu mehreren Bildbänden.

WERKE: *Erde, der Versöhnung Stern* (Gedichte), 1920; *Der Ruf. Vaterländische Sonette*, 1923; *Gesammelte Gedichte*, 1929. – *Das Eugen Roth Buch*, 1966.

Näher an der Gefühlslage Rilkes, haben diese Gedichte mit dem Expressionismus (der bereits in seine Spätphase eingetreten war) allenfalls gelegentlich die »aufsteilende« Syntax gemein, kaum mehr. Sie zeigen einen jungen Lyriker, der noch nicht seinen eigenen Stil entwickelt hat, jedoch häufig ein Reimgeschick und die Neigung zur Versglätte aufweist, die – im Verein mit einer griffig pointierten Alltagsthematik dann – die Hauptvoraussetzung lieferten zum Erfolg des späteren Publikumslieblings.

Eugen Roth war so liebenswürdig, im Mai 1969 für das vorliegende Buch folgenden Beitrag über den *Jüngsten Tag* zu verfassen:
»Als ich noch ein ganz junger Mann war, vor dem ersten Krieg, lagen in den Buchhandlungen die ersten Hefte einer Schriftenreihe, mit dem verheißungsvollen Titel: *Der jüngste Tag*. Eines der ersten Bändchen hieß: *Gesänge gegen den Tod*, der Verfasser hieß Gottfried Kölwel – und wenn wir allerjüngsten ihn gelegentlich in den Hofgarten zur Kaffee-Runde der schon berühmten und noch unberühmten Dichter gehen sahen, waren wir von einer Ehrfurcht erfüllt, die heutiger Jugend kaum mehr begreiflich gemacht werden kann. Der Traum, auch einmal in dieser Reihe gedruckt zu werden, war allzu vermessen, damals und nach ein paar Jahren noch, auch wenn frühe Freunde wie Klabund oder Bruno Frank ermunternde Worte für den »aufsteigenden Stern« gefunden hatten.
Die Bändchen, bald einheitlich in Schwarz gebunden und mit einem bunten Schildchen beklebt, folgten nun rascher einander, sie liefen und liefen und völlig unverhofft wurde ich, als 53., im Jahr 1918, ein Mitläufer – denn wenn ich auch von den älteren Kritikern als »Neutöner« bezeichnet wurde, ein »echter Expressionist« bin ich doch nicht gewesen – etwa an meinem späteren Freund Kasimir Edschmid gemessen.
Den fragte ich, Jahrzehnte nach seinen stürmischen Anfängen, warum er diese ersten Novellen nicht mehr drucken lasse; worauf er lachend meinte: »Um Himmelswillen, das könnte mir bei meinen heutigen Lesern nur schaden, wenn sie erführen, daß ich der Bürgerschreck von damals war!« Er hatte inzwischen mit seinen Romanen und den heute noch besten aller Italienbücher sich einen neuen Verehrerkreis gewonnen.
Wirklich war, noch während die letzten Hefte erschienen, manches schon reif für die Parodie geworden, der witzige Hans Heinrich von Twardowski brachte, als erstes und letztes Bändchen, unter dem Titel *Der rasende Pegasus* »die jüngste Nacht« heraus und

verhohnepiepelte etwa Sternheim, Werfel oder eben Kasimir Edschmid auf die lustigste Weise.

Trotzdem soll nicht vergessen werden, wie viel wir dieser Schriftenreihe verdanken. Nicht wenige der Autoren, Kafka mit seiner *Verwandlung* wohl an der Spitze, sind weltberühmt geworden, andere, wie Paul Boldt mit seinen herrlichen Gedichten *Junge Pferde*, sind verschollen.

Unter »ferner liefen ...« würde man wohl auch meinen Namen finden – im Grunde ist mirs ja nicht anders gegangen als dem Edschmid: eine völlig andre Leserschicht, die meine heitern Verse *Ein Mensch* weit über die Millionenauflage hochgespielt hat, ahnt kaum etwas von meinen ernsten lyrischen Anfängen.

Nur ganz wenige von den Dichtern des *Jüngsten Tages* dürften heute noch am Leben sein – von meinen eigenen Bekannten ist es keiner. Als »hoher Greis« möchte ich diese Erinnerung an eine ferne Vergangenheit mit einer Mahnung schließen, einem Limerick aus der letzten Zeit:

Ihr jüngeren Brüder und Schwestern,
Lasst ab, uns Alte zu lästern!
Wer weiß denn, was bleibt?
Was heute Ihr schreibt,
Ist auch schon morgen von gestern!«

LUDWIG RUBINER

Das himmlische Licht

Ludwig Rubiner, Lyriker, Dramatiker, Essayist, Herausgeber, Übersetzer (aus dem Russischen und Französischen). Geboren am 12. Juli 1882 (laut Pinthus: 1881) in Berlin, gestorben am 26. (laut Pinthus: am 27.) Februar 1920 ebendort. Lebte meist in Berlin, zeitweise auch in Paris. Während des Kriegs in der Schweiz, wo er 1917 den dritten Jahrgang des *Zeit-Echo* herausgab. Mitarbeiter zahlreicher Zeitschriften und Anthologien des Expressionismus, vor allem ein enger und kämpferischer Freund Franz Pfemferts. Mit seiner Prosa, die Pfemfert 1917 (erweiterte Auflage 1920) in der Politischen Aktionsbibliothek unterm Titel *Der Mensch in der Mitte* herausgab, erwies sich Rubiner auch als aktiver Theoretiker des Expressionismus. Übersetzer von Tolstojs *Tagebuch 1895–1898* (1918) und Voltaires *Romanen und Erzählungen* (1919). Herausgeber der Sammelbände *Kameraden der Menschheit. Dichtungen zur Weltrevolution* (1919; darin u. a. Becher, Albert Ehrenstein, Goll, Hasenclever, Rudolf Leonhard, Otten, Toller, Werfel, Wolfenstein) und *Die Gemeinschaft. Dokumente der geistigen Weltwende* (1919). Proklamierte im Frühjahr 1919 zusammen mit Arthur Holitscher, Rudolf Leonhard, Alfons Beierle, Alfons Goldschmidt und anderen als »erstes szenisches Instrument des Proletkults« die erste Aktions-Wanderbühne für Arbeiter in Berlin: »Proletarisches Theater«; an der überaus kurzlebigen Institution wirkte Karl-Heinz Martin als Regisseur. Im übrigen wünscht Ludwig Rubiner, wie er in der *Menschheitsdämmerung* von 1919 schrieb, »keine Biographie von sich. Er glaubt, daß nicht nur die Aufzählung von Taten, sondern auch die von Werken und von Daten aus einem hochmütigen Vergangenheits-Irrtum des individualistischen Schlafrock-Künstlertums stammt. Er ist der Überzeugung, daß von Belang für die Gegenwart und die Zukunft nur die anonyme, schöpferische Zugehörigkeit zur Gemeinschaft ist«.

WERKE: *Die indischen Opale* (Kriminalroman; unterm Pseudonym Ernst Ludwig Grombeck), 1911; *Kriminalsonette* (mit Friedrich Eisenlohr und Livingstone Hahn), 1913; *Die Gewaltlosen* (Drama), 1919.

Franz Pfemfert hielt am 2. März 1920 Ludwig Rubiner die Grabrede, die er in der *Aktion* (Jg. 10, 1920, Sp. 113 f.) abdruckte: »Nein, das ist unmöglich! Ich soll zu dir sprechen, lieber Ludwig Rubiner – und zum ersten Male hörst du mir nicht zu? Ich soll zu dir sprechen – und du liegst aufgebahrt im Sarge?! Das kann nur ein Traum sein, kann nur ein furchtbarer Traum sein! Ja, sind wir denn schon so greisenhaft weit gewandert, daß es ans Heimkehren geht? Ist denn das nicht kaum gestern gewesen, daß wir, eben Zwanzigjährige, uns erkannten und Freunde, Kameraden, Kampfgefährten wurden? Ist denn das nicht gestern gewesen, daß wir unsere ersten Waffen probierten?
Ludwig, lieber Freund Ludwig Rubiner! –: Aber wir haben ja noch so unermeßlich viel vor uns, was noch unbedingt getan werden muß! Aber wir sind doch erst unmittelbar am Anfang unseres Lebens! Ludwig Rubiner, lieber Ludwig, achtunddreißig Jahre Atmung, fünfzehn, achtzehn Jahre Beginn – wie schrecklich wenig

(fühlten wir vor einem Augenblick) ist das! Du hast ja noch keine Sekunde Zeit gesucht, zurückzublicken, sahst nur immer vorwärts, in das himmlische Licht kommender Erdentage!
Herrlich wichtige, herrlich schwere Arbeit haben wir noch zu tun, lieber Ludwig! Das große Beispiel: Rußland, das dich begeisterte, steht da! Höre, Kamerad, Bruder, Genosse Ludwig Rubiner: *das deutsche Proletariat ruft dir zu!* Es braucht deine Kraft, es will *dich*!
– Oh, glaube nur nicht, der deutsche Proletarier könnte jemals vergessen, daß du ihm Treue gehalten hast, als die ›verlogenen Freunde, die nicht mitgehen für die Sache, sondern um, gut berechnet, in der Gesellschaft der Zukunft gesehen zu werden‹ (so hast du, Ludwig, die Literaten gekennzeichnet), als die Konjunkturkerle ihn verrieten! Meinst du, der Arbeiter wird je vergessen, daß du, während die Intellektuellen unsere in Kerkern begrabenen Karl Liebknecht und Rosa Luxemburg verhöhnten und beschimpften (oder zu den Beschimpfungen feig schwiegen), daß damals du, Ludwig Rubiner, wundervoll bedingungslos zeugtest für diese Helden? Das weiß der deutsche Arbeiter, wie es deine Brüder, die italienischen, die russischen, die französischen Arbeiter wissen. Der deutsche Proletarier weiß, daß du dich ihm zur Verfügung gestellt hast – auch mitten im Dröhnen der Kanonen! – ›Besitzlose, ganz Besitzlose her! Her zu uns, wir sind für euch da!‹ Von dieser Stelle aus hast *du* diese Worte gerufen! Nun, jetzt nahen sie, die Verzweifelten, die Ausgebeuteten, die Menschen, zu denen du wolltest! Das Proletariat ist da, Ludwig!, du mußt, wie stets, dein Wort halten, mußt helfen, auf daß endlich das Paradies errichtet werde auf dieser stöhnenden Erde! Die Zeit rückt an, die wir ersehnt haben: in glücklichen Mühen abzutragen, was eine verruchte Gesellschaft am Menschen verschuldet hat. Ludwig Rubiner, an die Arbeit!...«
Max Herrmann-Neiße rezensierte mit brüderlichem Zuruf in den *Weißen Blättern* (Jg. 4, 1917, S. 230 f.) Rubiners *Das himmlische Licht:* »Dies ist: Tendenzdichtung in einem unantastbaren Elitebeispiel, die verlästerte Gattung Propagandakunst in die Sphäre der vollkommen geleisteten Schöpfungen erhoben. Im Sinne der ewig erhabenen Idee auf die Welt wirken, mit der gewaltigsten und lautersten Predigt durch die verhärtete Gegenwart hindurch in die Zukunft greifen, den fast hoffnungslos verkrusteten Boden aufreißen und umfurchen für die entsündigende Saat. Arabeske, Spiel Parade oder Askese, jede Nuance selbstgefälliger Einsamkeit sei als eitel verworfen, Erkenntnis werde Bekenntnis, Zucht der eignen Seele beweise sich als Erziehung der Seelen aller, und Kunst werde immer entschiedener Können des Träumers nicht nur, sondern Kön-

nen des Tuns. Dabei braucht der Nachdruck, der auf dem Worte Können liegt, durchaus nicht nachzulassen, im Gegenteil: die Anforderung ans erste muß desto stetiger wachsen, je absoluter sich des zweiten Pflichtenmaß und Zielgöttlichkeit steigert. Die zehn Psalmen Ludwig Rubiners, Rhapsodien einer Ilias aufstürmender Endschlacht zum bleibenden Glück, wehen vom Winde Walt Whitmans umarmt, schleudern mit der Schwungkraft des eigenen Umwälzungswillens die Fahne verpflichtender Ewigkeitsforderung in jener universumsweiten Sphäre, die ihrer wesenswürdigen Gewandung gebührenden Anteil an der Unauslöschlichkeit für Äonen verbürgt. Dies ist ein vulkanischer Aufruf, Aufschrei, unersticklich, unverschweigbar, Herold und heldischer Helfer zu sein dem Gotte, der sich zu uns hernieder gräbt.«
Sichtlich angerührt und aufgerührt, wenn auch nicht ohne kritischen Einwand, urteilte Loerke 1917 in der *Neuen Rundschau* (*Literarische Aufsätze*, S. 72 f.): »Ein kleines Heft von hohen Gaben ist erschienen. ›*Das himmlische Licht*‹ von Ludwig Rubiner. Der Ausbruch des Krakatao wirft das himmlische Licht aus der Erde und über sie. Seine Mahnung flammt bis an ihr Ende. Verkrustet, träge geworden, zerfallend, von Fäulnis angefressen, darf sie nach heller Zukunft aufbegehren, denn das reine Feuer ruht noch in ihr und ist nur erstickt und vergessen. Man deute das geistig. Demnach wäre Rubiner ein in sich gekehrter Visionär? Nein! antwortet er darauf zornig wie auf eine Beleidigung. Ein Täter, ein Helfer! Durch das Wort ein Sturm. Durch die Vision in allen Erdteilen zugleich! Und nicht mehr in den Erdteilen, denn einem Erdteil hilft man nicht. Schon in seinen Hauptstädten, schon in den winzigsten Elendswinkeln der Hauptstädte, auf einem Teppichklopfplatz, unter einem Brückenbogen. Schon hat er den Gequältesten in einer Gruppe entdeckt, schon die Stelle seiner größten Qual, ein Geschwür, eine Schwiele, ein abgerackertes Gehirn. Sein Finger liegt darauf: hier! Tausendfach Nähe ohne Abstand ist seine Aktivität. Du und du und du bist krank, sagt er, werde gesund! Für dich ist das Heil warmes Essen, für dich das tausendjährige Reich. – Seine hohen künstlerischen Gaben bringen einen Zwiespalt in Rubiners Bestrebung. Er hat im Grunde eine Freude an der Schärfe des Panoramas der Gegenwart, doch er überredet sich, sich nicht des gewaltigen Bildes zu freuen. Denn er sieht ja lauter Krankes. Und er überredet die Krankheit, Gesundheit zu werden. Er will, daß er wolle. Man hört öfter zu deutlich den Peitschenknall hinter der Aktivität. Ein kleinerer Geist und schlechter Schriftsteller schriebe an solchen Stellen: ha! und hei!«

RUTH SCHAUMANN

Die Kathedrale

Ruth Schaumann, Lyrikerin, Erzählerin, Bildhauerin, Graphikerin, Malerin. Geboren am 24. August 1899 in Hamburg. Tochter eines preußischen Offiziers. Aufgewachsen in Hagenau (Elsaß), Hamburg und Lahr. Erste Gedichte mit fünfzehn Jahren veröffentlicht. Seit 1917 in München, wo sie fortan meist lebt. 1918 Münchner Kunstgewerbeschule. Meisterschülerin des Bildhauers Joseph Wackerle. 1924 Konversion zum Katholizismus; Heirat mit dem Romantikforscher Friedrich Fuchs (1890–1948, bis 1935 Redakteur der katholischen Zeitschrift *Hochland*). Fünf Kinder. Einige ihrer (meist religiösen) Bildwerke gelangten in größere Museen (St. Louis, City Art Museum; München, Bayerisches Nationalmuseum) und Kirchen (Frauenfriedenskirche in Frankfurt am Main, Franziskanerkirche in Hagen/Westfalen); Holzschnitte, Scherenschnitte, Mosaiken, Malerei; Entwürfe für die Berliner Porzellanmanufaktur. – Ihrer ersten Buchpublikation, *Die Kathedrale,* folgten etwa neunzig weitere Titel: Gedichte, Spiele, Romane, Novellen, Legenden, Märchen, Bilderfibeln, Jugendbücher; oft mit eigenen Illustrationen. Auch fremde Werke hat sie illustriert, zum Beispiel den Heliand oder Andersens Märchen. Einige ihrer Bücher waren in der Nazizeit unerwünscht. Christliche und mütterliche Empfindung beherrscht alle ihre literarischen (und bildkünstlerischen) Äußerungen, die der Kritik zunehmend als süßlich und kunstgewerblich gelten.

WERKE: *Der Knospengrund* (Gedichte), 1924; *Die Glasbergkinder.* Dramatische Mär, 1924; *Bruder Ginepro.* Ein franziskanisches Spiel, 1925; *Das Passional* (Gedichte), 1926; *Die Sternnacht* (Gedichtauswahl 1920–1953, herausgegeben von Edgar Hederer). – Rolf Hetsch: *Das Ruth Schaumann-Buch,* 1931.

RENÉ SCHICKELE
Aïssé

René Schickele, Erzähler, Lyriker, Dramatiker, Essayist, Herausgeber, Übersetzer (aus dem Französischen). Geboren am 4. August 1883 in Oberehnheim (heute Obernai) im Elsaß, gestorben am 31. Januar 1940 in Vence (Südfrankreich). Sohn eines deutschen Weingutsbesitzers und einer französischen Mutter. Gymnasium in Zabern und Straßburg. 1901 bis 1904 Studium der Naturwissenschaften und Philosophie in Straßburg, München, Paris, Berlin. 1902 Herausgabe der elsässischen Zeitschrift *Der Stürmer*; unter den Mitarbeitern seine Freunde Ernst Stadler und Otto Flake. Im Hause seines Münchner Freundes, des Schriftstellers Hans Brandenburg, lernte er dessen Schwester Anna Brandenburg kennen, die er 1904 heiratete. 1904 bis 1905 Herausgabe von Jakob Hegners Zeitschrift *Magazin für Literatur und Kunst*, die ab 1. Juli 1904 als *Das Neue Magazin* wöchentlich erscheint; unter den Mitarbeitern Holz, Schlaf, Dehmel, George, Hofmannsthal, Altenberg, Hille, Hermann Hesse, Stadler, Else Lasker-Schüler, als Graphiker Max Klinger, Beardsley, Kubin, Munch, Willi Geiger, E. M. Lilien. 1905 bis 1910 freie journalistische Tätigkeit in Berlin und Paris; Freundschaft mit Hardekopf, Herwarth Walden, Erich Mühsam, Lotte Pritzel. Dazwischen mehrere Italien-Reisen. 1911 Chefredakteur der *Straßburger Neuen Zeitung*. 1913 Übersiedlung nach Fürstenberg in Mecklenburg. Mitarbeit an führenden Zeitschriften, Anthologien und Sammelwerken der Epoche, darunter den von Erik Ernst Schwabach und Franz Blei herausgegebenen *Weißen Blättern*. 1914 auf Einladung der Hapag Reise über Griechenland und Ägypten nach Indien. Ende 1914 übernahm Schickele die Herausgeberschaft der *Weißen Blätter* – der neben *Sturm* und *Aktion* wichtigsten Zeitschrift des Expressionismus – und entfaltete somit größte literarische und kulturpolitische Wirksamkeit. 1915 nach Berlin-Steglitz. 1916 wegen seiner pazifistischen Grundhaltung mit den *Weißen Blättern* in die Schweiz. November 1918 wieder in Berlin, 1919 am Bodensee. Freundschaft mit Henry van de Velde und Sternheim. 1920 gingen die *Weißen Blätter* in die Hände Paul Cassirers über. Seit 1920 als Nachbar Annette Kolbs in Badenweiler, wo immer viel Besuch herrschte: Thomas Mann, Ludwig Meidner, Edschmid, Meier-Graefe. 1932 in den Exilort Sanary-sur-Mer; unter den Exilierten die Brüder Mann, Ludwig Marcuse, Kesten, Werfel. 1934 nach Nizza; dort Joseph Roth, Ferdinand Bruckner, Hasenclever. 1938 nach Vence.

WERKE: *Sommernächte* (Gedichte), 1902; *Pan* (Gedichte), 1902; *Mon Repos* (Gedichte), 1905; *Der Ritt ins Leben* (Gedichte), 1906; *Der Fremde* (Roman), 1907; *Meine Freundin Lo* (Novelle), 1911 (erweiterte Ausgabe 1931); *Das Glück* (Novelle), 1913; *Schreie auf dem Boulevard* (Essays), 1913; *Benkal, der Frauentröster* (Roman), 1914; *Die Leibwache* (Gedichte), 1914; *Mein Herz, mein Land.* Ausgewählte Gedichte, 1915; *Hans im Schnakenloch* (Schauspiel), 1915; *Die Genfer Reise* (Essays), 1919; *Der neunte November* (Essay; Bd. 8 von Edschmids *Tribüne der Kunst und Zeit*), 1919; *Der deutsche Träumer* (Prosa), 1919; *Die Mädchen* (Drei Erzählungen), 1920; *Am Glockenturm* (Schauspiel), 1920; *Die neuen Kerle* (Schauspiel), 1920; *Wir wollen nicht sterben!* (Essay), 1922; *Ein Erbe am Rhein* (Roman in zwei Bänden), 1925. – *Werke* in drei Bänden. Herausgegeben von Hermann Kesten unter Mitarbeit von Anna Schickele. Verlag Kiepenheuer & Witsch, Köln 1959.

»Aïssé« ist ein im Gesamtwerk Schickeles recht atypisches Prosastück, das auch – trotz ihrer drei Auflagen im *Jüngsten Tag* – von der Kritik fast unbeachtet blieb. Für Schickele muß sich mit ihr ein unbewältigtes künstlerisches Problem verbunden haben, denn in seinen Tagebüchern (*Werke*, S. 1110) findet sich im Mai 1934 (!) folgende isoliert stehende Notiz: »*Aïssé*. Käme ich nur um das historische Kostüm herum! Schwer.«
Schickele, ein »urbaner Regionalist«, der in einer autobiographischen Notiz (*Werke*, S. 837) von sich selber sagte: »Meine Herkunft ist mein Schicksal«, war der geborene Vermittler. Sein Standpunkt ließ sich innerhalb von Grenzpfählen nicht fixieren (*Menschheitsdämmerung*, 1919; zitiert nach der Neuausgabe von 1959): »Ich bin ein deutscher Dichter, gallisch-alemannischen Geblüts, das in den Formen der deutschen Sprache austreibt, ein Fall wie Gottfried von Straßburg auch – dreifache Verbeugung vor dem unerreichbaren Ahnen! –, den doch auch keiner zu ›annektieren‹ und zu ›desannektieren‹ gedenkt. Gestern deutscher, heute französischer Staatsangehöriger: ich pfeife darauf. Es gibt Menschen (und dazu gehören die meisten meiner Landsleute), die sich sogar ihre Henker aussuchen wollen. Soweit geht mein ästhetisches Gewissen nicht. Was kümmerts mich, wohin die Eroberer ihren Fußball schieben! Für mich gehören Grenzverschiebungen wie alle andern nationalen Transaktionen zum Börsenspiel. Ich bin nicht daran beteiligt, sie gehn mich nichts an. Weil ich es mit solchen Ketzereien ernst genommen habe und von jeher und gar erst im Krieg, stehe ich in schlechtem Ruf beim livrierten Gesindel diesseits wie jenseits des Rheins. Die Psychologen dar-

unter enthüllen mich jahraus jahrein als einen ›unsicheren Kantonisten‹, obwohl ich nie abgeleugnet habe. Gott erhalte mir meine Unsicherheit!«
Von dem literarischen Magnetfeld, das Schickele mit seinen *Weißen Blättern* besonders während der Jahre 1916 bis 1919 in der Schweiz bildete, gibt sein Bericht in *Der neunte November* (1919; zitiert nach Ottens Anthologie *Ahnung und Aufbruch*, S. 22 f.) eine anschauliche Vorstellung: »In der engen Stube eines Häuschens auf dem Schweizer Ufer des Bodensees, das ich bewohne, sitzt Leonhard Frank und liest mit aufgesperrten blauen Augen, unter denen das harte Geißlergesicht sich weiß verkrümelt, eine Novelle. Es ist der ›Kellner‹ (später ›der Vater‹ umgenannt), die erste jener kaltheißen Anklagen, die er später unter dem Titel *Der Mensch ist gut* herausgeben wird. Schnell in die Druckerei damit, für die *Weißen Blätter,* und hinaus mit den Heften nach Deutschland, Frankreich, Italien, England und Österreich, daß sich das Echo rundet! Carl Sternheim schickt *Tabula rasa*, nach *1913*, diesem glänzendsten deutschen Beitrag zur Vorgeschichte des Kriegs, die frühzeitige Warnung vor der Anpassung des Proletariers an den Bourgeois. Von Heinrich Mann kommt *Madame Legros*, von Werfel *Der Traum einer neuen Hölle*, der wunderbare *Hölderlin* von Gustav Landauer, wilde Aufschreie von Becher, Zornrede von Ehrenstein, beschwörende Gedichte von Däubler, Leonhard, Hasenclever, Wolfenstein und vielen, vielen andern jungen Dichtern: Kameraden, alle die sich als solche fühlen, sich als solche bewähren, alle! [...]
Jetzt! Beginnen wir, befreit vom Gepäck des Mittelalters, den Marsch in die Neuzeit! Los!«

OSKAR SCHÜRER

Versöhnung

Oskar Schürer, Kunsthistoriker und Lyriker. Geboren am 22. Oktober 1892 in Augsburg, gestorben am 29. April 1949 in Heidelberg. Sohn eines Fabrikdirektors; Vorfahren augsburgische Goldschmiede. 1911 bis 1914 Studium an den Universitäten München, Berlin, Mar-

burg. 1914 bis 1918 Kriegsdienst. 1918 bis 1920 Studium an der Universität Marburg mit Promotion zum Dr. phil. bei Richard Hamann. 1921 bis 1922 Studium an den Universitäten Freiburg im Breisgau und München. 1922 bis 1923 kunstgeschichtliche Studien in Dresden, Tätigkeit als Kunstkritiker und als Dozent an der »Neuen Schule« in Hellerau. 1924 bis 1932 in Prag; Kunstgeschichtliche Studien, Kunstkritiker. Forschungen und Grabungen auf der Burg Eger. 1932 Habilitation an der Universität Halle (Saale) bei Paul Frankl. 1932 bis 1937 Studien in der Zips (Slowakei). 1937 Dozent an der Universität München. 1939 Außerordentlicher Professor in München. 1939 bis 1941 Militärzeit. 1942 bis 1949 Ordinarius für Kunstgeschichte an der Technischen Hochschule in Darmstadt; seit Herbst 1944 Wohnsitz in Aschaffenburg.
Schürer lieferte Beiträge für *Die Aktion,* für die von Friedrich Burschell herausgegebenen Zeitschriften *Revolution* (1918; es gab auch 1913 eine, von Hans Leybold und Franz Jung herausgegebene, *Revolution*) und *Neue Erde,* für das erste Jahrbuch *Die Erhebung* (1919), das Jahrbuch *Der Anbruch* (1920) und Rudolf Kaysers Anthologie *Verkündigung* (1921). Danach hat Schürer, der sich ganz der Kunstgeschichte zuwandte und 1930 das hervorragende Prag-Buch geschrieben hat, mindestens in Buchform keine lyrische Veröffentlichung mehr aufzuweisen.

WERKE: *Kleine Lieder,* 1919; *1917. Fragment eines Kriegs in Gesängen,* 1919; *Drohender Frühling. Gesänge und Stanzen,* 1919; *Pablo Picasso,* 1927; *Prag,* 1930; *Augsburg,* 1934; *Michael Pacher,* 1939; *Das alte Metz,* 1944; *Vom inneren Aufbau* (zwei Reden), 1946.

Der Philosoph Hans Georg Gadamer kam in seiner am 25. Mai 1949 bei der Akademischen Trauerfeier der Technischen Hochschule Darmstadt gehaltenen Gedenkrede auf Oskar Schürer (Neue Darmstädter Verlagsanstalt, 1952, S. 8 f.) auch auf dessen Lyrik zu sprechen: »[...] in den beiden Bändchen *Drohender Frühling* und *Versöhnung* ballt sich der Ausdruck eruptiver Entladung im Stile der zeitgenössischen expressionistischen Dichtung, Ausdruck unbändigen Lebensglaubens und über die Sinnlosigkeit des Kriegsgeschehens erbitterten Trotzes. Ein Beispiel dieser dichterisch bewegten, aber rhetorisch überladenen Verse [Gadamer zitiert die ersten 23 Verse des »Märzpsalm«]. Es ist wohl kaum etwas dichterisch Gültiges, was Schürer in diesen ekstatischen Worttürmungen gelang. Aber daß sein Element in einem ausgezeichneten Sinn die Sprache

war, verraten sie doch – die Sprache, der unmittelbarste, der bildsamste Stoff eines aufgewühlten Herzens.«
In einer der Reden *Vom inneren Aufbau* (S. 7 f.) hat Schürer, zurückblickend auf seine Jugend nach dem Ersten Weltkrieg, der durch den Zweiten Weltkrieg gegangenen Jugend gesagt: »Auch wir kehrten einst heim, als wir in eurem Alter waren, aus einem argen Krieg. Auch wir geschlagen, auch wir von den Erlebnissen draußen aufs tiefste verwundet in unserem Vertrauen in ein gütiges Leben. Schreckbilder der Schlachten grollten in uns nach, und manch eine Seele war damals schwer vom Sterben, fand nicht mehr zurück ins Gleichmaß eines wirkenden Tags.
Viele waren es, doch mehr wir anderen. Bei uns obsiegte der Glaube. Ja, dieser Glaube an eine besser einzurichtende Welt, an ein tieferes Vertrauen von Mensch zu Mensch, an ein Dichten und Bilden, das solchen Glauben, solches Vertrauen unmittelbarer ausdrücken sollte. Es hob uns hinüber über den Abgrund des Selbstverlustes. Es zwang uns aus der äußersten Not hinauf ins Abenteuer des Geistes.«

MARCEL SCHWOB

Der Kinderkreuzzug

Marcel Schwob, französischer Erzähler, Essayist, Philologe, Journalist, Übersetzer (von Shakespeare und Defoe). Geboren am 13. August 1867 in Chaville (Seine-et-Oise), gestorben am 12. Februar 1905 in Paris. Sohn eines Journalisten, der Vater war Gründer des *Phare de la Loire*. 1882 kam Schwob nach Paris zu seinem Onkel. Obgleich frühreif und von Kindesbeinen an in der Bücherwelt zuhause (»Mit zwölf Jahren verstand er Lateinisch, unterhielt sich mit Livius und zitterte für Hannibal« – Jakob Hegner), fiel er 1887 bei der Aufnahmeprüfung zur École Normale Supérieure durch. Studium an der École des Hautes Études. Besonders Interesse für Paläographie. Seit 1890 journalistisch tätig, vor allem am *Echo de Paris*. Fand für komplizierte Gegenstände einen klaren Ausdruck, seine enzyklopädische Bildung stand seinem Stil nicht im Wege. 1895 nach schwerer Krankheit Morphinist. Reise nach Samoa.

Bearbeitete mit Pierre Louys den französischen Text der *Salome* seines Freundes Oscar Wilde, die dieser ihm widmete.

WERKE: *Le livre de Monelle*, 1894 (deutsch: *Das Buch von Monelle*, 1904 und 1925); *Vies imaginaires*, 1896 (deutsch: *Roman der zweiundzwanzig Lebensläufe*, 1925).

In dem auf Seite 8 auch von Schwob historisch getreu (1912) fixierten *Kinderkreuzzug* geht es dem Autor gleichwohl nicht um das Historische: soviel Zeitkolorit er gibt, strebt er doch ein Zeitloses an. Das Rätselhafte, das absurd Hoffnungslose, das Unfaßbare und empörend Rührende des Vorgangs tritt durch die stilisierte Objektivität der Erzählweise um so nachdrücklicher hervor. Die Monologe diskret persönlicher Einzelstimmen werden durch die Kunst des Stils zur überpersönlichen Stimme eines geheimnisvollen Jahrhunderts gefügt. Gerade aus der Entrückung des Tonfalls gewinnt Schwob das unmittelbar Ergreifende. Man glaubt, nicht nur mehr vom historischen Vorgang, sondern vor allem mehr vom Menschen zu wissen, wenn man die Geschichte gelesen hat. In acht intimen Miniaturen zeichnet er aus jeweils anderem Blickpunkt, von Hauptbeteiligten und peripher Beteiligten (Bettelbruder Goliard, drei kleine Kinder, Schreiber François Longuejoue, der Kalander, die kleine Allys, Papst Gregor IX.), das irrationale Geschehnis zart und klar. Jenseits von Gut und Böse, steht der Mensch unterm Druck und Eindruck seines Fatums. Schwob meidet wertende Akzente; seine Entscheidung liegt im Entschluß zur Abfassung dieser Geschichte; die Geschichte selber ist seine Moral. Leitmotivisch wird die Bilderfolge durch das Symbol der Farbe Weiß (das für Unschuld und Transzendenz steht) und des Glaubens. »der nicht weiß« (S. 32) zusammengehalten – wobei, in der deutschen Übersetzung, die zwiefache Bedeutung des Wortes »weiß« den Symbolwert der Geschichte fast zufällig um eine dem Autor in diesem Falle sprachlich nicht erreichbare Dimension erweitert.
In einigen expressionistischen Zeitschriften ist Schwobs Name zu finden, darunter in der *Aktion* mit einer Porträtzeichnung von Felix Vallotton. Für Herwarth Waldens *Sturm* (Jahrgang 4, 1913/14, S. 100) schrieb der Verleger Jakob Hegner einen Aufsatz »Das Bildnis des Marcel Schwob und seine Grabschrift«: »Seine Augen glänzten dunkel wie altertümliche Metallspiegel und lagen in seinem Gesicht wie in einer Maske, groß, umrandet und fremd. Er sah die andern als andrer: nicht von sich aus, sondern von ihnen aus. Seine Blicke waren im Fernen, bei ganz bestimmten Zauberern,

Gauklern und Verzückten, in den Weinschenken Korinths bei Fischhändlern, Sklaven, Flötenbläserinnen, auch im vorigen Jahrhundert bei Piraten, Dirnen und Verbrechern, in vielen Vergangenheiten bei Helden und Heiligen, Königen und Päpsten, und er erzählte ihre Begegnungen, als ob er selbst der Fischhändler, der Sklave, der König und der Papst gewesen wäre. Mit ihnen erlitt er jeden Glauben und Aberglauben, ihre Furcht und ihren Mut, ihren Schmerz, ihre Siege und Zweifel und meldete ganz kurz, was er erlitten hatte: immer von neuem ein einmaliges, unvertauschbares, unwiederholbares Schicksal. Er erlebte viele der Unzähligen, aber sich selbst als Gespenst unter ihnen, nein, noch weniger, ein augenblicklicher Schatten, ein Gewandfetzen, den sie berührt, die flüchtigsten Worte, die sie gesprochen, irgend etwas Uneiniges, das sie getan hatten. Er wußte genau, wie Innozenz der Dritte betete, als der Kreuzzug gescheitert war; dessen Hände waren ihm wirklicher als seine eignen und vor allem lieber. In den Vorreden sprach er von Sternen, vom Sterben, auch von Gott, den Küchen Agrigents und den Asphodeloswiesen der Unterwelt, wo man sein Ich und seine Lyrik vergißt und dafür die Ruhe der Pflanzen und die Lust der stillen Stengel eintauscht. Erkenne dich nicht, war sein Gesetz, und vergiß dich. Er war ein großer Dramatiker, doch schrieb er winzige Geschichten. [...]
Den Unterricht empfing er von seinem Vater. Der war ein gelehrter Mann, hatte einen langen grauen Bart, aber kein Haar auf dem Kopf; er lachte nie, und auf Fragen gab er eine Frage zur Antwort; sie klang traurig, bitter oder unmutig. Er erzählte ihm ausführlich vom Umsturz der Staaten, vom Wandel der Überzeugungen und daß die Pflanzen eine Seele hätten. [...] Dann verlor er den Vater, er verlor ihn früh, mitten in griechischen Unterweisungen, und kam in die Großstadt.
Er las unermüdlich, so wie ein andrer unermüdlich Kranke pflegt oder Schürzen verkauft oder Villen baut. Es kann sein, daß ihn die Erwähnung eines Geschmeides, einer Wendeltreppe zugleich an Räuber, die Schätze des Morgenlandes und verfallne Türme gemahnte; das kann sein; er kletterte auf Masten und grub Gold und schlug kräftig auf den Tisch in Matrosenkneipen: Masten, die längst verfault, Goldklumpen, die längst vertan, Matrosenkneipen, die längst abgebrochen waren; und wenn er von einer Schwalbe las, daß er weißgetupfte Porzellanglocken klingen hörte. Aber er stieß auf Bücher, die nicht gelesen werden können und die wie Kochbücher sind, sinnlos, wenn man sie nicht anwendet. Da war die Stadt eine

Maske, jedes Haus eine Verkleidung und die Menschen verschanzt hinter Worten und Gebärden.«

Wie Franz Blei ihn sah, schildert er in der *Erzählung meines Lebens* und später, leicht abgewandelt, im Marcel Schwob-Kapitel seiner *Zeitgenössischen Bildnisse* (Verlag Allert de Lange, Amsterdam 1940. S. 254 f.): »Als ich ihn kennen lernte, war er schon von der Krankheit betroffen, die ihn nach Jahren schweren Leidens zum Tode führte. Im abgedunkelten Raum, wo er auf einer Couchette lag, gegen ein dunkles Lederkissen das große erkaltete Haupt, kam, so hatte man den Eindruck, Licht nur von diesem schneeweißen Antlitz. Auch der kleine vergoldete Kopf Paul Claudels, der in des Lagers Nähe aus der Wand trat, schien nur von der Weiße dieses Gesichtes sein blinkendes Licht zu reflektieren. Aber mehr als alles leuchtete, wenn Schwob sich nur etwas wohler fühlte, sein Geist im Gespräch. Nicht, was man Esprit nennt, ist damit gemeint. Sondern was die deutsche Sprache darunter versteht, als eine Leben gebende, Leben bedeutende Einheit. Schwob war ein Gelehrter und als der einzige unter den Symbolisten ein Dichter. Aber beides war ihm eins und dasselbe. Ganz deutlich wurde das in seinem Gespräch, in der Intensität seiner Konversation.

Was ihn faszinierte und immer beschäftigte, war das Magische der Welt, auch der vertrauten. Er zeigte hinter dem Mayaschleier der Schönheit das Mysterium. Er erinnerte an den Satz im Montaigne, wo von den Kindern die Rede ist und daß sie sich vor ihren Eltern, vor ihren Freunden oft fürchten, wenn sie diese maskiert sehen. Schwob wußte, wie nutzlos es ist, die Masken abzuziehen. Er tat anderes: er läßt über sie die bunten Lichter der Illusion spielen. [...]

Und eins zeichnete Schwob besonders aus: für ihn wiederholte sich, trotzdem er ein Gelehrter, ein érudit war, das Leben nicht. Er sah nur im Unzusammenhängenden das Individuelle. Er schrieb die Geschichte eines Lebens auf, ohne es an irgendeiner Stelle an den Gemeinplatz eines Menschheitsbegriffes zu binden. Er ist ganz und gar amoralisch und unsentimental. Jedes ist für sich und einmalig da, und er beschreibt es mit den einfachsten Worten. Jedes steht da als ein Licht, umgeben von Dunkelheit, und Schwob gibt scharfe Konturen. Jedes wird so von ungeheurer Intensität. War er amoralisch? Im Buche von der Monelle heißt es: ›Liebe nur das, was man nie zweimal sieht. Mach keinerlei Verbindungen und Beziehungen zwischen den Dingen. Stemme nicht gegen die Dinge die Füße Deiner Seele. Trage keinen Friedhof in Dir. Kenne Dich nicht selbst. Vergiß Dich.‹ Das ist keineswegs ein Vulgär-Horaz des carpe diem. Das ist eine resignierte Empfehlung der Illusion als frommen Betrug, als liebe Lüge.«

ARTHUR SEIFFHART: Buchhändler, Verleger, Übersetzer (aus dem Französischen und Englischen). Geboren am 12. Februar 1880 in Halle an der Saale, gestorben am 31. Mai 1959 in Reichertsheim bei Wasserburg am Inn. Verfasser französischer und englischer Wörterbücher. Übersetzte: Gustave Le Bon, *Psychologische Grundgesetze in der Völkerentwicklung*, 1922; Anatole France, *Die Blütezeit des Lebens*, 1923; Alain-Fournier, *Der große Kamerad*, 1929; de Coster, *Die Hochzeitsreise*, 1939; Auguste Rodin, *Die Kathedralen Frankreichs*, 1941; Stevenson, *Die Schatzinsel*, 1945; Poe, *Dreizehn phantastische Geschichten*, 1955; Daniele Varé, *Die Schatten der Spanischen Treppe*, 1955; *Schatten vom Rialto*, 1956.
Nach buchhändlerischem Werdegang in Berlin, Paris, Riga, übernahm Seiffhart 1912 die technische Leitung des Kurt Wolff Verlags in Leipzig, siedelte mit ihm nach München über und gehörte ihm rund zwanzig Jahre, zuletzt als Verlagsdirektor, an. Er lebte dann als Verlagsbuchhändler in München, Berlin und Stuttgart. Über die Anfänge im Kurt Wolff Verlag berichtet er in seinem Büchlein *Inter folia fructus. Aus den Erinnerungen eines Verlegers* (Fundament Verlag, Berlin o. J. [1948], S. 15 ff.): »Wir hausten damals in einigen wenigen Zimmern (in der Königstraße in Leipzig), die wir der Druckerei W. Drugulin abgemietet hatten. Die Firma Drugulin genoß, so unscheinbar ihr Domizil war, Weltruf. Gelehrte aller europäischen und überseeischen Länder gingen dort ein und aus. Drugulin besaß ein unschätzbares Typenmaterial aller Schriften der Welt. Hieroglyphen, Keilschrift, Sanskrit, Chinesisch, Japanisch, Türkisch, Griechisch usw. Es gab keine lebende oder tote Sprache, die bei Drugulin nicht gesetzt werden konnte. Aber auch in der Herstellung bibliophiler Drucke leistete die Firme Hervorragendes, wie es die vom Kurt Wolff Verlag herausgebrachten *Drugulin-Drucke* bewiesen haben. Langbärtige Setzer ehrwürdigen Alters arbeiteten an den Setzkästen und waren so spezialisiert, daß sie in der Lage waren, den gelehrten Verfassern Fehler in ihrem Keilschrift- oder Hieroglyphen-Manuskript nachzuweisen.
Mit einer gewissen Wehmut habe ich später oft an diese erste Zeit des Kurt Wolff Verlages (die Firma wurde bald in KWV umgeändert) zurückdenken müssen. Mit drei Angestellten erledigten wir in den beschränkten Räumen alle Arbeiten. In der Wand eines Zimmers befand sich eine mit einer Holzklappe verschlossene Öff-

nung, auf deren anderer Seite das Büro der Druckerei Drugulin lag. Der Verkehr zwischen Verlag und Druckerei ging durch diese Öffnung vor sich. Wollten wir ein Manuskript zum Absetzen geben, so klopften wir an die Klappe und reichten es der Druckerei hinüber; auf dem gleichen Wege erhielten wir die Korrekturabzüge.«

HANS SIEMSEN

Auch ich. Auch du

Hans Siemsen, Erzähler, Essayist, Lyriker, Kritiker. Geboren am 27. März 1891 in Mark bei Hamm in Westfalen. 1901 nach Osnabrück. Studium der Kunstgeschichte in München und Paris. Verkehrte im Kreis des Café du Dôme (Wilhelm Uhde, Maler Rudolf Levy). Lebte bis 1933 abwechselnd in Berlin, Bremen, Jena, Düsseldorf, Essen. Mitarbeit an *Pan, Das Forum, Die Aktion*. 1915–16 Schriftleitung des zweiten Jahrgangs der Zeitschrift *Zeit-Echo*. Soldat, Verwundung, Lazarettaufenthalt. Kriegsgegner und Sozialist. Unterzeichnete 1918 (mit Ludwig Bäumer, Albert Ehrenstein, Julius Talbot Keller, Otten, Pfemfert, Heinrich Schaefer, Zuckmayer) den am 16. November in der *Aktion* veröffentlichten »Aufruf der Antinationalen Sozialisten-Partei (A. S. P.) Gruppe Deutschland«, einer im Jahre 1915 aus dem Kreis der *Aktion* hervorgegangenen, die »sozialistische Weltrevolution« heischenden Gruppe. »Nach dem Kriege im Kunsthandel tätig« (Raabe, *Aktions*-Nachdruck). Mitarbeit an der Zeitschrift *Die Freude* (herausgegeben von Wilhelm Uhde, 1920), am fünften und letzten von Kurt Hillers *Ziel*-Jahrbüchern (*Geistige Politik*, 1923), am *Querschnitt*, der *Frankfurter Zeitung*, dem *Berliner Tageblatt*, dem *8-Uhr-Abendblatt*, der *Weltbühne*. Liebt Jammes, Charles-Louis Philippe, Chaplin, Picasso, »das Paris des heiligen Henri Rousseau und diese norddeutschen Kartoffelfelder vor den Toren grauer Fabriken« (*Wo hast du dich denn herumgetrieben?* Kurt Wolff Verlag, München 1920. S. 26). Um 1933 am Genfersee mit seiner Schwester Anna Siemsen, einer humanitären »Publizistin von feinster Menschlichkeit, von bestem Rang« (R. J. Humm: *Bei uns im Rabenhaus*. Aus dem literarischen

Zürich der Dreißigerjahre. Fretz & Wasmuth Verlag, Zürich 1963. S. 111). Trat um diese Zeit, wie Humm schildert, im Zürcher DNR auf, einer Freundesgruppe, die sich am 16. Februar 1932 zur Gesellschaft »Das Neue Rußland« zusammenschloß und zwei Jahre später, als Ernüchterung über die Verhältnisse in Sowjetrußland Platz griff, »sanft einzuschlafen« begann. 1934 emigrierte Siemsen nach Paris, später nach New York. Dort während des zweiten Weltkriegs Rundfunkarbeit. 1948, krank und vereinsamt, Rückkehr nach Deutschland.

WERKE: *Wo hast du dich denn herumgetrieben?* Erlebnisse, 1920; *Alexander der Gütige*, 1921; *Die Geschichte meines Bruders* (Erzählung), 1922; *Das Tigerschiff* (Jungengeschichten), 1923; *Charlie Chaplin*, 1924; *Paul ist gut*. Erlebnisse, 1926; *Verbotene Liebe*. Briefe eines Unbekannten, 1927; *Rußland – Ja und Nein*. Reisebericht, 1932; *Hitler youth*, London 1940; *Die Geschichte des Hitlerjungen Adolf Goers*, 1947; *Wo willst du hin?* (Gedichte), New York etwa 1946 (im Selbstverlag, vervielfältigt).

Auch ich. Auch du sind Alpträume eines unfreiwilligen Soldaten, der sich durch die Umstände schuldig glaubt, aus seiner tiefen Verstörung herauszufinden sucht und in seiner Qual Fragen an sich und die Mitwelt richtet. Diese Frageform ist typisch auch für viele Passagen des stimmungsvoll poetischen und politisch klaren Buches *Wo hast du dich denn herumgetrieben?*.
Der Kunstmäzen Wilhelm Uhde erwähnt in seinem Buch *Von Bismarck bis Picasso* (Erinnerungen und Bekenntnisse. Verlag Oprecht, Zürich 1938. S. 226) den schon damals fast vergessenen Hans Siemsen: »Nach den genannten beiden Ausstellungen machte ich eine große Wohltätigkeitsveranstaltung [im Berlin der frühen zwanziger Jahre], bei der ich über das Paris der Vorkriegszeit plauderte, Hans Siemsen las einige seiner reizvollen kleinen Geschichten vor, die so einfach und menschlich sind. Siemsen war ein Freund von mir aus Paris. Er war dorthin gekommen, um Bilder Rousseaus zu sehen. Als er noch Schüler in der kleinen Stadt Osnabrück war, hatte die Abbildung eines seiner Werke ihn stark beeindruckt und ihn so zum allerersten deutschen Liebhaber der Malerei des alten Zöllners gemacht. Er half an jenem Berliner Abend die Bilder und Graphik versteigern, die uns bekannte Künstler zu diesem Zweck überlassen hatten. Der Erlös war nicht unbeträchtlich, und ich überwies ihn dem Asyl der Obdachlosen.«
Kasimir Edschmid erwähnt in seinem *Bücher-Dekameron* von 1922

(zitiert nach der zweiten Auflage, 1923, S. 61) unter den Kolumnentiteln »Prinzen der Literatur« und »Lob der Zärtlinge« auch Siemsen, ihn zu Karl Thylmann, dem jung gefallenen Darmstädter Maler und Illustrator für den Kurt Wolff Verlag (1888 bis 1916), und Wilhelm Uhde in Beziehung setzend: »Als sei des abgeschossenen Thylmann Seele in die Augen eines anderen getreten, geht sein Geist, nur ein wenig verwildert, durch die Sehnsucht Hans Siemsens. Denn auch dieses Vaganten Stimme hat die gleiche Kurve, in der der Fall von Glück und Traurigkeit und das Sichablösen der Stimmungen von der Landschaft hin und herschwingt und wo jede Frage schon ohne Erwartung ihres Echos angestimmt wird. Denn es ist bestimmt, daß diese Menschen unbegreiflicherweise dem Zustand ihres Glückes am nächsten sind, wenn es ihnen am entferntesten schaukelt. Denn es genügt ihnen, nichts zu haben, nichts zu erreichen, nichts zu wünschen, sondern nur großäugig zu staunen und zu bewundern und höchstens ihrer Besitzlosigkeit eine gewisse Gepflegtheit ihrer Körper wie ein heimliches Erkennungszeichen hinzuzufügen. Wäre sein Ansehen und sein Einfluß nicht zu deutlich, würde man den Meister in der Erziehung zur Schönheit dieser Jünglinge, den Sammler des Maler-Zöllners Rousseau, Wilhelm Uhde, leicht von ihnen weg zu den reinen Ästheten stellen. Es wäre ein Irrtum.«
In den zwanziger Jahren war Siemsen ein recht bekannter Autor, wie aus dem Bericht von Theodor Lücke in der *Literarischen Welt* (Jahrgang 3, 1927, Nr. 8, S. 2) unter der Überschrift »Hans Siemsen liest« hervorgeht: »Wer von uns kennt die kleinen, vielsagenden Augenblicksbilder nicht, aus denen Hans Siemsen bei Ostertag [in Berlin] mit viel Laune eine gute abgestimmte Auswahl zur Probe las? Wer hat sie nicht schon im Rahmen des Feuilletons oder auch in einem jener Bände mit den jungenhaft und abenteuerlich klingenden Titeln: *Das Tigerschiff, Wo hast du dich [denn] herumgetrieben, Paul ist gut* usf. gelesen und sich gefreut an diesen scheinbar so spielend aus dem Handgelenk hingeworfenen und doch so innigen Skizzen, diesen kleinen, liebevollen Gesprächen eines unendlich erlebnisfähigen und deshalb auch erlebnisreichen Menschen mit Dingen, Wesen und Personen des unmittelbaren Alltags. Weshalb sie also lange kommentieren? Gewiß, es ließe sich so mancherlei Gelehrtes sagen über seine Sachen, über ihren stilistischen Zauber, ihre Weltanschauung usf. Doch das hieße sie nur ihres zarten Schmelzes berauben und das, worauf es bei ihnen ankommt, unkenntlich machen hinter rationalistischem Gestrüpp. Denn wesentlich scheint mir an ihnen – und ganz besonders nach dem Eindruck dieses Abends –

ausschließlich der Gefühlsgehalt. Um es mit einem Bilde zu verdeutlichen, es ist so: du gehst an einem trüben, hoffnungslosen Tage über die Straße, bist selbst beschwert und hoffnungslos, und plötzlich steht da ein Mensch und streichelt einen kleinen häßlichen Straßenköter, ist gut zu einem schmutzigen, zerlumpten Gassenbengel oder hat ein gütiges, schönes Wort für irgendwelche unbeachtete und geringgeschätzte Dinge seiner Umwelt; und es ist alles plötzlich ganz, ganz anders, die Sonne scheint, und du bist gar nicht mehr hoffnungslos wie vorher; nein, geradezu hoffnungsfreudig bist du jetzt und blickst bejahend und gläubig zu dem gleichwohl immer noch bewölkten Himmel auf, und all dies wegen eines einzigen Menschen.«
Guy Stern hat in seinem Auswahlband *Konstellationen* (Die besten Erzählungen aus dem *Neuen Merkur* 1914–25. Deutsche Verlags-Anstalt, Stuttgart 1964, S. 322 ff.) Hans Siemsens mit Anatole France verglichene und von T. S. Eliot gelobte Erzählung *Die Geschichte meines Bruders* nachgedruckt und den Autor dem heutigen Publikum vorgestellt: »Wenige Prosawerke des *Neuen Merkur* fanden einen breiteren Nachhall als die Novelle eines deutschen Schriftstellers, der schon zu Lebzeiten gänzlich verschollen ist. Obwohl der Essener Hans Siemsen noch immer im Literatur-Kürschner steht, sind seine längeren Werke vergessen, und seine knappen, ehrlichen und sozialkritischen Artikel in der *Frankfurter Zeitung* und der *Weltbühne* lebten lediglich fort in der Erinnerung einiger weniger Kollegen wie Willy Wolfradt und Kurt Hiller. Sogar seine in der Emigration geschriebene antinationalsozialistische Erzählung *Geschichte des Hitlerjungen Adolf Görs* (1940), die seinerzeit recht günstig aufgenommen und sofort ins Englische übersetzt worden war, ist damals wie heute den meisten deutschen Lesern unzugänglich. Sie verdiente gelesen zu werden, wenn auch aus keinem anderen Grund, als daß Hans Siemsen darin nach bestem Ermessen eine Frage beantwortet, die er als einer der wenigen schon über zwanzig Jahre früher aufgeworfen hatte. ›Was für ein seltsamer Apparat ist das‹, fragte er [Efraim] Frisch [Herausgeber des *Neuen Merkur*, vielseitiger Schriftsteller] im August 1922 über die faschistischen Umtriebe in Bayern, ›der so programmgemäß die bayrische Volksseele zum Kochen bringt?‹ Die Geschichte gegen die Nazis ist also von jemand geschrieben, dessen Verdacht auf sie schon vor dem Bierhalleputsch wach geworden war.
Allerdings war es dem unverdient vergessenen Hans Siemsen nur einmal vergönnt, einen wirklich großen und genialischen Wurf zu tun. Das war *Die Geschichte meines Bruders* aus dem Jahre 1922,

deren Ausführung die Absicht des Autors weit überflügelte. Siemsen hatte sich nur deshalb über die Publikation der Geschichte gefreut, weil (wie er Frisch am 17. November 1922 schrieb) ›es gut ist, wenn immer wieder und mit allen Mitteln die Menschen gezwungen werden, sich mit dem Begriff Gefängnis auseinanderzusetzen.‹«

CARL STERNHEIM

Busekow

Napoleon

Schuhlin

Meta

Ulrike

Carl Sternheim, Dramatiker, Erzähler, Essayist. Geboren am 1. April 1878 in Leipzig, gestorben am 3. November 1942 in La Hulpe bei Brüssel. Als Bankierssohn aufgewachsen in Hannover und Berlin. Philosophie-, Psychologie- und Jurastudium in München, Göttingen, Leipzig und Berlin. Erste Stücke noch vor der Jahrhundertwende. Individualist unter Nietzsches Einfluß. Erste Ehe 1900 bis 1907. 1903 nach München, wo er mit Franz Blei die Zeitschrift *Hyperion* herausgab (1908–1910). Viel auf Reisen (Italien, Griechenland, Türkei und anderswo). 1907 (bis 1927) zweite Ehe mit Thea Bauer. Reiches Erbe. Baute sich das Schloß Bellemaison bei München. Kunstsammler. Mit der Komödie *Die Hose* begann die Komödienserie »Aus dem bürgerlichen Heldenleben« und damit seine fruchtbarste Schaffenszeit als Dramatiker, die etwa 1916 mit *Tabula rasa* endete. Skandale um seine Stücke, die ihn schnell bekannt machten. Lebte seit 1912 hauptsächlich in Brüssel. Freundschaft mit Emile Verhaeren, Ernst Stadler, Franz Pfemfert, Gottfried Benn, Carl Einstein, Edschmid; auch zu Hofmannsthal, dem Grafen Keßler, Rathenau und Carl Gustav Vollmoeller Beziehungen. Wechselnder Aufenthalt in Königstein im Taunus, in der Schweiz, am Bodensee (als Nervenkranker zur Kur bei Binswanger), in Dresden und Berlin. Ende der zwanziger Jahre dritte Ehe: mit Frank Wedekinds (der sein großer Anreger war) Tochter Pamela. Vereinsamt in Brüssel.

WERKE: *Chronik von des zwanzigsten Jahrhunderts Beginn* (Novellen), 2 Bände, 1918 [darin auch die Novellen aus dem *Jüngsten Tag*], erweiterte Ausgabe in drei Bänden 1926–1928; *Europa* (Roman), 2 Bände, 1919; *Vorkriegs-Europa im Gleichnis meines Lebens* (Autobiographie), 1936. – *Gesamtwerk*. Herausgegeben von Wilhelm Emrich unter Mitarbeit von Manfred Linke. Bisher 8 Bände. Hermann Luchterhand Verlag, Neuwied am Rhein – Berlin 1963 ff.

Sein Werk erlebt heute eine Renaissance auf den deutschsprachigen Bühnen. Einer stärkeren Wirkung ins Ausland, die er durchaus verdient hätte, ist vermutlich doch die zeitsatirische Bezogenheit seiner Thematik auf deutsche Verhältnisse und die für unser Ohr so komisch-reizvolle Manieriertheit seiner Syntax hinderlich – obwohl dergleichen, im umgekehrten Falle, deutsche Theaterleiter nie hinderte, fremdsprachige Stücke uns einzuverwandeln und unsere Bühnen damit zu bereichern. Sternheims gezackter Prosastil blieb – wiewohl der Autor, halb entrüstet, halb geschmeichelt, sich ständig von Imitatoren umgeben sah – wesentlich ohne Folgen, sieht man von dankbaren Parodisten ab. Nur bei Rudolf Forster, der auch ein guter Sternheim-Spieler war – in seinem Erinnerungsband *Das Spiel mein Leben*, vierzig Jahre später, wirkt (freilich eigner Provenienz) etwas vom Lakonismus Sternheimscher Prägungen nach: österreichischer, weiser, melodischer, nicht so preußisch stramm wie in der Prosa des verhinderten Preußen Sternheim, der (wie Klaus Mann im *Wendepunkt* berichtet) im monokelblitzenden General Seeckt eine Art feindlichen Bruder, »Adler« gleich ihm, sah. Die Novelle *Ulrike* gibt, deutlich genug, Aufschluß über solche Affinitäten und deren grotesk-sarkastische Aufhebung.

Über Entstehungsgeschichte, verschiedene Fassungen, Anlässe und Schlüsselfiguren der Sternheim-Novellen gibt der editorische Apparat der schönen Luchterhand Ausgabe (Band 4) genau Auskunft. Ottomar Starke, Sternheims Illustrator, erwähnt ebenfalls die Modellfiguren in seinen Erinnerungen *Was mein Leben angeht* (F. A. Herbig Verlagsbuchhandlung, Berlin-Grunewald 1956. S. 69 f.): »Ich war täglich mit Sternheim zusammen. Wir machten weite Spa-

ziergänge, unterhielten, verzankten und versöhnten uns wieder. Was er vormittags geschrieben hatte, las er uns nachmittags vor. Er arbeitete viel nach dem lebenden Modell, der alte ›Maske‹ war seinem Vater, dem Bankier und Zeitungsbesitzer, ›Schuhlin‹ dem Musiker [Otto] Vrieslander, ›Posinsky‹ dem Kunstschriftsteller [Carl] Einstein [Entdecker der Negerplastik, Verfasser des *Bebuquin*] nachgezeichnet. Der ›Snob‹ dürfte in manchen Partien ein Selbstporträt gewesen sein. Die gealterte und fromm gewordene ›Meta‹ in der gleichbetitelten Novelle war der rechts im Vordergrunde sitzenden Vorsteherin des Altmännerhauses in Haarlem auf dem Gemälde des Frans Hals entnommen. Die Novelle ›Anna‹ stammt nicht von Carl Sternheim, sondern von seiner Frau. Der erst 1952 erschienene Roman Thea Sternheims *Sackgasse*n ist eine Weiterentwicklung dieser Novelle.«
Ergänzend wäre das Modell des »Napoleon« vorzustellen – in Sternheims Worten (zitiert nach *Gesamtwerk*, Band 4. S. 424 f.):
»Am Rand des unvergleichlichen Wälderkranzes, der Brüssel einrahmt, liegt in einer Talsenkung an der Straße von Quatre-Bras nach Waterloo das Schlößchen Groenendael an der Stelle, wo einst Ruysbroeck frommer Einsiedler war. Im neunzehnten Jahrhundert wurde es Wirtshaus, in das auf Ausflügen Brüssels bessere Bürger einkehrten. Dort hatte ›Napoleon‹, ein Kellner von sechzig Jahren seinen Platz, der mir nachmittags um vier den Tee servierte, der Held meiner gleichnamigen Erzählung wurde! Was er zu ihrem Schluß empfand, hatte ich vor ihm an dieser für mich unvergeßlichen Stelle oft empfunden.«
Sternheims Novelle *Ulrike* rief einen Zensur-Skandal hervor, zu dem Friedrich Eisenlohr in der *Aktion* vom 27. Juli 1918, Stellung nahm.
Sternheims Novellen machten zur Zeit ihres Erscheinens nicht nur Aufsehen in der Öffentlichkeit, sie fanden sogleich und stets die Aufmerksamkeit der Schriftstellerkollegen. Kafka teilte nach der Lektüre der 1916 bei Kurt Wolff erschienenen Ausgabe *Die drei Erzählungen* [*Busekow, Napoleon, Schuhlin*] Felice Bauer auf einer Postkarte vom 3. Juni 1916 (S. 661) seinen Eindruck mit:
»Die Sternheimschen Erzählungen scheinen mir bedeutend, besonders die literarisch vielleicht schwächste: *Schuhlin*. Eine sehr populäre und sehr widerwillige Darstellung. Wir sprechen darüber vielleicht.«
In Edschmids mehrfach, zum Beispiel im Märzheft 1918 der *Neuen Rundschau* (S. 359 bis 374) abgedruckter Rede vom 13. Dezember 1917 heißt es: »Sternheim weist Prosakunst, die aus geschärftestem

Hirn kommt, Hirn, das so übermächtig wurde, daß es produktiv sich äußert, daß es dichterisch wird. Ein Rezept, aber ein geniales. Der Haken, an dem der Nachläufer sich aufhängen. Diese Kunst, am wenigsten unter all diesen [expressionistischen Autoren] vom Ausbruch des Gefühls herausgeschleudert, ist am leichtesten zu imitieren. Hier liegt die Gefahr einer Seuche, die an Dürrheit und Trockenheit das Äußerste wird, was einen Stil unleidlich machen kann.«
Franz Blei, Sternheim befreundet in den Tagen des gemeinsam herausgegebenen *Hyperion* und für den Freund streitend in seiner Schrift von 1915 *Über Wedekind, Sternheim und das Theater*, schrieb in seiner 1930 erschienenen Autobiographie *Erzählung eines Lebens* (Paul List Verlag, S. 436) äußerst abfällig über den Erzähler Sternheim: »Bei diesem Schema des Dreiundzwanzigjährigen ist der weitere Sternheim geblieben, wann immer er erzählende Prosa schrieb: er hatte nichts zu sagen und tat daher so vielsagend. Er hatte die Rede eines die Zeitung lesenden Kommis und meinte, das mit grammatischen und syntaktischen Willkürlichkeiten zu kaschieren. Er machte einen abundanten Gebrauch von der Partizipialkonstruktion. Wie der ältere Handelsbriefstil. Was die komische Originalität der Figuren seines Theaters ausmacht, das beanspruchte er erzählend als Originalität für sich, aber als ernste.«
Solches vom selben Blei über den selben Sternheim, den Musil 1931 (in seinem Aufsatz »Franz Blei – 60 Jahre«) als »nicht nur eine Entdeckung, sondern geradezu ein Erziehungsprodukt Bleis« bezeichnete. Musils eigene Stellungnahme (aus der *Neuen Rundschau* von 1914, S. 849 f.) liegt in einer genauen und witzigen Analyse von Sternheims Prosastil vor: »Es bleibt bewunderungswert, mit wie viel Beherrschung, nachdem er sich nun einmal auf diesen Weg zur Ewigkeit verirrt hat, Sternheim ihn geht. Das Leben seiner Geschöpfe vollzieht sich vollkommen genau in der gewollten Distanz von Wirklichkeit und Bilderbogen. Nicht ein Wort steigt oder fällt heraus. Die Syntax knarrt leise und beständig, daß man nicht einen Augenblick den Charakter einer Maschine vergesse. In dem Mosaik, das sie zusammensetzt, bleiben genau noch die Stoßfugen sichtbar. So spaßig sind die moralischen Gebilde, sagt alles; das Leben ein moralischer Kinematograph, an dem man die Rucke der Kurbel wahrnimmt; du kannst vor- und zurückdrehn. Ich bewundere nicht diese Erkenntnis, aber ernstlich die Art, wie sie ausgedrückt wird. Es ist dies kein artistischer, sondern schon ein menschlicher Reiz. Die außerordentliche Disziplin, die Kälte, die Geometrie, die Nüchternheit dieses Dichters: das ist trocken saubere Men-

schenart. Ist einer, der in hartem Holz zu sägen liebt und nicht Laubstreu für Lesekühe schneidet.«

In Oskar Loerkes Resümee (wiederum in der *Neuen Rundschau* 1919; *Literarische Aufsätze*, S. 130 f.) ist interessant, wie bereits der Zeit- und fast Jahrgangsgenosse Sternheims dessen Nachahmer als Karikaturen sieht, die in Sternheims Büchern auftreten könnten.

OTTOMAR STARKE, Graphiker und Schriftsteller. Geboren am 21. Juni 1886 in Darmstadt, gestorben am 31. Juli 1962 in Baden-Baden. Oberrealschule Freiburg im Breisgau, Kunstgewerbeschule München. Begann als Schauspieler. Bühnenbildner in München, Mannheim, Frankfurt am Main, Darmstadt. Lebte zuletzt in Berlin-Wilmersdorf. Verfaßte Bühnenstücke, Hörspiele, Gedichte, Erzählungen, Essays und vor allem Kriminalromane sowie die erwähnte Autobiographie *Was mein Leben anlangt*, gab Kunstmappen heraus, arbeitete für den Film, übersetzte aus dem Französischen und Englischen.

Er hat – mit Ausnahme von *Ulrike* – alle Sternheim-Bändchen des *Jüngsten Tags*, ferner Edschmids *Rasendes Leben*, Kafkas *Verwandlung*, Schickeles *Aïssé* und Brods *Die erste Stunde nach dem Tode* mit Illustrationen versehen. Sternheim gab mit seiner Komödie *Bürger Schippel* die Anregung zu den fünfzig Kohlezeichnungen des *Bürgerlichen Bilderbuches* von Ottomar Starke *Schippeliana* und lieferte das Vorwort, der Politiker Scheidemann laut Starkes Erklärung (*Was mein Leben anlangt*, S. 69) das Vorbild dazu. In der *Deutschen Graphik des Westens* (herausgegeben von Hermann von Wedderkop, 1922; wieder abgedruckt in *Gesamtwerk*, Band 6, S. 275 f.) rühmte Sternheim seinen Illustrator.

AUGUST STRINDBERG

Die Schlüssel des Himmelreichs oder Sankt Peters Wanderung auf Erden

August Strindberg, schwedischer Dramatiker, Erzähler, Essayist, Lyriker, Maler. Geboren am 22. Januar 1849 in Stockholm, gestorben am 14. Mai 1912 ebenda. Wuchs in bedrückenden Verhältnissen auf. 1867 Gymnasialabitur. Ein Medizin-, später Philosophiestudium in Uppsala brach Strindberg 1872 ab. Dazwischen und danach als Lehrer, Statist am Dramatischen Theater in Stockholm, als Telegraphist, als Übersetzer (aus dem Französischen, Englischen, Deutschen und Dänischen), als Redakteur und Kunstkritiker an *Dagens Nyheter* (1873–74) und Bibliothekar (bis 1876) tätig. 1870 die ersten Dramen. Unruhiges Wanderleben: in Frankreich, der Schweiz, Dänemark, Deutschland, Österreich. Ende der achtziger Jahre begann seine Weltberühmtheit: mit den Stücken *Der Vater* und *Fräulein Julie*. Anfangs der neunziger Jahre im Berliner Künstlerkreis »Zum schwarzen Ferkel« Umgang mit Hartleben, Dehmel, Przybyszewski, Munch, Hamsun, Ola Hansson. 1896–97 die von Strindberg später als »Inferno« bezeichnete Weltanschauungskrise. Wieder Reisen durch halb Europa. 1899 Beruhigung in Lund und während des Schärensommers auf Furusund. Seit der Jahrhundertwende in Stockholm. Gründete dort 1907 das Intime Theater; bezog 1908 seine letzte Wohnung, den sogenannten Blauen Turm. Drei gescheiterte Ehen. Vieles autobiographisch, in Briefbänden und Berichten von Zeitgenossen dokumentiert. – Strindberg war von größtem Einfluß auf die europäische Dichtung der Jahrhundertwende; ein Einfluß, der auch in der amerikanischen Theaterliteratur von O'Neill bis zu Tennessee Williams und Edward Albee spürbar ist. In Schweden verhalf Strindberg dem Naturalismus zum Durchbruch, »ging dann (unter Nietzsches Einfluß) zu einem ausgesprochenen Individualismus über und endete in einer (eigentümlich schwedischen) Mischung von Mystik und Realismus; ein rastloser, durch alle möglichen Wissens- und Erlebnisbezirke« – vom Sozialismus bis zum Surrealismus und Okkultismus – »getriebener, selbstquälerischer Geist; ein Erlebniskünstler, dem Dichtung die Erforschung der menschlichen Seele bedeutet – des eigenen bis zur Krankheit haltlosen und reizbaren Ich« (Hanns W. Eppelsheimer, *Handbuch der Weltliteratur*). Auf den Expressionismus wirkten am stärksten die Dramen *Nach Damaskus* (Drei Teile, deutsch

1899 ff.), *Advent* (1899), *Ostern* (1901), *Ein Traumspiel* (deutsch 1903), *Der Totentanz* (deutsch 1904).

WERKE: *Deutsche Gesamtausgabe* (unvollständig), 46 Bände, übersetzt von Emil Schering, 1902–30; *Gesammelte Werke*, 9 Bände, übersetzt von Willi Reich u. a., 1955–59.

Strindbergs Märchenspiel *Die Schlüssel des Himmelreichs*, das wohl nur seines von den Expressionisten so grenzenlos bewunderten Autors wegen in die Reihe *Der Jüngste Tag* geriet und es dort immerhin zu drei Auflagen brachte, wurde vom Theater so gering geschätzt, daß es erst 1962 seine Uraufführung erlebte. Die erste deutschsprachige Inszenierung brachte am 20. Oktober 1966 das Landestheater Darmstadt, allerdings in der Übersetzung von Emil Schering, deren Titel, leicht abgewandelt, lautet: *Die Schlüssel zum Himmelreich oder Sankt Peter wandert auf Erden*. Schering hatte die antipapistische Szene in Rom, zu Anfang des fünften Akts, die unsere Ausgabe enthält und die vom Regisseur Hering in seine Aufführung wieder eingefügt wurde, seinerzeit nicht zu übersetzen gewagt.
Über Strindbergs Stück und die Darmstädter Aufführung – eine beachtete, wenn auch mißglückte Schatzgräberarbeit – urteilte Georg Hensel im *Darmstädter Echo* vom 22. Oktober 1966 unter anderem folgendermaßen: »Strindberg schrieb diesen Bilderbogen zwischen 1890 und 1892, vollendete ihn vier Jahre nach seinem naturalistischen *Fräulein Julie* und sechs Jahr vor seinem surrealistischen religiösen Stationenstück *Nach Damaskus*. Der Form nach gehört *Die Schlüssel zum Himmelreich* schon zu den folgenden Stücken, den symbolisch-allegorischen Traumspielen.
Das Märchenspiel ist ein auf den Kopf gestelltes, ein negatives Märchen der Vereitelung: der Himmel ist nicht erreichbar, der Mensch ist auf die Erde verwiesen und muß mit dem Leben, mit seinen Toten, seinem Schmerz und seiner Einsamkeit allein fertigwerden. Vor Himmelsstürmern und Himmelsschlüsseln wird ausdrücklich gewarnt.
Für diese schlichten Einsichten der Resignation, setzt Strindberg einen Riesenapparat von Allegorien in Gang, aufgebaut aus (zumindest in der Übersetzung von Emil Schering) unsäglichen Versen, Gedanken von wahrhaft monumentaler Banalität. Seine Satire ist teils überholt, teils unscharf und immer zum Auswachsen umständlich und unbeholfen.
Siebzig Jahre hat dieses Märchenspiel gebraucht bis zur Urauffüh-

rung durch eine schwedische Bühne, am 30. Juni 1962 in Uppsala. Seit mehr als vierzig Jahren liegt die deutsche Übersetzung von Emil Schering vor und hat niemand verlocken können. Seit einigen Jahren schon wird uns vom Landestheater die deutsche Erstaufführung angedroht. Hätte man in diesen Jahren nicht wenigstens eine anständige Übersetzung in Auftrag geben oder zumindest Scherings Verse kräftig überarbeiten können? Ferner wäre eine Bühnenfassung vonnöten, die das Überflüssige und Witzlose ausmerzt und die provokativen Szenchen und Szenenansätze herausarbeitet, die zweifellos vorhanden sind und die Gerhard F. Hering doch wohl zu dieser späten deutschen Erstaufführung verleitet haben. Hier fehlt es an dramaturgischer Vorarbeit, ohne die ein solches Unternehmen hoffnungslos ist noch vor seinem Beginn.
Strindbergs Stück kann bestenfalls Rohmaterial sein für radikale Eingriffe und aktualisierende Regie-Einfälle [...] So viele mythische Figuren bevölkern die Bühne, doch eine, die gar nicht auftritt, Morpheus nämlich, der Sohn des Schlafgottes, wäre der Herrscher der Szene, führen nicht immer wieder die Klänge des Komponisten Zbigniew Wiszniewski oder ein schönes Theatergewitter erweckend dazwischen. Das Märchenspiel, ach, wird zum Geduldsspiel und der Schlüssel zum Himmelreich ein Nachschlüssel fürs Schlummerland. Die Aufführung ist, ihrem zähen Temperament entsprechend, nicht durchgefallen, sondern bei mattem Beifall durchgesunken.

ERICH HOLM (das ist Mathilde Prager): österreichische Schriftstellerin und Übersetzerin (aus dem Schwedischen, Dänischen und Norwegischen). Geboren am 3. Januar 1844 in Prag, gestorben am 1. Februar 1921 in Wien. Tochter des Marienbader Kurarztes Dr. Lucca. Verheiratet seit 1872 mit Professor M. I. Prager. Mitarbeiterin an der *Neuen Freien Presse* und Übersetzerin von Werken skandinavischer Autoren wie Strindberg und Georg Brandes. Sie verfaßte zahlreiche Novellen und Erzählungen, Märchenspiele und Dichtungen sowie *Henrik Ibsens politisches Vermächtnis und Studien zu den vier letzten Dramen des Dichters* (1906, 2. Auflage 1910). – Die vorstehenden Angaben verdanken wir dem 5. Band der *Großen Jüdischen National-Biographie* von S. Wininger. – Oskar Loerke besprach im *Berliner Börsen-Courier* 1922 (*Der Bücherkarren*, S. 123 ff.) den Brandes'schen *Goethe* (Berlin 1922) in der Übersetzung von Erich Holm und Emilie Stein.
Im Band 244 der Sammlung Dieterich *Strindberg im Zeugnis der Zeitgenossen* (Carl Schünemann Verlag, Bremen 1963, S. 127 ff.)

gibt Mathilde Prager eine Schilderung ihrer ersten Begegnung mit Strindberg im Frühjahr 1886 in Wien. Die redaktionelle Vorbemerkung dazu lautet: »Die Wiener Übersetzerin [...] Mathilde Prager (Pseud. Erich Holm) hatte 1885 eine Besprechung des *Roten Zimmers* im *Magazin für die Literatur des In- und Auslandes* und ein Übersetzungsfragment der Erzählung *Gewissensqual* in der Wiener *Neuen Freien Presse* veröffentlicht und damit, wie sie selbst schreibt, ›die erste Kunde des später so berühmten Schweden nach Deutschland und Österreich‹ gebracht. Über ihren Briefwechsel und ihr persönliches Zusammentreffen mit Strindberg berichtete sie in der Artikelfolge ›Meine Erinnerungen an August Strindberg‹, die *Der Zeitgeist*, das Beiblatt zum *Berliner Tageblatt*, im April 1915 druckte.«

THEODOR TAGGER

Der zerstörte Tasso

Theodor Tagger (Pseudonym: Ferdinand Bruckner), österreichischer Lyriker, Dramatiker, Essayist, Theaterleiter, Übersetzer (aus dem Französischen und Amerikanischen). Geboren am 26. August 1891 in Wien, gestorben am 5. Dezember 1958 in Berlin. Sohn eines Fabrikbesitzers. Gymnasium in Graz. Studierte in Wien und Paris Philosophie, Musik, Medizin und Jura. Dann Schriftsteller in Berlin. Dort 1917 bis 1919 Herausgabe der luxuriösen Zweimonatsschrift *Marsyas*, an der – neben Felix Braun, Hofmannsthal, Paul Ernst, Georg Simmel, Stefan Zweig und anderen – die *Jüngster Tag*-Autoren Březina, Brod, Edschmid, Goll, Herrmann-Neiße, Kafka, Rudolf Leonhard, Mechtild Lichnowsky, Otto Pick und Sternheim mitwirkten. Tagger ist vertreten in den Zeitschriften *Pan, Die weißen Blätter, Zeit-Echo. Der Anbruch, Der Friede* und in der Anthologie *Die Botschaft* (1920). Er leitete von 1923 bis 1928 mit seiner Frau das von ihm gegründete Renaissance-Theater in Berlin. Gegen Ende der zwanziger Jahre hatte er sensationelle, jedoch nicht nachhaltige Bühnenerfolge mit seinen Stücken *Krankheit der Jugend* und *Die Verbrecher*, die ihn unter dem fortan benutzten Pseudonym Ferdinand Bruckner (das eine Zeitlang unentschlüsselt blieb) berühmt machten. 1933 Emigration nach Frankreich, 1936 nach den USA, deren Staatsbürgerschaft er erwarb. Er beschäftigte sich mit der Folklore der amerikanischen Neger und schrieb *Negerlieder* (1944) im Sinne dieser Überlieferung. Vizepräsident der German-American Writers Association; Mitbegründer des Aurora-Verlags. 1951 Rückkehr nach Berlin, wo er 1953 Dramaturg am Schiller- und Schloßpark-Theater wurde. Tagger-Bruckner entwickelte aus seinen expressionistischen Anfängen die Theaterpraxis der Simultanbühne für seine späteren Dramen im Stile der Neuen Sachlichkeit. Nach dem zweiten Weltkrieg bemühte er sich um eine Erneuerung der klassischen Tragödie. Er übersetzte Arthur Millers *Tod des Handlungsreisenden* aus dem Amerikanischen ins Deutsche und Lessings *Nathan der Weise* aus dem Deutschen ins Amerikanische.

WERKE: *Von der Verheißung des Krieges und den Forderungen an den Frieden* (Essays), 1915; *Der Herr in den Nebeln* (Gedichte), 1917; *Die Vollendung eines Herzens* (Novelle), 1917; *Über einen Tod* (Essay), 1918; *Das neue Geschlecht* (Eine Programmschrift), 1918; *Pascal, Größe und Nichtigkeit* (Übersetzung), 1918; *Peters Traum* (Einakter), 1920; *Die Kömodie vom Untergang der Welt* (I: *Harry* II: *Annette*), 1920; *Auf der Straße* (Novelle), 1920; *Kapitän Christoph* (Drama), 1921. – *Jugend zweier Kriege* (Dramen), 1947; *Schauspiele nach historischen Stoffen*, 1956; *Vom Schmerz und von der Vernunft* (Auswahl und Einleitung von Franz Theodor Csokor), 1961.

Wortfindungen und Wortverbindungen, wie sie der Expressionismus ermöglichte, erscheinen nun im *Zerstörten Tasso* krampfig und gesucht: »irrvoll gelassen«, »zisternende Lieder«, »glashart aufgezückte Mienen«, »angesonnt«, »stummet auf«, »ausblaue in mir«, »heiß wirren die gezogenen Lider«, – solch »gesteiltem« Stil, den Tagger ja bald überwand, galt Benns Warnung in dem Vortrag »Probleme der Lyrik«: »Und dann achten Sie bitte auf das Wort: ›steilen‹ – da will einer hoch und kömmt nicht rauf.« Immerhin haben die sprachlichen Forciertheiten von Taggers Anfängen sich später in gewissen veristischen Effekten seiner Stücke bemerkbar gemacht.

Oskar Loerke schrieb 1918 in der *Neuen Rundschau* (*Literarische Aufsätze*, S. 90 f.) über Taggers Gedichte *Der Herr in den Nebeln*, die bereits viele stilistische Eigenheiten des *Zerstörten Tasso* aufweisen: »Während [Bruno] Frank glaubt, daß Form zum allgemeinen Übereinkommen werden könnte, scheint Tagger [...] jedes Übereinkommen abzuweisen. Mancher Dichter schreibt, obwohl er weiß, daß er nur zu wenigen spricht, Tagger auch, weil er es weiß. Seine Gedichte berührten mich beim ersten Lesen sehr stark. Die Phantasie befand sich beständig in gewaltsamer Aufregung vor Überraschung. Jetzt tritt die Überraschung nicht mehr ein, und ich sehe, daß eine starke Anstrengung wohl im Gesamtplane der Taggerschen Arbeit liegt und in jedem Einzelfalle geübt wird, daß sie aber mehr den Anspruch des Verfassers befriedigt als die Forderung der Schöpfung, – so wie dem Theaterarbeiter das Schüren und Fachen der Stoff-Flammenzungen wichtiger ist als der Brand, dem sie dienen; dem Zuschauer aber ist nicht einmal der Brand auf der Bühne und nicht das durch ihn Zerstörte, sondern die Vollendung der Tragödie wesentlich. Tagger wählt seine Themen vielfach nach ihrer Eignung zur Bewältigung artistischer Aufgaben. Er übersetzt gern, statt zu setzen: Musik, Bildliches. Seine Eindrücke von der Musik her sammeln sich nicht im Visionären, sondern zerstreuen sich in visuellen Reizen. Zeitwörter voll leidenschaftlichen Tumultes, die zudem gewöhnlich an den Anfang der Sätze gestellt sind, täuschen eine heftige Bewegung vor, doch es ist, als schnurrten Räder auf der Stelle ab, weil ihre Achsen nicht genügend belastet sind. Nur die, übrigens zahlreichen, stillen Landschaftsbilder gewinnen durch Taggers Mittel eine Intensität wie in überwach hellfühlendem Bewußtsein. Man ahnt hinter dem Grellen, Lärmenden die Ruhe, durch den Gegensatz gesteigert und süß. Der alles umschließende Wortzwang schweißt das Unendliche überschaubar zusammen. Das Aneinander wird ein Zueinander. Man kann nicht sagen, warum die Auslese richtig ist, nur daß sie richtig ist. Die Worte waren eitle Diener, doch Diener. Hier ist das Gebiet des Aussprechbaren erweitert worden.«

HANS ARTHUR THIES

Die Gnadenwahl

Hans Arthur Thies, Erzähler, Lyriker, Dramatiker, Feuilletonist, Redakteur, Übersetzer (aus dem Englischen und Französischen). Geboren am 27. November 1893 in Hannover, gestorben am 6. Dezember 1954 (in München?). Dr. phil. Redakteur in München. Stellvertretender Hauptschriftleiter des *Münchener Mosaiks* (Kürschner 1943). Mitarbeit an den Zeitschriften *Das hohe Ufer* (1919), *Genius* (1921), *Süddeutsche Monatshefte*. Die Widmung der *Gnadenwahl* ist typisch für die durch den ersten Weltkrieg gezeichnete Generation: »Dem Geist, der vor den großen Stellungen in Blut floß«.

WERKE: *Wer wird's glauben?* (Singspiel), 1934; *Der eiserne Seehund* [über den Ingenieur und Tauchboot-Konstrukteur Wilhelm Bauer, 1822–1876], 1941; *König Ludwig I. und die Schönheiten seiner Galerie*, 1954.

ERNST TOLLER

Gedichte der Gefangenen

Ernst Toller, Dramatiker, Lyriker, Autobiograph, Redner, Politiker. Geboren am 1. Dezember 1893 in Samotschin bei Bromberg (Provinz Posen), gestorben am 22. Mai 1939 in New York. Kaufmannssohn. Jurastudium an der Universität Grenoble. 1914 Kriegsfreiwilliger, da er als Jude nicht aus der Gemeinschaft ausgeschlossen bleiben wollte. Unterm Eindruck des Stellungskriegs vor Verdun pazifistischer Sozialist. Nach schwerer Verwundung Ende 1915 als dienstuntauglich entlassen. Fortsetzung des Studiums in München und Heidelberg. Einfluß von Max Weber und Gustav Landauer. Lernte in Berlin Kurt Eisner kennen, folgte ihm nach München. Mitglied der USPD (Unabhängige Sozialdemokratische Partei

Deutschlands). 1918 Beteiligung am Streik der Münchner Munitionsarbeiter. Wegen pazifistischer Agitation kurze Gefängnishaft. Führend beteiligt an der Novemberrevolution in München. Nach Eisners Ermordung Vorsitzender der USPD und Erster Vorsitzender im Zentralrat der Bayerischen Arbeiter-, Bauern- und Soldatenräte. Nach dem Sturz der Räterepublik gegen seinen Willen zum Kommandanten der Roten Garde gewählt. Gegen Gewalt und Terroraktionen. Am 5. Juni 1919 verhaftet, am 16. Juli 1919 zu fünf Jahren Haft auf der Festung Niederschönenfeld verurteilt. Dort entstanden seine erfolgreichsten Stücke. Am 30. September 1919 in der Tribüne Berlin durch Karl-Heinz Martin Uraufführung der *Wandlung* – neben Weicherts Inszenierung von Hasenclevers *Der Sohn* und Jeßners *Wilhelm Tell* (laut Günther Rühle) »eine der drei Schlüsselpremieren für das kommende Theaterjahrzehnt«. Nach der Entlassung aus Festungshaft von 1924 bis 1933 viele Vortragsreisen im Dienste eines sozialistischen Humanismus. 1926 begeistert in der Sowjetunion, 1929 skeptisch in den USA, 1930 im republikanischen Spanien, mit dem er sympathisierte. Suchte einen Weg jenseits der Parteipolitik, was ihm die kommunistischen Funktionäre verargten. Als einer der meistgehaßten und prominentesten Gegner des Nationalsozialismus am 23. August 1933 aus dem Deutschen Reich ausgebürgert. Vorher vertrat er im Mai 1933 auf dem Internationalen PEN-Kongreß in Dubrovnik die freie deutsche Literatur. Nahm auch auf Internationalen Kongressen zur Verteidigung der Kultur in Paris 1935 und Madrid 1937 das Wort: ein schauspielerischer Mensch, von eingebornem humanitärem Ethos beflügelt. Als Emigrant über die Schweiz (1933), Frankreich und England (1935) in die USA (1936). In zunehmender Verzweiflung nahm er sich in seinem New Yorker Hotelzimmer das Leben.

WERKE: *Die Wandlung* (Drama), 1919; *Masse Mensch* (Drama), 1921; *Die Maschinenstürmer* (Drama), 1922; *Der deutsche Hinkemann* (Tragödie), 1923; *Der entfesselte Wotan* (Komödie), 1923; *Das Schwalbenbuch* (Gedichte), 1924; *Tag des Proletariats. Requiem den gemordeten Brüdern* (Zwei Sprechchöre), 1925; *Eine Jugend in Deutschland*, 1933; *Briefe aus dem Gefängnis*, 1935. – *Ausgewählte Schriften.* Mit Geleitworten von Bodo Uhse und Bruno Kaiser. Herausgegeben von der Deutschen Akademie der Künste zu Berlin[-Ost], 1959; *Prosa, Briefe, Dramen, Gedichte.* Mit einem Vorwort von Kurt Hiller. Rowohlt Verlag, Reinbek bei Hamburg 1961.

Am 22. Mai 1921 dem Jahr, in dem die *Gedichte der Gefangenen* erschienen, schrieb Toller aus der Festung Niederschönenfeld an seinen Verleger Kurt Wolff (*Briefwechsel eines Verlegers*, S. 327 f.): »Diese Haft dünkt mich oft wie eine Probe. Ich werde sie bestehen oder nicht bestehen. Das hängt nicht von meinem Willen ab, nicht von meinen gedanklichen Anstrengungen, sondern von der schicksalhaften Gegebenheit meines letzten, entblößten Seins. Die allein ist entscheidend. Ich glaube nicht mehr an Wandlung zu ›neuem‹ Menschtum, zu ›neuem‹ Geist. Jede Wandlung ist Faltung und Entfaltung. Tiefer denn je spüre ich den Sinn des tragischen und gnädigen Wortes Pindars: Der Mensch wird, was er ist.
Das Dogma der Gnadenwahl ist – jenseits aller kirchlichen Exegese – nur ein Aussprechen tiefer menschlicher Wirklichkeit.«
Und in einem Begleitbrief (*Prosa, Briefe, Dramen, Gedichte,* S. 208 f.) zu seinen *Gedichten der Gefangenen* an Romain Rolland, geschrieben im Jahre 1921: »Die Verse der Gefangenen, die ich Ihnen heute schicke – möchten mehr als Verse sein, Briefe, Ruf und Aufruf an Menschen, die sich verantwortlich fühlen und die vorbeigehen an den vergitterten Häusern ihrer Städte, ohne zu ahnen, ohne zu erfassen, welche Schuld sie auf sich laden durch ihre Gleichgültigkeit. Ich halte inne: Ist die Erde unserer Zeit nicht ein Hexenkessel von Mord und Verbrechen, von Folterung und Aushungerung des Menschenleibs, der Menschenseele?
Ach, wer wird in solchem Chaos meine Stimme hören?
Wen wird sie verpflichten zu höherer Einsicht, zu brüderlicher Menschlichkeit? Die Mächtigen unserer Zeit? Die ihre Völker von Abgrund zu Abgrund führen, sollten für solche Fragen ›zehnter Ordnung‹ Ohren haben? Nein.
Zu den Künftigen, den Jungen, denen, die an die heilende Kraft der Menschlichkeit glauben, denen die Menschlichkeit eine Realität ist, höher als alle Realität der Tagespolitiker, denen, die selbst Bedrückkung fühlten, und die wollen, daß alle Bedrückung aufhöre, zu denen werden die Verse sprechen. Und wenn sie nur ein Samenkorn für spätere Taten sind, so haben sie getan, was Kunst kann.
Von jedem Buch sollten die Worte Whitmans gelten, daß der Leser einen Menschen anrühre. Bei vielen Schriftstellern rührt man eine Wortmaschine an.
Die Wurzel jedes Gedichts ist Erlebnis.
Was wir Form nennen, ist Liebe.«
Die Worte, die Franz Pfemfert im Heft 13/14 seiner *Aktion* vom 6. April 1918 dem Abdruck eines Gedichts – »Marschlied« – des noch unbekannten Toller vorausschickte, haben instinktsicher vor-

weggenommen, was auch heute als Resümee zum Phänomen Toller gelten darf: »Wenn ich es doch endlich allen Ahnungslosen einhämmern könnte, daß es mir nicht um Literatur, jüngste oder älteste Dichtung geht! Hier drucke ich einen, der nicht, wie der Rudolf Leonhard, der Hanns Heinz Ewers, der Kerr die Technik raus hat, zeitgemäße und, wenns dann wieder trifft, unzeitgemäße Kouplets zu gröhlen. Hier spricht kein ›Dichter‹, kein Hoffnungsvoller der Reinhardklique [sic!] oder der Wolfensteinethiker: ein Mensch spricht, hinter dessen Worten sein Schicksal steht.«

GEORG TRAKL

Gedichte

Georg Trakl, österreichischer Lyriker. Geboren am 3. Februar 1887 in Salzburg, gestorben am 3. oder 4. November 1914 in Krakau. Kaufmannssohn. Aufgewachsen in Salzburg. 1905 bis 1908 Praktikum als angehender Apotheker. Frühe dichterische Versuche, die er teilweise – wie seine beiden 1906 im Salzburger Stadttheater aufgeführten Einakter *Totentag* und *Fata Morgana* – später vernichtete. 1908 bis 1911 Pharmazie-Studium in Wien sowie Ableistung des Militärdienstes als Einjährig-Freiwilliger. Dann verzweifelte Suche nach einer beruflichen Existenz in ziviler Tätigkeit, in Militärapotheken oder als Beamter (in Salzburg, Innsbruck, Wien). Reisen nach Venedig, an den Gardasee, Berlin, meist mit Unterstützung von Freunden und Gönnern. Zu diesen zählte – neben Karl Kraus, Adolf Loos, Oskar Kokoschka, Karl Borromäus Heinrich, Erhard Buschbeck Karl Röck, Theodor Haecker, Else Lasker-Schüler – in erste Linie der unermüdlich für Trakl tätige Ludwig von Ficker, der Herausgeber des *Brenner*, worin seit 1912 die meisten Gedichte Trakls erschienen. »Immer wieder kam er in diesen letzten Jahren wie ein Flüchtling nach Tirol zurück. Hier fand er in Mühlau bei Ludwig von Ficker [...] Obdach und Schutz vor äußeren Sorgen, und hier blieb er mit kurzen Unterbrechungen bis zum Ausbruch des Krieges. Ende August 1914 rückte er in seiner alten Charge (Leutnantsrang) als Medikamentenakzessist mit einer

Innsbrucker Sanitätskolonne nach Galizien ins Feld. Nach der Schlacht bei Grodek mußte er in einer Scheune neunzig Schwerverwundete allein betreuen, ohne ihnen helfen zu können. In höchster Verzweiflung wollte er sich erschießen; Kameraden nahmen ihm die Waffe ab. Er beruhigte sich wieder und versah, ohne äußere Zeichen der Erregung, weiter seinen Dienst. Ein paar Wochen später wurde er plötzlich in das Garnisonsspital nach Krakau abkommandiert. Er glaubte, zur Dienstleistung als Apotheker. Zu seinem Schrecken aber kam er zur Beobachtung seines Geisteszustandes auf die psychiatrische Abteilung des Spitals. Dort starb er, 27 Jahre alt, in der Nacht vom 3. zum 4. November 1914, vermutlich an einer zu starken Dosis Gift, die er am 2. November abends zu sich genommen haben dürfte; ob in entschieden selbstmörderischer Absicht, muß bei einem Gewohnheitsdrogenesser, wie es Trakl war, dahingestellt bleiben. Bei seiner Beerdigung war niemand zugegen als sein treuer Bursche, der Bergarbeiter Mathias Roth aus Hallstatt. Im Herbst des Jahres 1925 wurden die Gebeine des Dichters nach Tirol überführt und auf dem Friedhof der Gemeinde Mühlau bei Innsbruck zur letzten Ruhe bestattet.« (*Erinnerung an Georg Trakl*, 3. Auflage, 1966, S. 15 f.).

WERKE: *Gesammelte Werke*. Herausgegeben von Wolfgang Schneditz. 3 Bände, 1949 ff.; *Erinnerung an Georg Trakl*. Zeugnisse und Briefe. 3., erweiterte Auflage. Otto Müller Verlag, Salzburg 1966. – Historisch-kritische *Gesamtausgabe*, herausgegeben von Walther Killy, in Vorbereitung.

Die Beziehung Georg Trakls zum Kurt Wolff Verlag begann mit einem Brief Kurt Wolffs (*Briefwechsel*, S. 77) an den Dichter vom 1. April 1913: »Ich habe ihre Gedichte im *Brenner* mit großem Interesse gelesen und möchte mir die Anfrage erlauben, ob Sie geneigt wären, mir eine Zusammenstellung Ihrer Gedichte, die Sie für eine Publikation in Buchform geeignet halten, einzusenden« – und endete mit jenem Telegramm vom 25. Oktober 1914 aus Krakau, wenige Tage vor dem Tod Trakls: »sie wuerden mir eine große freude bereiten, wenn sie mir ein exemplar meines neuen buches sebastian im traum schickten. liege krank im hiesigen garnisonspital krakau = georg trakl«. Dazwischen liegt ein Brief Kurt Wolffs, vom 28. April 1913 (*Briefwechsel*, S. 80), in dem der Verleger seinem Autor die Ziele der Buchreihe *Der Jüngste Tag* erläutert:
»Ich glaube, nach reiflicher Überlegung den geeignetsten Weg gefunden zu haben, um Ihr Werk mit bestem Erfolge durchzusetzen.

Herr Franz Werfel, der Lektor meines Verlages, schrieb Ihnen schon, daß er eine Auswahl aus Ihrem Ms. getroffen hat. Diese kleine Auswahl soll zunächst, und zwar mit größter Schnelligkeit (in etwa 14 Tagen) fertiggestellt, im Rahmen eines neuen Verlagsunternehmens erscheinen. Ich bringe in den nächsten Wochen zu billigstem Preise (M 0,80) eine Reihe von Büchern junger Autoren heraus, deren Werke (ohne daß sie selbst irgendwie zu einer gemeinsamen Gruppe oder Clique gehören) das gemeinsam haben, daß sie irgend ein selbständiger und starker Ausdruck unserer Zeit sind. Die Publikationen, die der gemeinsame Titel *Der jüngste Tag* Neue Dichtungen verbindet, tragen im Übrigen durchaus nicht den Charakter einer Serien-Erscheinung. Die Ausstattung ist eine durchaus verschiedenartige und individuelle. Der Hauptvorzug dieser Erscheinungsart liegt für die Autoren – es werden nur ganz wenige, auf das sorgfältigste ausgewählte aufgenommen – darin, daß die Presse und auch der Sortimentsbuchhandel (und somit das Publikum) einzelnen Veröffentlichungen zumal junger Autoren und Erstlingswerken nicht genügendes Interesse entgegenbringt; für das Gesamtunternehmen an sich aber viel leichter Interesse zu erwecken ist.«
Der Band *Gedichte* im *Jüngsten Tag* war die einzige Buchveröffentlichung, die Trakl von seinem Werk erlebte. *Sebastian im Traum* kam kurz nach seinem Tod heraus, und 1919 erschien, ebenfalls im Kurt Wolff Verlag, die von Karl Röck besorgte erste Gesamtausgabe Georg Trakls, *Die Dichtungen*. Im Kurt Wolff-Almanach *Vom jüngsten Tag* waren die ersten Seiten »drei Toten« gewidmet: Stadler, Trakl, Georg Heym. Auf Trakl schrieb Albert Ehrenstein die Totenklage, aus der wir (*Vom jüngsten Tag*, 2. veränderte Ausgabe, S. 19 ff.) zitieren: »Sein Leben war stets umschattet gewesen, sanfte Melancholie vor dem Tod, den er immer sah, ein Hintaumeln vor der Verwesung, die er immer fühlte. Hie und da freute ihn noch das Braun des Waldes, dann floh er wieder in die Betäubung, die ihm Wein, Veronal, Morphium schufen ... Der stärkste Eindruck seines friedlichen Lebens war es gewesen, als er einmal vom vierten Stocke eines Hauses einen Zigarettenstummel abwärts fallen und dann glimmen, hinglimmen, verglimmen sah, übergehen in ein Nichts, in graue Asche. Und stundenlang konnte er von dem gräßlichen Anblick sprechen, den ihm eine Kröte bereitet, irgendwo in der Nähe eines Tunnels ... Nun kam er nach Galizien, sah, wie ein Schwerverwundeter sich und der Qual eines Blasenschusses ein Ende setzte, sah, wie menschliches Hirn die Wände bespritzte. Sein Mitgefühl entrückte ihn, wie er

es in seinem herrlichsten Gedichte, im ›Helian‹ prophezeit hatte: ›verliert sich der Fremdling in schwarzer Novemberzerstörung.‹
Er war von Hölderlins Art, aber er durchlief rascher die Bahn. Wir sollen nicht klagen, ›wenn ein eherner Engel im Hain den Menschen antritt‹. Er war der Vollendung nahe in dem schmerzlichen Rufen seiner Gedichte. In ein Stammbuch schrieb er: ›Schaudernd unter herbstlichen Sternen neigt sich jährlich tiefer das Haupt‹. [...]
In Salzburg geboren, in Krakau gestorben – dazwischen liegt das alte Österreich. Einige in Wien und Innsbruck und Berlin kannten ihn. Wenige wissen, wer er war; wenige wissen um sein Werk: daß keiner in Österreich je schönere Verse schrieb als Georg Trakl.«

Als Oskar Loerke im vierten Heft der *Neuen Bücherschau*, 1919 (*Der Bücherkarren*, S. 409 f.) Trakl seine Huldigung darbrachte, waren es nicht mehr nur wenige, wußte jeder mit deutscher Dichtung Vertraute, wer Trakl war: mittlerweile nämlich lag die erste Gesamtausgabe der *Dichtungen* Trakls vor; sie eben bot den Anlaß für Loerkes Zeilen: »Hölderlins Stimme war wiedererwacht und tönte unter uns im Bannrausch des Totenlandes.
Ein Jenseitiger war 27 Jahre bei uns zu Gaste. Was sein Finger anrührte, war alsbald nicht mehr von dieser Welt. Das Grauen, die Verwesung selbst wurde schön unter der Ehrfurcht vor dem ewigen Schicksal.
Georg Trakl hatte den Himmel der Trauer auf diese Erde mitgebracht und konnte nur in seinem Himmel leben. Da packte ihn die Hölle: der Krieg. Sagenschauer umwittern die Erzählungen von dem Schmerze, den Trakl dulden mußte, als er unschuldig Zerrissene sah, unschuldig gerichtete und unschuldig gehängte Ruthenen. Er starb daran am 3. November 1914, von eigener Hand, wie es das ungeheure Gesetz seiner Welt ihm befahl, einsam in Krakau, betreut und begraben von seinem Burschen.
Seine beiden Reliquienbücher *Gedichte* und *Sebastian im Traum* sind Bruchteile eines einzigen Gedichtes, der Wahr- und Weissagung seines Reiches. Wer wenige Stücke aus ihnen kennt, kennt fast die Bücher, aber wer die Bücher vielmals las, weiß dennoch nicht das eine Gedicht. Denn der Dichter zeigt nicht den Weg zu seiner Höhe: er ist da und wandelt. Sein Wort ist ohne Umschweif und Erklärung; es ist reines Gesicht, einfältig wie jedes Wunder, das nach seiner Ordnung in der ängstlichen Vernunft nicht fragen kann, ohne zu sterben. Vor seinem Dasein schweigt der Zweifel, über sein Dasein hinaus ist kein Beweis erdenkbar. Trakl erntet, ohne zu säen,

und am liebsten die reifste Frucht, die geerntet werden kann, die Frucht des Lebens: den Tod.
Vor seinen Augen kehren die Toten wieder und bleiben am Abend unter uns, ruhigeren Rechtes als die Lebendigen. Engel treten aus dem Baume. Der Knabe Elis raunt seine Legende in die Windstille. Die Farbe Blau (in die nach Goethes Wort das Jüngste Gericht getaucht sein müßte) überschwemmt die Welt: blaue Stille, blaues Wild, blaue Früchte, blaue Regung, blaues Glockenläuten, blaues Lächeln, blaue Höhle. Jenseitigkeit drängt sich in unser Licht. Unser Friede fröstelt unter dem Alp der Ewigkeit.
Zuweilen ist das Gedicht in einem kurzen Satze klar vollendet, und viele Gedichte, einander in irdischem Sinne fremd, sind in einer Strophenfolge gebunden. Das Gefühl erfüllt das Geschaute im ganzen Umkreise seiner Form. Es findet, es sucht nicht. Es kennt nicht den Selbstgenuß und die Erlösung der Klage. Es verficht seine Sache vor einem Richter, der nicht seinesgleichen ist. Denn in Trakls Ohre verstummt nicht die Musik der Welt; selbst wenn er die Musik der Menschen anhört, kann er nur jene andere vernehmen. Sobald er spricht, ist sie da, Gnade, Fatum. Er bedarf keiner besonderen Mittel der Kunst und der Leidenschaft, um sie nachschreiben zu lernen. Vielleicht darum gleichen seine frühesten Zeilen seinen spätesten so, vielleicht darum liegt uns die Frage nach dem Grade ihrer literarischen Vollkommenheit so fern. ›O, die Flöte des Lichts! o, die Flöte des Tods!‹«

JOHANNES URZIDIL

Sturz der Verdammten

Johannes Urzidil, Prager Erzähler, Lyriker, Essayist, Literatur- und Kunsthistoriker. Geboren am 3. Februar 1896 in Prag. Sohn eines Eisenbahnbeamten und technischen Erfinders. Nach der Gymnasialzeit Studium der Germanistik, Slawistik und Kunstgeschichte an der deutschen Universität in Prag. Während des ersten Weltkriegs zwei Jahre in der österreichischen Armee. Befreundet mit Kafka, Werfel und anderen Dichtern des Prager Kreises. Hielt auf der Gedächtnisfeier in Prag am 19. Juni 1924 zu Ehren Kafkas (nach Hans Demetz und Max Brod) eine Rede. Mitarbeit an Zeitschriften der expressionistischen Epoche wie *Die Aktion, Der Anbruch, Der Mensch, Der Friede, Die Dichtung* und verschiedenen Anthologien wie Oskar Wieners *Deutsche Dichter aus Prag*, Rheinhardts *Die Botschaft*, Rudolf Kaysers *Verkündigung*. 1921 bis 1932 Pressebeirat der Deutschen Gesandtschaft in Prag. 1939 Emigration nach England, 1941 nach den USA. Zeitweise Lederhandwerker. 1946 amerikanische Staatsbürgerschaft. Seit 1951 Mitarbeiter an der österreichischen Abteilung der *Stimme Amerikas*. 1962 Mitglied der Deutschen Akademie für Sprache und Dichtung. Professor h. c. Urzidil erhielt mehrere literarische Auszeichnungen: Charles-Veillon-Preis, Literaturpreis der Stadt Köln, Großer Österreichischer Staatspreis für Literatur, Andreas Gryphius-Preis. Er lebt heute in Richmond Hill bei New York.

WERKE: *Die Stimme* (Gedichte), 1930; *Goethe in Böhmen*, 1932 (erweitert 1962); *Wenceslaus Hollar*, 1936; *Über das Handwerk*, 1954; *Das Elefantenblatt* (Erzählungen), 1962; *Entführung und sieben andere Ereignisse*, 1964; *Die erbeuteten Frauen*. Sieben dramatische Geschichten, 1966; *Bist du es, Ronald?* (Erzählungen), 1968; *Väterliches aus Prag und Handwerkliches aus New York*, 1969. – *Geschenke des Lebens* (Prosa und Lyrik. Herausgegeben von Ernst Schönwiese), 1963.

Im *Sturz der Verdammten*, Urzidils Erstlingswerk, stehen neben jugendlich forcierten Bildern (».. . fieberndes Gewässer, drauf der Mond / wie eine Flöte hing, die blanke Münzen in die Wellen träuft«, S. 7) auch die schon von Loerke gerühmten Verse: »Wissend zu sein, ward uns nicht, Unwissenheit ward uns nicht, / wie flackernder Pechkranz, geschleudert ins Dunkel versinkt unsre Seele« (S. 6). Loerke kommt in seiner Besprechung des Gedichtbandes *Sturz der Verdammten* im *Berliner Börsen-Courier*, 1921 (*Der Bücherkarren*, S. 49), zu folgendem Resümee:
»Vielleicht findet Urzidil für den Dämon des Himmels und den Dämon der Unterwelt zu leicht beruhigende Namen, und der Sturz aus dem absolut Leeren, weil Unbegreiflichen, in das absolut Leere verliert an Gefahr. Der mitstürzende farbige Traum des Daseins könnte von einem gespenstischeren Vakuum umgeben sein: dennoch, die Schwermut waltet königlich.«
Urzidil, der früh mit Gedichten begann, in den dreißiger Jahren so grundlegende Untersuchungen wie *Goethe in Böhmen* hervor-

brachte, gelang erst nach dem zweiten Weltkrieg der literarische Durchbruch. Mit den schönen Büchern *Die verlorene Geliebte* (1956), *Prager Triptychon* (1960) und *Da geht Kafka* (1965), einer aus Bericht und Erzählung gemischten Prosa, wurde Urzidil zum Schilderer der Prager Szene. Auch in den drei Erzählungsbänden aus den Jahren 1964 bis 1968 (siehe oben) schieben sich zwischen amerikanische Themen Motive aus der alten Heimat Böhmen. In New York hat sich die Erinnerung des Geflüchteten an die oft Jahrzehnte zurückliegenden Ereignisse so intensiviert und ausgeformt, daß, stünde kein Stein mehr von der Moldaustadt, in Urzidils Geschichten von ihrem Wesen viel aufgehoben bliebe. Erst als er zum Zeugen wurde, gewann sein Wort Dauer und Unverlierbarkeit.

Da gerade im *Jüngsten Tag* einige wesentliche Akzente vom Prager Dichterkreis gesetzt wurden, sei hier, in Urzidils Zeugnis, die nie mehr wiederkehrende Konstellation im Prag der Jahrhundertwende und des heraufkommenden Nationalstaats der Tschechen beschworen. Was den letzten Absatz Urzidils, über das »Prager Deutsch«, betrifft, so sei vorher auf die gegensätzliche Auffassung Fritz Mauthners (*Erinnerungen, Prager Jugendjahre*, 1918, S. 51) und Rilkes verwiesen, welch letzterer (in: *Briefe 1897–1914*, Insel Verlag, Wiesbaden 1950, Bd. I, S. 472 f.) an August Sauer schrieb: »Innerhalb der Sprache, deren ich mich nun bediene, aufgewachsen, war ich gleichwohl in der Lage, sie zehnmal aufzugeben, da ich sie mir doch außerhalb aller Spracherinnerungen, ja mit Unterdrückung derselben aufzurichten hatte. Die unselige Berührung von Sprachkörpern, die sich gegenseitig unbekömmlich sind, hat ja in unseren Ländern [Böhmen] dieses fortwährende Schlechtwerden der Sprachränder zur Folge, aus dem sich weiter herausstellt, daß, wer etwa in Prag aufgewachsen ist, von früh auf mit so verdorbenen Sprachabfällen unterhalten wurde, daß er später für alles Zeitigste und Zärtlichste, was ihm ist beigebracht worden, eine Abneigung, ja eine Art Scham zu enwickeln sich nicht verwehren kann.«

Mindestens ebensoviel Plausibilität – ja, betrachtet man die »Ergebnisse« des Prager Dichterkreises im allgemeinen: mehr Überzeugungskraft – hat Urzidils Auffassung, die er in seinem Aufsatz »Im Prag des Expressionismus« (*Da geht Kafka*, S. 11 f.) niedergelegt hat: »[...] Prag war die Stadt der Raconteure, der magischen Realisten, der Erzähler mit exakter Phantasie. Gewiß war Werfel ein weithin vernehmbarer lyrischer Herold und der ethisch respektgebietende Rudolf Fuchs ein reiner, tiefgründiger Lyriker. Gewiß war Paul Kornfeld einer der Protagonisten des expressionistischen Dramas. Aber die Entscheidungen von größter Tragweite

wurden in der Prager deutschen Prosa getroffen. Sie drang am wirksamsten in der Welt vor, sie war frei von einengendem Provinzialismus und verfügte über den weitesten Gesichtskreis, an dem auch sehr bald diejenigen Autoren Anteil hatten, die von außen in das Prager Magnetfeld gelangten, wie etwa Ernst Weiß, Hermann Ungar und Ludwig Winder (alle drei aus Mähren), Oskar Baum oder Melchior Vischer (beide aus Innerböhmen). Im Prag jener Phase entwickelten sie sich zu Exponenten einer anzufordernden allgemeinen Geistes- und Weltfreiheit. [...]
Unser oft genug gelästertes, zwar nicht akzent-, aber durchaus dialektfreies Prager Deutsch konnte sich seit dem Mittelalter auf der Prager Sprachinsel unversehrt erhalten, eben weil es den verschleifenden und dialektisierenden Einwirkungen des Provinzialen und Landschaftlichen nicht unterworfen war. Das war für die Literatur ein einzigartiger Segen. Denn wir Prager Deutschen dichteten und dichten noch immer in der Sprache, in der wir leben und die wir auch tagsüber sprechen. Das galt schon von Karl Egon Ebert ebenso wie von Rainer Maria Rilke und von Egon Erwin Kisch. Zwischen Dichtung und Lebenssprache bestand für die Deutschprager niemals eine Kluft, kein inneres – wenn auch noch so unbewußt vollzogenes – Umschalten ist nötig. Diese völlige Koinzidenz der Sprache des Lebens mit der des Dichtens ist wahrscheinlich das stärkste Form- und Wirkungsgeheimnis der Prager und besonders gerade Kafkas. Wer ihn als Menschen sprechen hörte, der hört ihn auch bis in die kleinste Nuance aus jeder seiner Zeilen. Dies ist das Geheimnis einer inneren Identität, die wir Prager so lange als möglich gehütet haben und die mit uns Letzten entschwindet.«

BERTHOLD VIERTEL

Die Spur

Berthold Viertel, österreichischer Lyriker, Erzähler, Essayist, Regisseur und Theaterleiter. Geboren am 28. Juni 1885 in Wien, gestorben am 24. September 1953 ebendort. Kaufmannssohn. Philosophiestudium an der Wiener Universität. Mitarbeiter des *Simplicissimus* und der *Fackel*; Freund von Karl Kraus. 1911 Dramaturg und Regisseur an der von ihm mitbegründeten Wiener Volksbühne. 1914 bis 1918 Reserveoffizier in Serbien und Galizien. 1918 bis 1921 Oberregisseur am Dresdner Schauspielhaus, expressionistische Inszenierungen. 1922 Regisseur an Max Reinhardts Deutschem Theater in Berlin. 1923 dort Mitbegründer und Regisseur des Theaters Die Truppe; obgleich dieses Theater, ehe es in der Inflation zusammenbrach, nur acht Monate existierte, war es hochbedeutend durch seine Aufführungen (Georg Kaiser, Karl Kraus, Musil, O'Neill) und seine Mitglieder (Forster, Kortner, Bildt, Stekkel, Wäscher, Homolka, Johanna Hofer, Sybille Binder, Viertels erste Frau Salka Steuermann; als Dramaturg Heinrich Fischer; als Regisseur Heinz Hilpert; als Bühnenbildner George Grosz) – man kann in den Erinnerungen von Rudolf Forster *Das Spiel mein Leben* und Ernst Josef Aufricht *Erzähle, damit du dein Recht erweist* darüber nachlesen, ferner in Günther Rühle *Theater für die Republik*. 1926 Regisseur bei Louise Dumont am Schauspielhaus Düsseldorf. 1928 als Filmregisseur und Drehbuchautor nach Hollywood. 1931 vorübergehend nach Wien. 1933 Emigration nach London, 1939 bis 1946 in New York. 1947 über London (BBC) – Zürich (Schauspielhaus) nach Wien. Regiearbeit am Burgtheater, bei den Salzburger Festspielen, in Berlin. Insgesamt etwa hundert Inszenierungen und zwölf Filme.

WERKE: *Die Bahn* (Gedichte), 1921; *Karl Kraus. Ein Charakter und die Zeit*, 1921; *Die schöne Seele* (Komödie), 1925. – *Dichtungen und Dokumente*. Gedichte – Prosa – Autobiographische Fragmente. Ausgewählt und herausgegeben von Ernst Ginsberg. Kösel Verlag, München 1956.

Im Gegensatz zu Rudolf Forster, der Viertel als Regisseur und Schriftsteller rühmte, will Fritz Kortner in seinem Erinnerungsband *Aller Tage Abend* (Kindler Verlag, München 1959; zitiert nach dtv 556, S. 148) mehr den (wie er meint: verhinderten) Schriftsteller gelten lassen: »Viertel, der sich auf die Bühne verirrt hatte, war für das Theater ein großer Gewinn. Für ihn selbst, glaube ich, war es ein Verlust, nicht Schriftsteller oder gar Dichter geblieben zu sein. Warum er diese große Begabung drosselte und sich dem hingab, was nicht seine eigentliche Berufung war, bleibt unerforschlich.«
Viertel selber – siehe dazu auch den Marbacher *Expressionismus-Katalog* – schrieb rückblickend über den Bewußtseinshintergrund, vor dem seine frühen Gedichte entstanden (*Dichtungen und Doku-*

mente, S. 320 f.): »Schnitzlersche Melancholie des Sterbens im schönen Wien: wir, bereits einer nächsten Wiener Generation angehörend, die der Katastrophe näher war, liebten sie übrigens nicht. Wir zogen die satirische Vehemenz des Karl Kraus, die dramatische tabula rasa bei Frank Wedekind vor. Wir fühlten uns eher als Anarchisten, ja als Nihilisten, denn als Verklärer eines Sonnenunterganges, den wir bereits als den Untergang einer Gesellschaft begriffen. Auch war uns die sozialistische Hoffnung auf eine fundamentale Erneuerung nicht fremd geblieben. Aber sie hatte uns nur gestreift. Wir mußten erst den Krieg und seine Greuel durchmachen, den – so oft vorhergesagten – Untergang der österreichischen Monarchie erleben, um die Revolution als den letzten Ausweg zu empfinden. Vorher dachten wir nicht politisch, wir träumten nur utopisch. Als junge Männer, die mit beglaubigter Schulbildung ins Leben entlassen worden waren, lebten wir zwar nicht in der Gesellschaft, sondern an ihrem Rande, meditierende Spaziergänger an einem Abgrund. Wir entschlossen uns nur schwer, uns einzureihen und einen Beruf zu ergreifen, als ahnten wir die so nahe bevorstehende Unterbrechung. Die schmale Spur, die meine Gedichte damals zogen, war die solch eines apokalyptischen Spaziergängers, eines früh Entfremdeten, der, wenn er segnet und lieben, nicht aber hassen und fluchen wollte, es nur zu einer halb sehnsüchtigen, halb abwehrenden Gebärde brachte, die mehr Angst als Hoffnung verriet.
›Abschied ist Tod‹ – das wußte er schon damals, lange vor den vielen Abschieden, die ihn später alt machen sollten vor der Zeit. ›Als ich die Unerbittlichkeit verstand, Ward mir das Blut wie Blei, wie aus Ton mein Fuß, Und ohne Muskel lahmte meine Hand.‹ Ein Vorschuß auf spätere Unseligkeit. Dieses passive Erleiden war es, was ihn nicht auszeichnete; was ihn aber vorbereitete auf das, was kam.«
Über Viertels ersten Gedichtband *Die Spur* findet sich die begeisterte Rezension von Hugo Wolf in *Der Merker* (Jg. 5, 1914, S. 159 f.), und Otto Pick äußert sich in der Zeitschrift *Der Ruf* (Heft 5, 1912/13, S. 55) ähnlich zustimmend: »Versuche ich das Besondere dieser Lyrik, ohne zu zitieren, anzudeuten, so betone ich vor allem: Viertels Gedichte sind nicht gemacht, sondern *gedichtet*. Keine flüchtigen Impressionen, kein Schwelgen in sich spulenartig abwickelnden Gefühlen, kein Epigonentum der eigenen Originalität. Sie scheinen im Laufe mehrerer Jahre entstanden zu sein, ein jedes nach zehn anderen (nicht matteren, aber wahrscheinlich weniger wesentlichen), die in das Buch ebensowenig aufgenommen wurden wie jene zehn, die diesem einen folgen mochten. Sie bedeuten keine Explosionen,

sondern sind als besonnene, wohlgebildete, im besten Sinne unliterarische Gestaltungen von Lebensaugenblicken zu bewundern.
In der heutigen deutschen Lyrik wüßte ich keinen Schaffenden, dessen Wesenart mit der unseres Dichters nur eingermaßen übereinstimmte. Am tiefsten ist die Kluft, die ihn von der landläufigen ›Wiener Lyrik‹ (zu der ich weder Stößls, noch Ehrensteins oder Mells Gedichte zähle) trennt. Beim Lesen der *Spur* fiel mir eigentlich bloß flüchtig der Name Max Mells, des reinsten lyrischen Dichters in Wien, ein. Dann entfernte sich dieser angenehme Klang und zu hören war ausschließlich die feste, männlich wohltönende Stimme des Lyrikers Viertel. Und nun, während ich dies niederschreibe, glaube ich zu erkennen, warum bei diesem Dichter alles so eigen klingt: die Kindheitsgedichte anders als die ihnen im Stoffe verwandten in Franz Werfels *Weltfreund*, die Liebesgedichte anders als des früheren Richard Dehmel sehnsüchtig – leidenschaftliche Beschwörungen, Gedichte von der wundervollen Geschlossenheit des ›Einsam‹ betitelten so anders als die zerrissenen Abendmelancholien der jungen Berliner: Es dichtet hier ein männlich gefaßtes Temperament, ein Lebenserfahrener fügt Durchlebtes an Durchlebtes – ohne Seitenblicke auf die literaturüblichen Formen, ohne den Ehrgeiz, eine lyrische Schule zu gründen oder zu stürzen – und auf einmal steht es da: neu und vertraut zugleich, jede Zeile notwendig, ohne Überschwang und ohne Bilderarmut.
Die Spur ist nicht einzureihen, ähnlich wie C. F. Meyers Gedichte einfach da sind (neben Mörike oder Goethe, aber auch neben Werfel oder George in den Bücherschrank zu stellen), bestimmt, in guten Stunden unseren Blicken zu begegnen, nicht sich zu verflüchtigen im Wandel der literarischen Moden. Vielleicht glaubt man nun, es mit einer jener, aus Verlegenheit gepriesenen Mittelmäßigkeiten konservativer Stimmungsreimer zu tun zu haben. So sei obigen Andeutungen noch hinzugefügt, daß Viertels Gedichte modern im besten Sinne, neuschöpferisch und teils volksliedhaft melodisch sind, teils ihre innere Melodie dem geneigter Hinhorchenden auch in den scheinbar prosaischen Zeilen offenbaren.

WILHELM WAGNER, der zu einigen der ersten Bände des *Jüngsten Tags* (Trakl, Jammes, Barrès, Březina, Viertel) im Jahr 1913 die Umschläge gezeichnet hat, ist in keinem der üblichen Fachlexika (Vollmer etc.) nachgewiesen. Jedoch verzeichnen die Schickele-Bibliographie in der Neuausgabe der *Menschheitsdämmerung* Illustrationen von »W.« Wagner zu Schickeles Novelle *Das Glück* (Berlin 1913) und die Hasenclever-Bibliographie, ebenfalls von Pinthus, in dem Auswahlband *Gedichte, Dramen, Prosa* (Reinbek bei Hamburg 1963): eine Lithographie Wilhelm Wagners um 1925, Hasenclever darstellend, und eine Zeichnung Wilhelm Wagners, betitelt »Das Gipsbein«, darstellend Hasenclever in der Klinik nach einem Unfall in Paris, Herbst 1927 (im Besitz von Frau Edith Hasenclever).

CARL MARIA WEBER

Erwachen und Bestimmung

Carl Maria Weber, Lyriker, Essayist, Dramatiker, Jugenderzieher. Geboren am 6. September 1890 in Düsseldorf, gestorben 1953. Studium in Bonn. Lud im Juni 1914 als Vorsitzender der dortigen Literarischen Abteilung der Freien Studentenschaft Kurt Hiller ein, in Bonn aus Hillers kurz vorher erschienenem Buch *Die Weisheit der Langenweile* zu lesen, was eine lebenslange Freundschaft begründete. Entschiedener Pazifist. Mitarbeit an mehreren von Kurt Hillers *Ziel*-Jahrbüchern; an expressionistischen Zeitschriften wie *Saturn, Die weißen Blätter, Zeit-Echo, Agathon, Das junge Deutschland, Die Sichel*; am zweiten Band von Wolfensteins Jahrbuch *Die Erhebung*, an Rudolf Kaysers Anthologie *Verkündigung* und anderen Publikationen der Epoche. Paul Steegemanns berühmte Buchreihe *Die Silbergäule* brachte 1919 unter Carl Maria Webers Pseudonym Olaf den Gedichtband *Der bekränzte Silen. Verse von einem tröstlichen Ufer,* mit einer Umschlagzeichnung von Olaf, heraus. Stand dann dem Kreis der »Werkleute auf Haus Nyland« um Jakob Kneip, Josef Winckler und Wilhelm Vershofen nahe; war in Martin Rockenbachs Anthologie *Junge Mannschaft* (1924) vertreten, die ähnliche Ziele einer volkhaften Erneuerung auf dem Boden des rheinischen Katholizismus erstrebte. Hauptberuflich Lehrer an der Freien Schulgemeinde erst in Wickersdorf bei Saalfeld, dann, in den dreißiger Jahren und während des zweiten Weltkrieges, in Marquartstein (Oberbayern). Dort (laut einem Briefe Hillers vom 27. März 1969 an das Deutsche Literatur-Archiv in Marbach) in den NS-Lehrerbund gepreßt, nach 1945 dienstentlassen, von einer

Spruchkammer in Traunstein trotz prominenter Fürsprache »infam« behandelt und als »Mitläufer« eingestuft; ging an einem Herzleiden zugrunde.

WERKE: *Der Ekstatische Fluß.* Rheinklänge ohne Romantik (Gedichte), 1919; *Lieder eines Zeitgenossen,* 1920; *Bucht der Märtyrer und Seligen* (Gedichte), 1921; *Befreiung* (lyrische Szenen); *Läuterung* (Spiel), 1921.

Der »Aufbruch der Jugend«, wie ihn Lotz proklamierte, ist nun vorbei, doch in ihrem Geist und Rhythmus fühlt sich der Autor zu neuer »Sendung« (S. 7) verpflichtet. Der Vergleich der beiden Gedichte von Lotz und Weber ist lehrreich für die Gefühlslage der deutschen Jugend vor und nach dem Schrecken der Schützengräben. Zynismus und Nihilismus oder Spartakismus und Revolutionismus waren Möglichkeiten dieser neuen Jugend. Carl Maria Weber jedoch zog aus rheinischem Erbe, in das er die franziskanische Brüderlichkeit des Malers Marc mit einbrachte (Gedichte »Du auch, Tier, mein Bruderwesen!« S. 30), und aus der Lehre Gustav Wynekens die Kraft zu ethisch bewußter Daseinsbewältigung. Expressionismus als Formbewegung und Menschheitsgesinnung steht deutlich hinter dem jugendlich-pädagogischen Willen, doch bleibt das Ergebnis in den Gedichten, als rhetorische Hymnik, künstlerisch belanglos; es bleibt beim guten Willen. Loerke traf den Kern mit dem einzigen, analytisch knappen und wohlgemeinten Satz (1919 in der *Neuen Rundschau; Literarische Aufsätze,* S. 136): »Carl Maria Weber (*Erwachen und Bestimmung*) ist zunächst nur ein hingegebener Redner, und wir beschwören die Gestalt, die er noch nicht beschwor.«

Hedda Eulenberg erinnert sich unterm 23. Oktober 1919 (*Im Doppelglück von Kunst und Leben.* Verlag Die Faehre, Düsseldorf o. J. [1952], S. 309) einer Begegnung im Hause Herbert Eulenberg: »Der junge Carl Maria Weber war bei uns – ein abseitiger junger Dichter und Schriftsteller, ein moderner Jugendbildner, der sich auch der Wandervogelbewegung für eine Zeit angeschlossen hat, und mit einer Schar von Jungens durch die Lande zieht. Wir saßen den ganzen Tag im Freien. Es war so warm wie in den Hundstagen. Durch greifbar dichte, silbrige Nebelluft glühte unter dem tiefsten Blau des Himmels das brennende Rot der Schlinggewächse. Gegen Sonnenuntergang verschwammen Himmel, Wasser und Erde in einem golden wogenden, milchigen Meere. Wir sprachen davon, was wir alles tun wollten, um den Krieg zu bekämpfen und bestärkten uns in dem Willen, für alles Gute, Neue auf dem Gebiete der Ethik vorbildlich zu leben. Meine Söhne und die Jungens des Herrn Weber traten alle einer internationalen Liga der Kriegsdienstverweigerer bei, deren Mitglieder sich nicht etwa im Fall einer neuen Katastrophe drücken wollen: sie wollen nur nicht töten, stellen sich aber für alle noch so gefährlichen Samariterdienste an der Front zur Verfügung. Eulenberg las uns eine eben entstandene Arbeit über Napoleon vor, in der er wiederum ganz klar und beredt seine Ansichten über die Mentalität der Kriegshelden und die Ideale des opferbereiten Pazifisten auseinandersetzte.«

FRANZ WERFEL

Die Versuchung
Gesänge aus den drei Reichen

Franz Werfel, Prager Lyriker, Erzähler, Dramatiker, Essayist, Übersetzer (aus dem Tschechischen). Geboren am 10. September 1890 in Prag, gestorben am 27. August 1945 in Hollywood-Beverly Hills (Kalifornien). Sohn einer wohlhabenden jüdischen Kaufmannsfamilie. Freundschaft mit Brod und Kafka. 1910 Kaufmännische Lehre in Hamburg. Seit dem Erscheinen seines ersten Buches, des Gedichtbands *Der Weltfreund*, 1911, ein anerkannter Wortführer des Expressionismus. 1912 nach Leipzig; Freundschaft mit Kurt Wolff, Hasenclever, Pinthus. Einige Jahre Lektor für den Kurt Wolff Verlag. Mitbegründer des *Jüngsten Tags*. 1915 bis 1917 österreichischer Soldat. Dann als freier Schriftsteller in Wien. Heirat mit Alma Mahler. In den zwanziger Jahren viel auf Reisen, bis in den Orient; lebte in Breitenstein am Semmering, Venedig und Wien. 1933 Ausschluß aus der Sektion für Dichtkunst in der Preußischen Akademie der Künste, 1938 Emigration nach Frankreich; lebte in Paris und Sanary-sur-Mer. Abenteuerliche Flucht vor den deutschen Besatzungstruppen über Lourdes (Gelübde, im Fall seiner Rettung den *Bernadette*-Roman zu schreiben), die Pyrenäen, Spanien, Portugal nach den USA, wo er 1940 eintraf. Werfel ist in zahlreichen Zeitschriften und Sammlungen des Expressionismus vertreten und erlangte später breitesten internationalen Publikumserfolg mit seinen Romanen und Theaterstücken.

WERKE: *Wir sind* (Gedichte), 1913; *Einander. Oden, Lieder, Gestalten*, 1915; *Der Gerichtstag* (Gedichte), 1919; *Die Mittagsgöttin* (Spiel), 1919; *Nicht der Mörder, der Ermordete ist schuldig* (Novelle), 1920; *Bocksgesang* (Drama), 1921; *Arien*, 1922; *Beschwörungen* (Gedichte), 1923; *Juarez und Maximilian. Dramatische Historie*, 1924; *Verdi* (Roman), 1924. – *Gesammelte Werke*. 8 Bände, 1927–1936; *Gesammelte Werke in Einzelausgaben* (bis 1965 13 Bände), 1948 ff.

Die Versuchung wurde 1918 in Max Reinharts Deutschem Theater in Berlin uraufgeführt. – Die Schilderung des Gymnasiasten, der sich zum erstenmal gedruckt sieht (S. 15–17) ist eine autobiographische Reminiszenz Werfels; den genauen Hergang kann man in Max Brods Erinnerungen *Streitbares Leben* nachlesen. – Im übrigen ist uns heute die banale Rhetorik, dürftige Substanz und epigonale Tonart des jugendlichen Versuchs, der teilweise in unfreiwillige Komik ausartet (»Satan, Satan, blamiere dich nicht!«, S. 12), schwer erträglich. Die Zeitgenossen Werfels haben das auch schon, doch bei weitem nicht so kraß wie wir, empfunden. Das geht aus einem Beitrag von Anselm Ruest hervor, den dieser, gelegentlich der Ausgabe im *Jüngsten Tag*, unter der Überschrift »Als der junge Dichter W. das Gespräch mit dem Erzengel und Luzifer gehabt hatte« in der *Aktion* vom 7. Februar 1914 schrieb – kritischen Einwand mit brüderlichem Zuspruch verbindend: »Und wenn auch von diesen wenigen Worten, die ein schöner Irrtum sind, zuletzt nur der hohe Schwung und die unsterbliche Sehnsucht noch fortzitterten: genug für deine Rechtfertigung, neue, junge, herrliche Zeit! Denn wir wollen es uns nicht verbergen, auch in W. lebt leider die Idee, daß das Weltliche, ›Irdische‹, durch uns hindurchzuströmen habe, daß der Dichter hierbei den nirgendwo befindlichen Aspekt des Regenbogens widerstrahle, daß er allein unter dieser Brücke kraftvoll weiterströme – das Prinzip der Welt und des Strömens zugleich. [...] Ihr jungen Dichter wie W.: seht doch, was ihr habt! Ihr seid *Realisten* wieder, und das ist eure Zukunft und unsere Hoffnung. Ihr liebt die Welt und alles Irdische wieder mit jener vollkommenen Inbrunst, die ein Weg zugleich und ein Rettungsgürtel bis zu seinem vollkommensten Mittelpunkt und Zentralfeuer ist. Stürzt mutig hinein, ihr neuen Stürmer und Dränger, dieser selbe Mut führt euch unversehrt noch in tausend Abgründe und Tiefen und wieder her-

auf. Und wollet nichts Besonderes noch darüber und daneben. Ihr braucht keinen schönen Schimmer extra, keine Weichheit und Wehmut auf Trümmern, kein neues Pathos und keinen neuromantischen Distanzidealismus: denn ihr seid selbst wieder jegliches Ding, seine Härte und seine Haut, sein Inwendiges und seine Verklärung.«
Werfel selbst hat sich wenig später, schon im Jahr 1915, in einem Brief an den Kurt Wolff Verlag *(Briefwechsel,* S. 106 f.), von seinem Opus distanziert. Um der eingeklammerten Schlußbemerkung willen drucken wir die Stelle ab: »Das Manuskript von Hasenclever [die dramatische Dichtung *Der Retter*] habe ich gelesen. Es fällt mir nicht leicht darüber etwas zu sagen. So sympathisch mir darin Lebensauffassungen, Proteste, manches Lyrische ist, so disparat muß ich das Ganze finden. Trotz schönstem Schwung, außerordentlicher Wendungen u.s.w. habe ich das Gefühl, daß mit allzuviel Leichtsinn über eine fürchterlich harte Frage *diskutiert* wird. Es scheint mir leider nichts anderes als eine poetisch gesteigerte Diskussion zu sein, die nicht ganz notwendig von dramatischen Bewegungen unterbrochen wird. Es ist weder Dialog, noch Drama, sondern irgend eine hilflose Form, die trotz aller Erregung des Dichters in ihr, nicht überzeugt. Es scheint mir nach beiden Seiten hin gewissenlos, sowohl gegenüber dem dichterischen, als auch dem denkerischen. Eines redet sich immerwährend auf das andere aus. (Übrigens sage ich das mit voller Selbsteinsicht: Meine Dialoge *Versuchung* und *Über den Krieg* haben ähnliche Fehler.)«
Die *Gesänge aus den drei Reichen* wurden schon bei ihrem Erscheinen als geglückte Anthologie von Versen aus den ersten drei Gedichtbänden, vermehrt um elf damals neue Gedichte, betrachtet. Zwischen wortseliger Verzückung und (manchmal anmutiger, frischer) Beschreibung gibt es Funde wie diese: »Ich will mich auf den Rasen niedersetzen / Und mit der Erde in den Abend fahren« (S. 19), »Komm heiliger Geist, Du schöpferisch! / Den Marmor unsrer Form zerbrich!« (S. 54), die Gedichte »Erzherzogin und Bürgermeister«, »Ein Anderes«, »Mondlied eines Mädchens«, »Alte Dienstboten« – um solcher Verse willen liebt man ihn, den Allumarmer, Selbstverliebten, Drehorgelmann. Man liebte ihn, als die Verse noch neu waren, mit überraschender Einmütigkeit, von Stadler bis Kafka und fast in allen Lagern. Von den ganz Großen war es offenbar nur Musil, der sich dem Chorus der Zustimmung nicht einreihen konnte; allerdings liegen Musils diesbezügliche und eindeutig ablehnende Äußerungen recht spät, und unter ihnen wiederum träfe (von heute aus gesehen) der Vorwurf des »Eklektizismus« gerade nicht, nachdem gescheite Künstler angesichts unsrer

alexandrinischen Gesamtsituation sich als Eklektizisten bekennen.
Eine persönliche Erklärung des Phänomens Werfels versucht Kurt Wolff (zitiert nach der Einleitung von Bernhard Zeller im *Briefwechsel*, S. XVIII f.) aus der Rückerinnerung zu geben: »Es fällt den Heutigen schwer, sich vorzustellen, wie überwältigend gerade die frühen Werfel-Gedichte damals auf die junge Generation wirkten. [...] Der junge Franz Werfel in dieser Vorkriegszeit war in meinen Augen der Poet schlechthin, unfaßbar der Gedanke, er würde je im Leben etwas anderes als Gedichte schreiben. Dichter, Seher, Kind war er: blind für die Wirklichkeit, linkisch, unbeholfen, ungeschickt, erfüllt von Versen und Musik ... Man spürte: nicht *er* dichtete, *es* dichtete in ihm wie es in ihm auch ständig musizierte. Er segelte die Straßen entlang, Verdi-Arien singend oder summend und merkte nicht, daß die Leute sich nach ihm umdrehten, sich an die Stirn faßten. [...] Das jugendliche Temperament, die Wärme, die Impulsivität, die Wahrhaftigkeit, die Kindlichkeit, der Enthusiasmus, die Musikalität, alles in Werfel entzückte mich [...].«
Das Verbindliche und Verbindende der Werfelschen Lyrik wird allgemein dankbar empfunden, so auch in der Rezension Emil Wiedmers über die *Gesänge aus den drei Reichen* (in der schweizerischen Zeitschrift *Wissen und Leben*, 11, 1917/18, S. 191), deren Schlußsatz lautet: »Sein [Werfels] Geist gleicht einem Gebäude mit Fensterfronten nach allen Winden, seine mitfühlende, mittätige Psyche verfügt über Ausbuchtungen und Auswirkungen nach allen Landen.«
Ein Kronzeuge der unmittelbaren Wirkung und Bedeutung des jungen Lyrikers Werfel ist Kurt Pinthus. Er schrieb in der Werfel-Sondernummer der *Aktion* vom 28. Oktober 1916: »Werfel ist nicht ein lyrischer Dichter, sondern eine europäische Erscheinung. Es ist unwesentlich, daß seine Gedichte bisweilen zu Vollkommenheiten sich runden, bisweilen unvollendete oder zerbrechende Form zeigen. Wiewohl wichtig scheint, daß er sich der knappsten, einprägsamsten, zugänglichsten dichterischen Ausdrucksart bedient. Das Wesentliche ist, daß hier zum ersten Mal im neuen Jahrhundert aus so verzückter Intensität die ethische Posaune ertönt, anschwellend vom zarten sehnsüchtigen Gesang des Knaben zum prophetischen Furioso des Erzengels. Werfel erlöste die Dichtung von der lyrischen Stimmung. Seine Dichtung ist nicht Stimmung, sondern Stimme. Stimme der Erweckung, der Beschwörung, des Trosts, der Zerschmetterung, des Zerknirschtseins, der Demut. Er predigt im Gesang die Möglichkeit des Lebens der Menschen miteinander auf der Menschenerde.«

ALFRED WOLFENSTEIN

Die Nackten

Alfred Wolfenstein, Lyriker, Novellist, Dramatiker, Essayist, Herausgeber, Übersetzer (aus dem Französischen und Englischen). Geboren am 28. Dezember 1883 in Halle an der Saale, gestorben am 22. Januar 1945 in Paris. Kaufmannssohn. Wuchs in Berlin auf, wo er studierte, zum Dr. jur. promovierte und dann als freier Schriftsteller lebte. Veranstalter eines Kabaretts *Die feindlichen Brüder* im Salon Cassirer; dort lasen zum Beispiel am 24. März 1914, außer ihm selber, Gottfried Benn, Paul Boldt und Leo Matthias. Pazifist, zeitweise Anhänger des »Aktivismus« um Kurt Hiller. 1916 bis 1922 in München (Freundschaft mit Gottfried Kölwel), dann wieder Berlin. Mitarbeit an der *Aktion* und vielen anderen expressionistischen Zeitschriften und Anthologien. 1917 Bruch mit Franz Pfemfert. Als Herausgeber der zwei Jahrgänge des *Jahrbuchs für neue Dichtung und Wertung: Die Erhebung* (1919 und 1920) von großer Bedeutung für die Selbstdarstellung, das Selbstverständnis und die theoretische Manifestation des Expressionismus; an den beiden Bänden arbeiteten allein sechzehn Autoren aus dem *Jüngsten Tag* mit: Becher, Berger, Drey, Albert Ehrenstein, Gumpert, Herrmann-Neiße, Kayser, Kölwel, Rudolf Leonhard, Matthias, Meidner, Emil Alphons Rheinhardt, Schürer, Toller, Carl Maria Weber und Werfel. 1933 emigrierte Wolfenstein nach Prag. »Von dort entkam er 1939 während der deutschen Besetzung im Flugzeug nach Paris. Beim Anmarsch der deutschen Truppen versuchte er zu flüchten, wurde aber an der Loire von der Gestapo gefaßt und gefangengesetzt. Nach drei Monaten wurde er aus dem Gefängnis La Santé entlassen und war nun gezwungen, sich jahrelang auf der Flucht, meist an der Südküste Frankreichs in Bauernhütten und Ställen, verborgen zu halten. Schließlich kehrte er unter falschem Namen nach Paris zurück. In dieser Zeit zunehmender nervöser Zerrüttung schrieb er den Roman eines jungen Menschen unserer Zeit, dem er den Namen seines Sohnes Frank gab, und arbeitete an einer Auswahl seiner Gedichte. Als Paris befreit wurde, lag er schwer herzleidend in einem kleinen Hotelzimmer; er wurde ins Hospital Rothschild überführt. Zu seinem Herzleiden kamen so tiefe Depressionen, daß er dort am 22. Januar 1945 freiwillig aus dem Leben schied« (Kurt Pinthus in der Neuausgabe der *Menschheitsdämmerung*, Seite 366).

WERKE: *Die gottlosen Jahre* (Gedichte), 1914; *Die Freundschaft* (Gedichte), 1917; *Der Lebendige* (Novellen), 1918; *Menschlicher Kämpfer* (Ausgewählte Gedichte), 1919; *Der gute Kampf* (Dichtung), 1920; *Sturm auf den Tod* (Drama), 1921; *Jüdisches Wesen und neue Dichtung* (Essay), 1922; *Mörder und Träumer* (Drei szenische Dichtungen), 1923; *Unter den Sternen* (Novellen), 1924; *Der Narr der Insel* (Drama), 1925. – Wolfenstein übersetzte Nerval, Shelley, Poe, Hugo, Verlaine, Rimbaud. – *Alfred Wolfenstein. Eine Einführung in sein Werk und eine Auswahl* von Carl Mumm, 1955.

Alfred Wolfenstein wurde von Max Brod in einem Brief vom 15. Januar 1914 dem Verleger Kurt Wolff (*Briefwechsel*, S. 175 f.) empfohlen: »In naher Zeit sendet Ihnen Alfred Wolfenstein ein Gedichtbuch ›Verfluchte Jugend‹, das ich jetzt eben gelesen habe und das ich Ihnen wärmstens empfehle. – Sie wissen, ich bin sehr vorsichtig und sparsam mit meinen Empfehlungen. Bisher habe ich mich nur für Walser, Kafka, Werfel und Janowitz (*Franz*) eingesetzt. Und auch diesmal glaube ich nicht fehlzugehn, wenn ich vorhersage, daß Wolfenstein in seiner sehr herben Eigenart eine literarische Zukunft hat. Er ist männlicher und ernster als Blass und die andern Berliner Großstadt-Dichter, zu seinem Ringen habe ich mehr Zutraun und glaube, daß es da wirklich um Gott und nicht um das ›Café des Westens‹ geht.«

Des Dadaisten Richard Hülsenbeck Bewunderung für Wolfenstein hingegen, in einem undatierten Brief vermutlich aus dem Jahr 1918 (zitiert nach Edschmid, *Briefe der Expressionisten*, S. 69) ist stark mit Spott untermischt: »Wir haben im Harmoniumsaal (dies ist 1915) den ersten großen Expressionistenabend veranstaltet, Ball, ich, Resi Langer (eine Vortragskünstlerin und die frühere Frau von A. R. Meyer, dem Verleger), Herr Wolfenstein, ein Dichter reinsten Wassers, der Dein Herz anrührt – Du kannst ihn nicht ansehen, ohne zu weinen [...]«.

Wolfenstein selber fordert im zweiten Jahrgang (1915/16, Heft 76) des von Hans Siemsen redigierten *Zeit-Echo* (zitiert nach Pörtner I, Seite 68 f.): »Jeder kann Gedichte machen: ein Dichter sein aber bedeutet, selbst an die Stelle eines Gedichtes treten können. [...] Wer aber selbst als sein Gedicht auftritt, hat nur sich darzubringen. Er kann sich weder mit der Farbe anderer Menschen oder Musen aufschminken noch sich in Geist und Körper zerteilen. Er kann sich nicht pour l'art vergeistigen, sondern greift mit der Ganzheit seiner Kunstgestalt in die Ganzheit der Menschen. Alles, was er noch